Festivals populärer Musik

Musik | Kontexte | Perspektiven

Schriftenreihe der Institute für Musikpädagogik und Europäische Musikethnologie
an der Universität zu Köln

Band 2

Festivals popularer Musik

Tagungsbericht Köln 2010
der Kommission zur Erforschung
musikalischer Volkskulturen in der
Deutschen Gesellschaft für Volkskunde e.V.

Herausgegeben von Klaus Näumann und Gisela Probst-Effah

Allitera Verlag

Weitere Informationen über den Verlag und sein Programm unter:
www.allitera.de

Oktober 2012
Allitera Verlag
Ein Verlag der Buch&media GmbH, München
© 2012 Buch&media GmbH, München
Umschlaggestaltung: Kay Fretwurst, Freienbrink
Printed in Germany · ISBN 978-3-86906-375-1

Inhalt

Klaus Näumann / Gisela Probst-Effah
Vorwort 7

Klaus Näumann / Gisela Probst-Effah
»All the world's a festival«: Über die Welt der Musik-Festivals und
Musik-Festivals der Welt 13

Sabine Wienker-Piepho
Festivalitis – Festivalisierung als Kulturphänomen 38

Heiko Fabig
Beobachtungen zur Festivalkultur der *Stapelfelder Jazztage* 50

Elvira Werner
Das sächsische Erzgebirge – eine Festival-Landschaft 56

Astrid Reimers
Frauenmusikfestivals 74

Barbara Boock
Andere Lieder? – Das wiedererwachte Interesse am deutschen Volkslied
bei den Festivals der 1970er-Jahre 95

Lutz Kirchenwitz
Das *Festival Musik und Politik* 103

Volker Klotzsche
Die *Bundesvolkstanztreffen* von 1956 bis 2008 115

Wolf Dietrich
Festivalkultur beim Schwäbischen Albverein am Beispiel des Festivals
Sackpfeifen in Schwaben 122

Ernst Kiehl
Die Traditionen der Jodlerwettstreite im Harz und in der Schweiz 128

Gisela Probst-Effah
Remembering Woodstock 153

Manuel Trummer
»Ein Blick auf das Völkchen der Metaller«. Zur Konstruktion der
»fremden Welt« Rockfestival in populären Informationsmedien 168

Inna Shved
Die Folklorefestival-Bewegung in Belarus 184

Jelena Schischkina
Die gegenwärtige Festivalbewegung in Russland: Ziele, Probleme,
Perspektiven 191

Ardian Ahmedaja
Das *Nationale Folklorefestival* in Gjirokastër (Albanien) und die Frage
der Klassifizierung und Präsentation der »besten Werte« 205

Sadhana Naithani
Folklore Festivals in India and Traditional Performers 220

Kurzbiografien 226

Tagungsprogramm 230

Vorwort

Im vorliegenden Band sind Referate der internationalen Tagung zum Thema »Festivals populärer Musik« veröffentlicht, die vom 6. bis 9. Oktober 2010 in Köln stattfand und von der Kommission zur Erforschung musikalischer Volkskulturen in der Deutschen Gesellschaft für Volkskunde und dem Institut für Europäische Musikethnologie – zuvor Institut für Musikalische Volkskunde – an der Universität zu Köln ausgerichtet wurde.

Die Autoren dieses Sammelbandes – fast ausnahmslos Referenten der Tagung – nähern sich dem Thema aus verschiedenen Perspektiven und mit unterschiedlichen Schwerpunkten. In einer Vielzahl punktueller Studien liegt der Fokus zwar auf Deutschland, doch richtet sich der Blick auch ins nahe und ferne Ausland: nach Österreich, Albanien, Belarus, Russland und Indien. Das musikalische Spektrum umfasst die verschiedensten Bereiche von sogenannter traditioneller Volksmusik über Jazz, Rock bis zu Heavy Metal.

Die Vorträge werden eingeleitet durch eine für diese schriftliche Version von den Herausgebern neu verfasste Einführung in das Tagungsthema (»All the world's a festival: Über die Welt der Musik-Festivals und Musik-Festivals der Welt«). Sie setzt sich mit dem Begriff »Festival« auseinander und versucht, allgemeine Kriterien des Phänomens herauszukristallisieren – kein einfaches Unterfangen angesichts der enormen Bandbreite und Komplexität der Thematik. Darüber hinaus stellt sie die Vielzahl der Erscheinungsformen von Festivals in einen historischen Kontext und reflektiert die Ursachen der langjährigen Zurückhaltung der Volksmusikforschung bzw. Musikalischen Volkskunde gegenüber diesem Forschungsgebiet. Dabei wird deutlich, dass sich die Kommission mit ihrem Tagungsthema auf ein Terrain wagte, das in der Volkskunde und speziell der Musikalischen Volkskunde noch wenig untersucht ist.

Das Referat von Sabine Wienker-Piepho (»*Festivalitis* – Festivalisierung als Kulturphänomen«), das während der Tagung die Reihe der Vorträge eröffnete, fragt nach allgemeinen Merkmalen in der gegenwärtigen Festivalflut und nach Ansätzen und Möglichkeiten, diesen kulturellen Sektor wissenschaftlich zu verorten – dies mit viel kulturkritischem Impetus: So konstatiert die Referentin angesichts einer geradezu inflationären Entwicklung der letzten Jahre eine gegenwärtige »Überfestivalisierung«: Festivals seien weitgehend verkommen zu »windschnittigen Touristikunternehmen«. Trotz dieser starken Tendenz zur Kommerzialisierung könne ihnen jedoch ein Sinn stiftender Zweck nicht gänzlich abgesprochen werden.

Ein solcher »Sinn stiftender Zweck« ist der Gedanke der Zusammengehörigkeit und Gleichgesinntheit, der sich bereits mit den Festspielen des 19. Jahrhunderts verband und noch in deren modernen Nachfahren, den gegenwärtigen Festivals, in modifizierter Weise fortwirkt. So betonen Heiko Fabig und Elvira Werner in ihren Beiträgen zu den *Stapelfelder Jazztagen* bzw. zur »Festivallandschaft Erzgebirge« die besondere identitätsstiftende Funktion solcher Veranstaltungen für bestimmte Regionen. In der geschichtsträchtigen Landschaft des Erzgebirges mit ihrer traditionsreichen Kultur etwa dienen Festivals dazu, das Selbstbewusstsein der dort lebenden Bevölkerung gerade angesichts gravierender sozialer Probleme zu stärken. Auch »Frauenmusikfestivals« haben – wie Astrid Reimers hervorhebt – über das bloße Amüsement hinaus klare politische und gesellschaftliche Zielsetzungen. Veranstaltungen wie das *Interkulturelle Frauenmusikfestival* im Hunsrück oder das *Michigan Womyn's Music Festival* richten sich gegen die gesellschaftliche Diskriminierung von Frauen und die Unterdrückung ihrer Kultur, Lebensweisen und Interessen. Diese Festivals, bei denen ein breites musikalisches Spektrum vor einem ausschließlich weiblichen Publikum dargeboten wird und darüber hinaus Handwerk, Kunsthandwerk und Kunst präsentiert werden, wollen eine Welt antizipieren, die frei ist von den alltäglichen Diskriminierungen. Hier wird auch eine aktive Teilnahme aller Besucherinnen durch abzuleistende Helferinnendienste, Workshops und eine »Open Stage« gefördert.

Dieses Ziel, den Abstand zwischen Künstlern und Publikum wenn nicht aufzuheben, so doch zu verringern, verfolgte bereits die Folk- und Liedermacherszene der 70er-Jahre, an die Barbara Boock erinnert («Andere Lieder? Das wiedererwachte Interesse am deutschen Volkslied bei den Festivals der 1970er Jahre«). Diese Szene betonte ihre Distanz zu den etablierten Kulturinstitutionen und zur kommerziellen Verwertbarkeit von Musik.

In der DDR war das wichtigste, international beachtete und frequentierte Forum der Folk- und Liedermacherszene das *Festival des politischen Liedes*, eine Großveranstaltung, die von 1970 bis 1990 alljährlich in Ost-Berlin stattfand, mit der politischen Wende von 1989/90 jedoch in eine schwere Krise geriet und zum Erliegen kam. Seit 2000 gibt es einen Neuanfang mit dem kleiner dimensionierten und inhaltlich neu konzipierten *Festival Musik und Politik*, über das Lutz Kirchenwitz berichtet.

Zahlreiche Festivals widmen sich traditionellen Musikkulturen. Bis in das

Jahr 1956 reichen z. B. die alle paar Jahre stattfindenden »Bundesvolkstanztreffen«, in die Volker Klotzsche einen kurzen Einblick gibt. In der Tradition der deutschen Folkbewegung steht das vom Schwäbischen Albverein organisierte Dudelsack-Festival *Sackpfeifen in Schwaben*, das Wolf Dietrich thematisiert. Es erhebt den Anspruch, »gute, ehrliche, handgemachte traditionelle Musik« und »Volksmusik der anderen Art« zu präsentieren. Die Veranstaltungen sollen auch verdeutlichen, dass der Dudelsack trotz aller regionalen Unterschiede ein gesamteuropäisches Instrument ist.

Mit der Tradition der Jodler bzw. der Veranstaltung von Jodler-Wettstreiten beschäftigt sich der Beitrag von Ernst Kiehl (»Die Traditionen der Jodlerwettstreite im Harz und in der Schweiz«). Zwar dienen solche Wettstreite der Traditionspflege, doch ist offensichtlich, dass mit ihnen ein musikalisches Phänomen aus der Sphäre der Gebrauchsmusik in die der Darbietungskunst transponiert wird. Das Jodeln, das ursprünglich dazu diente, im Gebirge weite Distanzen akustisch zu überbrücken, begegnet hier in einer völlig veränderten, das virtuose Moment betonenden Erscheinungsform.

Bei einer Tagung, die Festivals thematisiert, kann *Woodstock* nicht unerwähnt bleiben – zudem dieses von Mythen und Legenden umrankte Ereignis einen speziellen Festival-Typus kreierte, der viel Nachahmung fand. Das *Woodstock-Festival*, an das Gisela Probst-Effah erinnert (»Remembering Woodstock«), fand im August 1969 in der Nähe des kleinen Ortes Bethel im US-Bundesstaat New York statt; in der Folgezeit wurde es Ausgangspunkt für unzählige *Woodstocks* unterschiedlichster Ausprägung, die weltweit veranstaltet wurden. Im Jubiläumsjahr 2009 kulminierte die *Woodstock*-Nostalgie in der Produktion von Büchern, CDs und Filmen sowie der Organisation zahlloser *Woodstock*-Erinnerungsfestivals und -Partys.

Zur Mythenbildung tragen die Medien entscheidend bei. Dies gilt nicht nur für Woodstock, sondern auch beispielsweise für das Wacken-Festival, eines der größten Rockfestivals der Gegenwart. In seinem Beitrag (»›Ein Blick auf das Völkchen der Metaller‹. Zur Konstruktion der ›fremden Welt‹ Rockfestival in populären Informationsmedien«) zeigt Manuel Trummer auf, wie alljährlich die großen deutschen Informationsmedien in der Berichterstattung das Bild einer Gegenwelt zum Alltag und eines zeitweiligen Refugiums schaffen. In stereotypen Schilderungen von Exzessen verschiedenster Art artikulieren sich nicht nur Fremdheitsängste einer bürgerlichen Gesellschaft, sondern auch Faszination, Voyeurismus und die Lust am Exotischen. Die narrativen Strategien, mit denen über die sommerlichen Rockfestivals berichtet wird, sind, wie der Autor darlegt, keineswegs immer neu, sondern rekurrieren zum Teil auf traditionelle Motive der europäischen Erzählkultur.

Eine Reihe von Vorträgen befasst sich mit Musikkulturen anderer Länder. Inna Shved stellt dar, wie in der sowjetischen Ära regionale Kulturen Weißrusslands Vereinheitlichungstendenzen weichen mussten (»Die Folklorefestival-Bewegung in Belarus«). Nach der politischen Wende der 1990er-Jahre entdeckte die dortige Kulturpolitik im Zuge nationaler Autonomiebestrebungen das integrative Potenzial des kulturellen Erbes, dem man vor allem noch in ländlichen Regionen begegnet und an das nun zahlreiche Folkloregruppen anzuknüpfen versuchen.

In der sowjetischen Ära fand, so stellt auch Jelena Schischkina in ihrem Aufsatz (»Die gegenwärtige Festivalbewegung in Russland: Ziele, Probleme, Perspektiven«) fest, eine starke Professionalisierung von Volksmusik und Volkstänzen statt: Sie wurden von Berufsensembles auf Bühnen dargeboten, deren hohes künstlerisches Niveau in ein starkes Spannungsverhältnis zu »authentischer« Volkskultur geriet. Nach dem Niedergang der sowjetischen Ära tragen nach Auffassung der Referentin zahlreiche Festivals zur »Wiedergeburt« »authentischer« Formen musikalischer Kultur der verschiedenen Völker Russlands bei. Abweichend zu Deutschland und Österreich werden in den ehemaligen Staaten des Warschauer Paktes Musikforscher und -ethnologen bei Festivals im Bereich der sogenannten Volksmusik in verschiedenen Funktionen beratend, organisatorisch und als Autoren mit einbezogen.

In Albanien spielte während der kommunistischen Ära das 1968 gegründete *Festivali Folklorik Kombëtar*, über das Ardian Ahmedaja berichtet, eine wichtige Rolle (*Das Nationale Folklorefestival* in Gjirokastër (Albanien) und die Frage der Klassifizierung und Präsentation der ›besten Werte‹«). Es bot die Möglichkeit, auf die traditionelle Musik politischen Einfluss zu nehmen. Das Programm war Gegenstand strenger Auswahlverfahren. Erfolgreiche Musiker durften seit der zweiten Hälfte der 1970er-Jahre auch im Ausland auftreten – ein Privileg, das damals nur wenige Albaner genossen. Die rigiden Maßstäbe wirkten einerseits als Anreiz, doch entfernten sich die Darbietungen zunehmend von der alltagskulturellen Praxis. Nach dem politischen Umbruch zu Anfang der 1990er-Jahre wurden die Bestimmungen zwar gelockert, doch folgen die Auswahlverfahren weiterhin Anweisungen des Kultusministeriums.

Basierend auf eigenen Feldforschungen, untersucht Sadhana Naithani die Auswirkungen von Folklorefestivals auf das Leben traditioneller Darsteller in Indien (»Folklore Festivals in India and Traditional Performers«). Waren deren Darbietungen früher begrenzt auf die enge Umgebung, in der die Musiker lebten, und die Kaste, in die sie hineingeboren waren, so repräsentieren sie bei Folklorefestivals der Gegenwart eine übergreifende, im Vielvölkerstaat Indien äußerst komplexe »nationale Kultur«, und sie gewinnen darüber hinaus internationales Ansehen. In diesem veränderten Kontext begegnen die Interpreten Kulturen, die früher weit außerhalb ihres Erfahrungshorizontes lagen, und sie treten vor eine Öffentlichkeit, die bisher nichts von ihnen wusste und die ihnen mit einem Respekt begegnet, der ihnen – den Angehörigen niederer Kasten – zuvor niemals zuteil wurde. Dies verändert ihre Wahrnehmung und Selbstwahrnehmung grundlegend.

Aus Anlass des 100. Geburtstags von Ernst Klusen im Jahr 2009 wurde die Kommissionstagung 2010 mit einem Symposion abgeschlossen, bei dem in Beiträgen von Günther Noll, Wilhelm Schepping und Gisela Probst-Effah an den Liedforscher, Musikpädagogen und Komponisten erinnert wurde. Klusen (1909–1988) gilt als der Nestor der Musikalischen Volkskunde. Er gründete u. a. das Institut für Musikalische Volkskunde an der Pädagogischen Hochschule Rheinland (seit 1986 an der Universität zu Köln) und war langjähriger Vorsitzender der Kommission für Lied-, Musik- und Tanzforschung, der Vorläuferin der Kommission zur Erforschung musikalischer Volkskulturen in der Deutschen Gesellschaft für Volkskunde. Das Ensemble Andreas Herzau mit Martin Weber (Violine), Andreas Herzau (Gitarre) und Benedikt Kluth (Violoncello) spielte abschließend Klusens Komposition »Triludium II« in einer Bearbeitung für Violine (anstatt Flöte), Gitarre und Violoncello.

Die vorliegende Dokumentation der Tagung folgt inhaltlichen Gesichtspunkten und weicht daher stellenweise von dem auch terminlichen Zwängen unterworfenen Tagungsverlauf ab. Einige Beiträge erscheinen darüber hinaus in gegenüber dem mündlichen Vortrag erweiterten Fassungen. Ein paar Vorträge bleiben hier unveröffentlicht – u. a. weil sie bereits an anderer Stelle publiziert wurden. Das vollständige Tagungsprogramm sowie kurze biografische Angaben zu den Autorinnen und Autoren finden sich am Schluss dieser Publikation. Dass einige wichtige Genres und Events in diesem Band nicht repräsentiert erscheinen, ergab sich nicht aus der Konzeption der Tagung, sondern aus individuellen Schwerpunktsetzungen der Tagungsteilnehmer sowie terminlichen Gründen.

Im Rahmen der Tagung wurde auch eine Wanderausstellung des Vereins »Lied und soziale Bewegungen e. V.« mit dem Titel »Burg Waldeck und die Folgen – Songfestivals in Deutschland« präsentiert. Sie verweist u. a. auf eines der zentralen Ereignisse in der Geschichte der bundesrepublikanischen Folk- und Liedermacherbewegung: die Festivals auf der Burg Waldeck im Hunsrück in den Jahren 1964 bis 1969, die als die ersten Open-Air-Festivals in Deutschland gelten. Beeinflusst vom französischen Chanson und von der amerikanischen Folk- und Protestlieder-Szene, setzten sie das engagierte und kritische

Lied als Gegenpol zum damals gängigen Schlager. Zudem markierten sie den Karrierestart von Musikern und Liedermachern wie Franz Josef Degenhardt, Reinhard Mey und Hannes Wader.

Gedankt sei an dieser Stelle der Deutschen Forschungsgemeinschaft, die auch diese Kommissionstagung finanziell unterstützt hat.

Klaus Näumann *Gisela Probst-Effah*

Klaus Näumann / Gisela Probst-Effah
»All the world's a festival«: Über die Welt der Musik-Festivals und Musik-Festivals der Welt

»All the world's a stage,
And all the men and women merely players:
They have their exits and their entrances [...].«[1]

Festivals sind heute allgegenwärtig, Shakespeares Zitat wäre somit durchaus auszudehnen zum wertfreien »All the world's a festival«. Sie bzw. der Begriff begegnen uns ständig, sei es im Bereich des Films, der Literatur, des Theaters oder des Sports, in besonders zahl- und artenreicher Form jedoch in Verbindung mit Musik(en). Neben Jazz-, Schlager-, Tanz-, Folk- sowie World-Music-Festivals bedient man sich sogar jenes Etiketts, wenn von sogenannter E-Musik die Rede ist, beharrt keineswegs ausschließlich auf den traditionellen Begriffen »Musiktage«, »Festspiel«, »Musikfestspiel«.[2] Doch existieren trotz ein und desselben Terminus tatsächlich gleiche Wesensmerkmale, die für alle Festivals – zumindest im Bereich der Musik – gültig sind?

Es liegt nahe, dem Wort zunächst etymologisch auf den Grund zu gehen: In deutschsprachigen allgemeinen Glossaren, z. B. dem Duden, wird man zwar fündig, doch in der Regel darauf aufmerksam gemacht, dass es sich um ein englisches Wort handele, um daraufhin weiter auf das »Musikfest« oder »Festspiel« verwiesen zu werden.[3]

[1] Zitat des Jacques aus *Wie es euch gefällt* (Akt II Szene VII) von William Shakespeare.
[2] So ist beispielsweise, die *Donaueschinger Musiktage* betreffend, Folgendes zu lesen: »Die 1921 gegründeten Donaueschinger Musiktage sind das älteste Festival für Neue Musik der Welt und das renommierteste dieser Art in Deutschland. Viele bedeutende Komponisten des 20. und 21. Jahrhunderts haben hier ihre Werke uraufgeführt. Das jährlich im Oktober stattfindende Festival gibt einen Überblick über die Musikavantgarde der Gegenwart.« (Kulturstiftung des Bundes [2011]). Eine Verwendung des Begriffs »Festspiel« im Kontext von Rock-, Pop- oder Ethnomusik ist nicht festzustellen.
[3] Siehe Duden (2009); dtv-Lexikon (1990: 277); Knaur (1985).

Aus deutschsprachigen musikspezifischen Nachschlagewerken geht abermals hervor: Nicht nur in den beiden wichtigsten – dem *Brockhaus Riemann* (Dahlhaus/Eggebrecht 1978: 401) und der »neuen« Ausgabe der Enzyklopädie *Die Musik in Geschichte und Gegenwart* aus dem Jahr 1995 (Braun 1995: Sp. 411–426)[4] – wird man den Begriff »Festival« vergebens suchen. Stattdessen wird man auch hier auf das »Fest«, die »Festspiele« oder »Musikfeste« verwiesen, die dort allerdings historisch, will heißen primär im Sinne der europäischen E-Musik abgehandelt werden. Dass ein *Burg-Waldeck-* oder *Woodstock-Festival* jemals existierte, ganz zu schweigen von raueren Varianten wie etwa den *Monsters-Of-Rock*, ist anscheinend unerheblich.

Um dem Wesen von Musikfestivals – die eigenen Beobachtungen und Erfahrungen ergänzend – auf den Grund zu gehen, gilt es also, andere Wege einzuschlagen, als sich allein auf die altehrwürdigen allgemeinen wie musikspezifischen Enzyklopädien zu verlassen.

Vor allem im Internet wird man aktuell – freilich überwiegend auf Basis nicht-wissenschaftlicher Annäherungen – mit Informationen geradezu überschüttet. Besonders interessant sind die Ergebnisse, die einem bei einer Stichwortsuche über »Google Bilder« präsentiert werden. Sie suggerieren in erster Linie großflächige Massenspektakel, wohl überwiegend im Kontext der Rock- und Pop-Musik, geprägt von Begeisterung oder gar Ekstase des Publikums, vielleicht sogar dem Kontrollverlust Einzelner (siehe Abb. 1).

Abb. 1: Screenshot der ersten acht Google-Bildergebnisse beim Stichwort »festival«.

---

[4] In Alfred A. Goodmans *Musik von A–Z* (1971: 132 f.) sowie in *Das große Lexikon der Musik* (Honegger/Massenkeil 1987: 81) wird beim Terminus »Festival« weiter auf das »Festspiel« verwiesen, das allerdings im Sinne der E-Musik abgehandelt wird. In *Meyers Taschenlexikon Musik* (Eggebrecht 1984) ist das »Festival« als eigenständiger Begriff noch nicht einmal enthalten. Lediglich auf das Kammermusikensemble »Festival Strings Lucerne« wird auf S. 305 verwiesen.

»All the world's a festival«

Erst bei der Begutachtung der folgenden Bildergebnisse werden abweichende Aspekte deutlich, wie beispielsweise die in Mitleidenschaft gezogene Umwelt u. a. aufgrund des Zelt-Campierens von Besuchern. Des Weiteren wird offensichtlich, dass ein beträchtliches Quantum von Festivals eben nicht allein der Rock- und/oder Pop-Musik zuzuordnen ist, sondern dem, was man pauschal als Folklore, Folk, als Ethno-Musik bzw. World Music oder aktuell immer häufiger als Global Music bezeichnet (siehe Abb. 2).[5]

Abb. 2: Auszug aus einem Screenshot nachfolgender Bildergebnisse bei Google über das Stichwort »festival«.

5   Erst an späterer Stelle werden Bilder zum Thema E-Musik oder Sport angezeigt.

Gleicht man diese Eindrücke mit einerseits jener Information in deutschsprachigen Glossaren und andererseits neuerer Literatur aus dem Bereich der Musikwissenschaft ab, so ergibt sich ein anderes, ein erweitertes Bild. Dessen ungefähre Essenz ließe sich, die Zeit seit etwa der zweiten Hälfte des 20. Jahrhunderts betreffend, folgendermaßen zusammenfassen: Die Verwendung des Anglizismus »Festival« in Bezug auf Musik ist im deutschsprachigen Raum erst nach dem Ende des Zweiten Weltkriegs zu verzeichnen.[6] Seit Ende der 1960er und in besonderem Maße um die Jahrtausendwende (1990er und 2000er) stieg seine Verwendung sukzessive an.[7] Zurückzuführen ist dies zunächst auf die wachsende Popularität von Musikfestivals mit Jazz[8], Rock, Pop und Folk in den USA[9] während der 1960er und gleichzeitig auf die Entstehung ähnlicher Veranstaltungen in den deutschsprachigen Ländern.[10] Dass man bei der Benennung dieser Veranstaltungen im deutschsprachigen Raum eben nicht auf die Termini »Festspiele« oder »Musikfeste« zurückgriff, resultiert wohl daraus, dass diese eindeutig mit der E-Musik konnotiert waren. »Musikfestival« klang zudem internationaler, weltoffener, zumindest nicht nach »Establishment«, was gerade während der 1960er und 1970er bei den Nachkriegsge-

[6] Festivals gelten im Allgemeinen als eine »Erfindung« des 20. Jahrhunderts, doch sieht man einmal von der bloßen Verwendung des Wortes ab, so hatten sie Vorläufer. Dies waren u. a. die zahlreichen Festspiele, die in Deutschland ab dem 19. Jahrhundert aufkamen, wie die gigantischen Chorfeste des Deutschen Sängerbundes. Dort fanden national Gesinnte und Demokraten nach den Enttäuschungen des Wiener Kongresses und der gescheiterten Revolution von 1848/49 eine Nische, in der sich von der ersehnten, erst 1871 realisierten deutschen Nation träumen ließ. Deutlich wird ebenfalls, dass im englischen Sprachgebrauch der Terminus »music festival« für nahezu alle (in Raum und Zeit) erdenklichen Feste mit Musik benutzt wird.
[7] Dies kann man aus der Verwendung des Begriffs »Musikfestival« in der Presse ableiten. Vereinzelt taucht der Terminus im *Spiegel* und in der *FAZ* Ende der 1950er auf. Häufigere Verwendungen datieren jedoch erst aus der zweiten Hälfte der 1960er.
[8] Die ersten Jazzfestivals wurden gar noch früher durchgeführt: das *Deutsche Jazzfestival* seit 1953, das *JazzFest Berlin* 1964. In der DDR erfreuten sich Jazzfestivals ab Beginn der 1970er einer wachsenden Popularität: z. B. das seit 1971 durchgeführte *Internationale Dixieland Festival* in Dresden (vgl. Wicke 2006: 85), die *Leipziger Jazztage* seit 1976 oder seit 1986 die *Sonneberger Jazztage*.
[9] Als ein Musikfestival der ersten Stunde gelten das *Newport Folk Festival* im Jahr 1959, später das *Monterey International Pop Festival* 1967 mit 60 000 Besuchern und schließlich 1969 das legendäre *Woodstock-Festival* mit 300 000 Besuchern.
[10] In Deutschland sind vor allem die *Burg-Waldeck-Festivals* (1964–1969) hervorzuheben sowie in der Schweiz das *Lenzburg Folk Festival* (Burckhardt-Seebass 1987).

nerationen unliebsame Erinnerungen an nationalistisches Gedankengut hätte hervorrufen können.[11] Daher war der Terminus »Musikfestival« besonders gut für Zeitgenössisches wie weltlichen und christlichen Folk, für Schlager, Jazz, Rock und Pop geeignet, und – das wurde eingangs erwähnt – auch im Bereich der E-Musik folgte man schließlich diesem neuen Trend.

Seit der politischen Wende im Jahr 1990 explodierte die Zahl an Neugründungen von Musikfestivals geradezu, was den Osten wie den Westen Deutschlands wie auch Europas betrifft (siehe Willnauer 2006).[12] Einerseits entstanden Events für jüngere Stilrichtungen wie u.a. Techno, House, Hip Hop, Rap oder Trance. Andererseits waren die »alten« Kategorien teilweise zu unscharf geworden, weshalb sie in feinere Subkategorien untergliedert wurden. Schier unglaublich ist, wie weit beispielsweise eine Gattung namens Rock seit dieser Zeit diversifiziert wurde und sich dies in der Namensgebung bzw. Charakterisierung von Musikfestivals manifestiert. So spricht man heute keineswegs nur von Rockmusik-Festivals, sondern darüber hinaus von Festivals im Bereich des Heavy Metal, Pagan Metal, Viking Metal, Folk Metal, Death Metal, Thrash Metal, Black Metal, Doom Metal, Power Metal, Christlichen Metal, des Hardcore, Deathcore, Metalcore, Gothic, des Punkrock, Mittelalter-Rock, christlichen Rock, Deutschrock, Hardrock, Progressive Rock, Indie oder Alternative.

Auch für andere Musiken, die entweder etwas in Vergessenheit geraten waren oder schlichtweg noch nie eine ausreichende Popularität besessen hatten, um mit einzelnen Konzerten Menschenmassen zu animieren, schien die Form des Festivals nunmehr die geeignete zu sein. So entstanden seit den 1990ern Events für Blues, Reggae, Samba, Country oder A cappella. Als günstig erwies sich dies auch für die E-Musik und den Jazz, wo man gewisse Sparten noch gezielter bedienen konnte, was sich beispielsweise im Entstehen zahlreicher Festivals für Alte Musik manifestiert.[13]

---

[11] Hierbei sind insbesondere die *Richard-Wagner-Festspiele* in Bayreuth zu nennen, ebenso wie bereits Sängerfeste im späten 19. und frühen 20. Jahrhundert mit nationalen oder nationalistischen Interessen und Idealen verknüpft waren. Willnauer (2006: 64) weist jedoch zu Recht darauf hin, dass eben jene Festspielgründungen des 19. Jahrhunderts für die heutige Festivalisierung den Boden bereiteten.

[12] Es gilt anzumerken, dass sich zu Zeiten der DDR u.a. die *Schmalkalder Kulturtage und Folklore-Feste* (seit 1974) sowie bereits (seit 1955) das *Tanzfest in Rudolstadt* einer hohen Popularität erfreuten. Siehe hierzu Hanneken (2001) und Hofmann (2009).

[13] Z.B. die *Dalheimer Tage Alter Musik*, das *Heinrich Schütz Musikfest* (in Bad Köstritz, Dresden und Weißenfels), die *Innsbrucker Festwochen der Alten Musik*, die *Donaufestwochen* oder das *Festival Alte Musik Zürich*.

Folkfestivals indessen schienen ein wenig aus der Mode gelangt zu sein, wurden zum Teil mit der zeitgemäßeren Version 2.0 als World Music Festivals etikettiert. Diese wiederum boten die Möglichkeit, verschiedene Musikstile zusammenzufassen und nicht wie bei den vorab erwähnten Beispielen zu segmentieren; oder anders gewendet: All das, was keiner anderen Kategorie zuzuordnen war, gleichzeitig einen Hauch von Fremdheit oder Urwüchsigkeit verströmte, ließ sich bei Musikfestivals unter der Sparte World oder Global Music, Folklore und/oder Folkmusik verkaufen und zog dadurch sogar ein ganz besonders großes Publikum an.

Dass man bei der Google-Suche jedoch eine solch hohe Anzahl von Bildern erzielt, die den Anschein von »World Music Festivals« erwecken, ist einerseits darauf zurückzuführen, dass diese tatsächlich in großer Zahl existieren. Doch andererseits schimmert hier zweifelsfrei durch, dass man es nicht ausschließlich mit einem Phänomen des sogenannten »Westens« zu tun hat, sondern dass »music festivals« so ziemlich »all over the world« existieren.[14] Denn wenn »Musikfestivals« »Musikfeste« oder zumindest »Feste mit Musik« sind, dann liegt es auf der Hand, dass es sich hierbei um ein globales Phänomen handelt. Und da die Vorstellungen davon, was einerseits ein »Fest« und andererseits »Musik« ist bzw. nicht ist, auf der Welt in hohem Maße voneinander abweichen, können Musikfestivals mannigfaltiger Gestalt sein.

Auf der Suche nach dem Allgemeingültigen

Aber lässt sich trotz dieser enormen Bandbreite dessen, was alles unter der Bezeichnung Musikfestival firmiert, vielleicht doch ein gemeinsamer Kern finden? Auf den ersten Blick scheinbar verbindend ist bei einem Musikfestival – gleichwohl welcher Couleur – das Turnusmäßige. Das bedeutet, dass es zumindest über eine gewisse Zeit regelmäßig durchgeführt wird. Allerdings existieren trotz klarer Tendenzen, dass dies häufig der Fall ist, zahlreiche Ausnahmen.[15] Ähnlich verhält es sich mit dem Aspekt der Leistungsbewertung. Denn in hohem Maße von der jeweiligen Kultur abhängig, können Musikfestivals, müssen sie aber nicht zwingend den Aspekt des musikalischen Wett-

---

[14] Im internationalen Kontext sind besonders hervorzuheben das *Smithsonian Folklife Festival* seit 1967 in Washington D.C., das *Rainforest World Music Festival* seit 1997 in Malaysia und das *Woodford Folk Festival* seit 1985 in Australien.

[15] Das Prominenteste ist zweifelsohne das *Woodstock Festival*, das später zwar öfters als Neuauflage an verschiedenen Orten durchgeführt wurde, zunächst aber als ein singuläres Ereignis geplant war.

bewerbs beinhalten.[16] Auch was die Lokalität betrifft, kann man sagen, dass diese stets dieselbe sein kann, aber nicht sein muss. Zwar gibt es Musikfestivals, die eindeutig mit bestimmten Orten verknüpft sind, bestimmte landschaftliche oder architektonische Gegebenheiten gar als Markenzeichen mit einbeziehen[17], doch viele andere sind dies nicht, sondern finden an wechselnden Lokalitäten statt.[18]

Ferner muss ein Musikfestival nicht unbedingt stationär sein. Das bedeutet, es kann dezentral in Gestalt eines Straßenmusikfestivals[19] oder sogar wandernd (z. B. in Form einer Prozession) vonstatten gehen.[20] Vereinzelt gibt es gar Musikfestivals, die – vergleichbar mit Franchise-Unternehmen – denselben Namen tragen, aber an verschiedenen Orten auf der Welt gänzlich unabhängig

[16] Besonders stark ausgeprägt ist dies in Lateinamerika. Siehe zu Brasilien beispielsweise Heinke (2005) und zu Trinidad Näumann (2005: Kapitel 6).

[17] Beispiele hierfür sind: die *Opernfestspiele St. Margarethen*, die im Römersteinbruch, einem der ältesten Steinbrüche Europas und UNESCO-Welterbe, in Sankt Margarethen im Burgenland (Österreich) stattfinden; die *Seefestspiele Mörbisch*, ein jährlich stattfindendes Operetten-Festival in Österreich, bei dem die Naturkulisse des Neusiedler Sees in das Bühnenbild integriert wird; die *Xantener Sommerfestspiele*, die jährlich im Amphitheater des Archäologischen Parks in Xanten ausgerichtet werden. Bei der sogenannten U-Musik sind hervorzuheben: *Rock am [Nürburg-]Ring*, der *Chiemsee Reggae Summer* oder *Rock am See* in Konstanz. Internationale Beispiele sind: das *Exit*, ein Rockmusik-Festival in Novi Sad (Serbien), das alljährlich auf der Petrovaradiner Festung durchgeführt wird; die *Savonlinna-Opernfestspiele* in der finnischen Stadt Savonlinna, die im Burghof der mittelalterlichen Burg Olavinlinna, inmitten eines Sees gelegen, stattfinden.

[18] Zu nennen wären hier u. a. das *Festival Brandenburgische Sommerkonzerte*, das Rockfestival *Deichbrand* in der Gegend von Cuxhaven bzw. international das Wander-Rockfestival (in Australien und Neuseeland) *Big Day Out* und das (Metal und Hardrock) *Sonisphere Festival*, das jährlich an verschiedenen Orten auf der Welt stattfindet. Prinzipiell wäre der alljährlich in wechselnden Städten durchgeführte *Eurovision Song Contest* ebenfalls dazuzurechen. Bemerkenswert ist darüber hinaus, dass manche Festivals zunächst mit einem bestimmten Ort verknüpft waren, im Laufe der Zeit dann aber Wanderveranstaltungen wurden oder umgekehrt (z. B. das *Bizarre-Festival*). Es gibt sogar Kombinationen aus ortsgebundenen und Wanderveranstaltungen, z. B. das Techno-Festival *Alpha-Rave*, das vorwiegend in Schwerin durchgeführt wird.

[19] Z. B. das *Buskers Bern Straßenmusik-Festival* oder die in verschiedenen Städten durchgeführte »Fête de la Musique«.

[20] Obwohl eher selten explizit als »Festivals« bezeichnet, sind Karnevalsumzüge (wie u. a. der Berliner *Karneval der Kulturen*) hierfür ein klassisches Beispiel (vgl. Ronström 2001: 57 f.). Als Ausnahme wäre das Heavy-Metal-Musikfestival *70 000 Tons of Metal* hinzuzufügen, das gar auf einem Kreuzfahrtschiff durchgeführt wird. Siehe URL: http://70000tons.com/ [Zugriff vom 08.03.2012].

voneinander durchgeführt werden.[21]

Meistens jedoch werden Musikfestivals auf einer oder mehreren Bühnen durchgeführt, die sich zum Teil »indoor«, also in geschlossenen Räumlichkeiten, befinden.[22] Häufiger jedoch – das suggerieren gleichsam die Google-Bilder – finden sie unter freiem Himmel als sogenannte Open-Air-Veranstaltungen statt, nicht selten vom Alltäglichen isoliert (z. B. auf stillgelegten Flughäfen, Militärbasen, in Stadien oder Parks). Um erstens ein großes Publikum anzusprechen und zweitens die Wahrscheinlichkeit für eine günstige Witterung hoch zu halten, ohne die die Durchführbarkeit erheblich erschwert wird, finden Open Airs oftmals in der Sommerzeit statt.

Ungeachtet des Wann, Wo und Wie entstehen bei Musikfestivals bestimmte Räume, die Abgrenzungen und Einteilungen für bestimmte Gruppen (u. a. Zuschauer, Künstler, Veranstalter) beinhalten. Deutlich wird ebenfalls, dass bestimmten Lokalitäten, ja sogar ganzen Festivals von Beginn an, im Laufe der Zeit oder aus der Retrospektive verklärend »trendsettende«, symbolische oder mythisch/mystische Bedeutungen zukommen.[23] Die Entstehung und/oder Verbreitung von Symbolen (Bannern, Insignien, Wahrzeichen) und deren Zurschaustellung wie Huldigungen gehen damit einher (siehe Abb. 3). Gleichsam können fest strukturierte Abläufe oder sogar Liturgien damit ver-

---

[21] Ein Paradebeispiel hierfür ist das Musikfestival *Creamfields*, das von Liverpool ausgehend in verschiedenen Städten Europas und Lateinamerikas durchgeführt wird, ebenso wie *Rock in Rio*, das neben Rio de Janeiro auch in Portugal und Spanien stattfand. Auch die »Fête de la Musique« ist eine solche »Marke«. Ursprünglich aus Frankreich stammend, wird sie mittlerweile außer in Belgien und der Schweiz in diversen deutschen Städten durchgeführt. Ähnliches ist beim Gebrauch der Marke »Woodstock« als Festivalnamensgeber zu beobachten: So werden Events wie das *Glastonbury Festival* oder das *Isle of Wight Festival* nicht nur inoffiziell als »Woodstocks« gefeiert. Das polnische Sommer-Rockfestival *Przystanek Woodstock* (*Haltestelle Woodstock*), alljährlich im polnischen Kostrzyn nad Odrą (Küstrin an der Oder) durchgeführt, trägt die Marke »Woodstock« ganz offiziell in der Bezeichnung. Auffällig sind bei manchen Festivalnamen die Verballhornungen, die sich an das legendäre *Woodstock* anlehnen. Sie lauten u. a. *Woodrock* (im österreichischen Bludenz), *Wutzrock* (Hamburg) oder gar *Woodstock der Blasmusik* (Oberösterreich).

[22] Als eines der größten Indoor-Festivals gilt das sogenannte »Discofestival«, das jährlich in den Kasseler Messehallen durchgeführt wird.

[23] *Woodstock* nimmt hier freilich die herausragende Bedeutung ein. Was den deutschsprachigen Raum betrifft, wären neben dem *Burg-Waldeck*- auch das *Burg-Herzberg-Festival* hervorzuheben. Zeitweise kam der *Loveparade* (in Berlin) ein ähnlich hoher Nimbus zu.

knüpft sein oder im Laufe der Zeit entstehen.²⁴ Dass solche Symboliken, Gesten oder ein bestimmter Habitus verschiedene Deutungen und Auslegungen zulassen, beinhaltet ein enormes Konfliktpotenzial.²⁵

Musikfestivals werden bisweilen kostenlos – also als Benefiz- bzw. sogenannte Non-Profit- oder »Umsonst und Draußen«-Veranstaltungen²⁶ – durchgeführt, deutlich häufiger jedoch in bezahlter Form, nicht selten mit den gefürchteten »schwindelerregenden Preisen«. Sie werden mit öffentlichen oder privaten Mitteln, zum Teil auch in Mischformen finanziert, wobei der Bereitschaft zur Vergabe von Mitteln i. d. R. Interessen zugrunde liegen. Und geradezu von selbst drängt sich beim Studium der diversen Homepages die Vermutung auf, dass Musikfestivals

Abb. 3: Wahrzeichen eines der größten Heavy-Metal-Festivals, des *Wacken Open Air*, ist ein brennender Schädel. (Bild aus http://de.wikipedia.org/wiki/Wacken_Open_Air)

²⁴ Siehe hierzu insbesondere Cheu Hock Tong (1996).
²⁵ Besonders problematisch stellt es sich bei der Deutung von Gesten (und Texten) beim sogenannten Pagan, Viking und Black Metal dar. Die Betonung des Nordischen führt zu unterschiedlichen Auffassungen darüber, ob dabei nationalsozialistisches Gedankengut zugrunde liegt. Ganz besonders traten diese Gegensätze in der Vergangenheit beim »Ragnarök-Festival« (in Bayern) zu Tage. Auch beim »Wave-Gotik-Treffen« (in Leipzig) wurde das Erscheinungsbild der Besucher unterschiedlich interpretiert. So fühlten sich manche durch deren Mäntel an die Uniformen der SS oder Wehrmacht erinnert. Zu abweichenden Interpretationen führte auch ein auf Zeltplatzkarten abgedrucktes Symbol. Manche interpretierten dies als ein Symbol des Nationalsozialismus, als das Emblem der Wewelsburg »die Schwarze Sonne«. URL: http://de.wikipedia.org/wiki/Wave-Gotik-Treffen [Zugriff vom 10.05.2012].
²⁶ Die Zahl der Non-Profit-Festivals im deutschsprachigen Raum ist relativ hoch. Dazu zählen z. B. das »Kommz-Festival« (bei Aschaffenburg), das »Bochum Total«, die »Breminale«, »Das Fest« (Karlsruhe), das »e-Lake festival« (Luxemburg), »Goldgelb« (Aichwald), »Oben ohne« (München), »Rheinkultur« (bei Bonn). Auffällig ist allerdings, dass bei manchen zunächst unentgeltlichen Festivals aus wirtschaftlichen Gründen später ein Obolus eingeführt wurde. Dies ist aufgrund klammer Kassen in Berlin beispielsweise der Fall bei dem World-Music-Festival »Heimatklänge«.

Prestigeobjekte sind (vgl. Thedens 2001: 172), dass sie bestimmten Kreisen dazu dienen, sich in Szene zu setzen, und dabei nicht selten unzweideutig betont wird: »Unser Festival ist das schönste, das größte, ist einzigartig.« Gleichwohl sind eben jene Kreise mehr oder weniger gezwungen, den Spannungsbogen zwischen Anspruch und Unterhaltung im Hinblick auf die Wirtschaftlichkeit ausgewogen zu gestalten (vgl. Waterman 1998: 262).

Musikfestivals können stets die gleichen, aber auch wechselnde Themen und damit Musiken beinhalten. Was dies anbelangt, ist die Streuung besonders groß, denn die Themenschwerpunkte können national-ethnischer (z. B. bei Minderheiten-Festivals) oder religiöser Natur sein, andererseits sich auf bestimmte Musikrichtungen oder Instrumente[27] fokussieren, andere aussparen, Traditionelles oder Modernes betonen, den erwähnten Wettbewerbscharakter besitzen etc. Mitunter stehen bei Musikfestivals Reminiszenzen an etwas Vergangenes (z. B. bestimmte Ereignisse, tote oder noch lebende Persönlichkeiten[28]) im Vordergrund. In diesen Fällen besitzen die Pflege, Bewahrung und Konservierung von Musik und Kultur zumeist eine besonders hohe Relevanz. Nicht selten wird versucht, das Vergangene (z. B. Rituale) nunmehr auf Bühnen darzustellen, zu imitieren, zu reinterpretieren oder umzufunktionieren.[29]

Ebenso variabel wie die Themen und Musiken ist das Publikum, die sogenannte »Zielgruppe«, die mit solchen Events angesprochen werden soll. In Abhängigkeit von der Musik bzw. der Intention der Veranstalter, zu segmentieren oder Verschiedenartiges »unter einen Hut zu packen«, wird sich das Publikum hinsichtlich Alter, Geschlecht, sozialem und/oder ethnischem Background verschiedenartig zusammensetzen.

[27] So wird bei dem Festival »Orgel PLUS« dem Namen gemäß die Orgel fokussiert, während beim »Forum Gitarre Wien« die Gitarre im Mittelpunkt steht. Beim »TFF Rudolstadt« widmet man sich jedes Jahr einem bestimmten Instrument bzw. Instrumententyp.

[28] Die Zahl der Festivals im Bereich der E-Musik (also der Festspiele), die einer bestimmten Persönlichkeit gewidmet sind, ist unüberschaubar groß: z. B. die *Richard-Wagner-Festspiele* in Bayreuth, *Händel-Festspiele* in Halle an der Saale und Göttingen, das *Kurt-Weill-Fest* in Dessau-Rosslau, das *Brucknerfest* in Linz und das *Haydn-Festival* im österreichischen Eisenstadt. Auch im Bereich der U-Musik existiert derlei: z. B. das *Django Reinhardt Festival* (weltweit, in Deutschland in Hildesheim und Augsburg), das *Jimi-Hendrix-Revival-Festival* (auf der Insel Fehmarn), die Frank Zappa gewidmete *Zappanale* (Bad Doberan). Selbst für die höchst umstrittene Band *Böhse Onkelz*, die sich im Jahr 2005 auflöste, existiert mittlerweile in Süddeutschland ein Gedenkfestival namens *GOND* (*Größte Onkelz Nacht Deutschlands*).

[29] Vgl. Kirshenblatt-Gimblett (1995: 369 f.); Hock Tong (1996).

Aufgrund ihrer Größe sowie der Tatsache, dass Musikfestivals oftmals keine singulären, sondern zyklische Veranstaltungen sind, besitzen sie zumeist eine Bedeutung – sei sie positiv oder auch durchaus negativ[30] – nicht nur für die Besucher, sondern lokal, regional, überregional, ja sogar national oder international. Daher kommen ihnen nicht selten gesellschaftliche, politische[31], wirtschaftliche und religiöse[32] Funktionen zu. Aufgrund der Tatsache jedoch, dass derart viele unterschiedliche Gruppen mit abweichenden Interessen mitwirken (Künstler, Management, Aufbauhelfer, Wissenschaftler[33], Zuschauergruppen, Öffentlichkeit via allen erdenklichen Medien), liegt es nahe, dass ein einheitlicher Geist und damit für alle geltende Funktionen nicht existieren. Dies resultiert außerdem daraus, dass keine der beteiligten Gruppen in sich homogen ist. Vielmehr bergen Musikfestivals gerade aufgrund abweichender Positionen, Haltungen und Interessen das zuvor bereits erwähnte hohe Konfliktpotenzial in sich.[34] Verbale oder nonverbale Botschaften können in diesem Rahmen – von welcher Gruppe auch immer – höchst wirksam verbreitet werden, die Reaktionen darauf unmittelbar erfolgen. Und nicht selten werden bei Musikfestivals (i. d. R. außerhalb des Bereichs der E-Musik) gewisse normative gesellschaftliche Grenzen überschritten (z. B. der Gebrauch von Drogen, der Einsatz von Gewalt). Die enormen Menschenmassen bei vielen dieser Events bergen ohnehin hohe Risiken für Katastrophen (z. B. die Duisburger *Loveparade* 2010). Sachschäden oder die häufig starke Belastung der Umwelt[35] erscheinen vor diesem Hintergrund geradezu marginal.

[30] Neben Lärmbelästigung und Umweltbeeinträchtigung gibt es weitere Gründe, warum manchen Festivals im unmittelbaren Umfeld eine negative Bedeutung zukommt. Als Beispiel hierfür seien die (verständlichen) Proteste der Einwohner in den jeweiligen thüringischen Städten und Orten genannt, die gegen die Durchführung von Rechtsrock-Festivals protestierten, wie das sogenannte *Fest der Völker – Für ein Europa der Vaterländer* oder *Rock für Deutschland* (seit 2003 in Gera).
[31] Eindeutig der Fall ist dies beispielsweise beim sogenannten »UZ-Pressefest«. Es handelt sich dabei um eine Veranstaltung mit oder zumindest im Dunstkreis der DKP (Deutsche Kommunistische Partei). Als Künstler traten dort u. a. die Liedermacher Hannes Wader, Franz Josef Degenhardt oder Konstantin Wecker auf.
[32] Siehe hierzu Harnish (2005); Reily (1994); Talamantes (2006).
[33] Robert Cantwell (1991: 150) schreibt hierzu: »The power of the Festival to stimulate cultural activity extends beyond the participants to scholars, public folklorists, museum curators, and politicians.«
[34] Siehe hierzu Waterman (1998).
[35] Da Musikfestivals tatsächlich eine mitunter ausufernde Umweltbelastung darstellen, sehen sich manche Veranstalter mittlerweile in der Verantwortung, dazu Stellung zu beziehen. Zum »Karneval der Kulturen« ist diesbezüglich auf der festivaleigenen Homepage zu lesen: »Wir arbeiten kontinuierlich daran, die Vorbereitung

Musikfestivals sind oftmals keine »Nur-Musikveranstaltungen«. Stattdessen beinhalten sie ein wahres »Brimborium« an Begleiterscheinungen, was mitunter dazu führen kann, dass es die Musik selbst ist, die zu einer Nebensächlichkeit degeneriert.[36] Musikfestivals schaffen, wenn auch zeitlich begrenzt, für die Besucher sowie die dort Tätigen eigene Lebenswelten. Mehr oder weniger von der Außenwelt isoliert, lebt man für eine bestimmte Zeitspanne auf dem Festival-Gelände, was u. U. zu einem starken Gemeinschaftsgefühl führen mag. Volksfeste, wissenschaftliche Konferenzen, Workshops, mitunter Meisterklassen, religiöse Veranstaltungen, der Verkauf bestimmter Speisen, Kleidung bzw. Mode und Devotionalien etc. »runden den Festivalalltag ab«. Angesichts solcher Heterogenität fällt es schwer zu entscheiden, ob bzw. ab wann eine Veranstaltung als »Musikfestival« oder als ein »Festival mit Musik« zu bezeichnen wäre.[37] Ebenso problematisch ist eine klare Abgrenzung zu dem, was man im herkömmlichen Sinne als »Konzert« erachtet, der Übergang vom einen zum anderen ist vielmehr fließend. Doch ist – etwas plakativ formuliert – alles das, was beim Konzert von Relevanz ist (Bühnen, Künstler, Zuschauer, Dauer, Häufigkeit, Preise, Gewinne, Logistik, Beeinträchtigung des Umfeldes, Resonanz in der Öffentlichkeit usw.), beim Festival in der Regel größer, höher, weiter, teurer etc.

und Durchführung der Veranstaltung so zu steuern, dass sie die Umwelt und natürlichen Ressourcen, die sozialen Beziehungen und die ökonomischen Bedingungen fördern bzw. so wenig wie möglich belasten.« (Siehe URL: http://www.karneval-berlin.de/de/neu.198.html [Zugriff vom 05.04.2012].

[36] Vgl. Ronström (2001: 60). Thomas Geyer (1978: 82) stellte im Rahmen einer Besucherbefragung auf dem 3. Tübinger Folk- und Liedermacherfestival gar fest, dass für viele Besucher die Musik bzw. die Gruppen von sekundärer Relevanz seien. Eine höhere Bedeutung besäßen indessen Atmosphäre, Kommunikation, Gemeinschaft sowie Möglichkeiten zur aktiven Teilnahme.

[37] In vielen Fällen ist äußerst fraglich, ob es sich um Musikfestivals oder um Festivals mit Musik handelt. Beim Festival »Steirischer Herbst« widmet man sich nebst Musik und Tanz ebenso dem Theater, der Bildenden Kunst, dem Film, der Literatur, der Architektur und den Neuen Medien. Gleiches gilt für das Kulturfestival »Wiener Festwochen«, wo die Sparten Oper, Konzert, Theater, Performance, Installationen, Lesung und Film im Mittelpunkt stehen. Auch die »Popkomm« ist über ein Musikfestival hinaus gleichzeitig Fachmesse und Kongress. Zudem gilt es anzufügen, dass es stark von der jeweiligen Kultur abhängig ist, ob die Kategorien von »Musik« und daher auch »Musikfestivals« denen des »Abendlandes« bzw. des »Westens« entsprechen.

Fachgeschichtlicher Kontext

Das »Musikfestival« wurde im deutschsprachigen Raum als wissenschaftliche Thematik über lange Zeit nicht behandelt. Da es sich bei vorliegendem Sammelband um eine Publikation der zur Deutschen Gesellschaft für Volkskunde (DGV) gehörenden »Kommission zur Erforschung musikalischer Volkskulturen« handelt, soll hier eine Fokussierung auf die Volksmusikforschung bzw. Musikalische Volkskunde erfolgen, freilich unter Berücksichtigung jener Disziplinen, die sich damit überlappen bzw. sich nicht klar hiervon trennen lassen.[38]

Zu fragen ist aus heutiger Sicht, wie sich die lang währende mangelnde Bereitschaft der Disziplin, dem Phänomen »Musikfestival« ausreichend Aufmerksamkeit zu schenken, erklären lässt. Denn unzweifelhaft und wie vorab erläutert gab es bereits seit den 1960ern derartige Veranstaltungen im Bereich der Rock-, Pop- und Folkmusik, wohlgemerkt unter dem Etikett »Musikfestival«. Zumindest im deutschsprachigen Raum schien man somit über eine lange Zeit Dinge außer Acht gelassen zu haben, die sehr wohl existierten, aber nicht in bestimmte Denkschemata und -konzepte passten, da sie »nicht authentisch« erschienen bzw. vielleicht schlichtweg zu komplexer Natur waren.

Deutlich wird jedoch, dass zumindest seit der Zeit des Booms in den 1960ern das »Folklorefestival« unter den Wissenschaftlern des Faches einigen Staub aufwirbelte. Insbesondere die zunehmende Popularität von Events wie das »Burg-Waldeck-Festival« im Hunsrück erregte Aufmerksamkeit, machte deutlich, dass es auch in Deutschland galt, sich »wohl oder übel« mit der Erscheinungsform auseinanderzusetzen. Exemplarisch soll hier der erste Halbjahresband aus dem Jahr 1967 der »Zeitschrift für Volkskunde« dienen, der eine Diskussion zum Thema »Volkslied – Schlager – Folklore« enthielt, die in Fachkreisen viel Beachtung fand.

Ausgangspunkt der Publikation war ein Beitrag von Fritz Bose, an den sich eine Diskussion anschloss, an der fachliche Koryphäen wie Hermann Bausinger, Ernst Klusen, Herbert Freudenthal, Carl Dahlhaus, Wolfgang Suppan, Hinrich Siuts, Rolf Wilhelm Brednich und Wolfgang Brückner beteiligt waren. Ganz im Gegensatz zu Schlager- und Popmusik erfreuten sich zumindest die Folklore und damit gleichermaßen Folklorefestivals unter Volkskundlern und Liedforschern einer gewissen Wertschätzung und Sympathie, denn – so Fritz Bose – das Folk-

---

[38] Dazu zählen insbesondere die Musikethnologie (engl. Ethnomusicology), früher auch als Vergleichende Musikwissenschaft oder Musikalische Völkerkunde bezeichnet, die Ethnologie bzw. Volkskunde (engl. Anthropology), die Popularmusikforschung und in weiterem Sinne die Musikgeschichte.

loresingen sei eine Art Ersatz für das »heute nicht mehr existierende Fortleben echter Volksliedüberlieferungen« (Bose 1967: 46). Doch er schränkte ein: Die Folklorewelle erwecke das Volkslied zwar zu neuem, jedoch nur zu künstlichem Leben (Bose 1967: 47). Boses Gedanken waren zu jener Zeit keineswegs singulärer Natur. So kategorisierten zahlreiche und namhafte Wissenschaftler die Volksmusik im performativen Kontext als nicht »echt« oder mit anderen Worten als zum »zweiten Dasein«[39] gehörig. Wertfrei war dieser Terminus indessen nicht, implizierte er doch vielmehr die Vorstellung von der Degeneration des »Echten«, »Urtümlichen«, das nach solcher Auffassung im Ländlichen verwurzelt war. Denn wie viele andere seiner Zunft vermisste Bose bei Folkloredarbietungen ein für sein Volksliedverständnis wesentliches Merkmal: nämlich die »singende und mitgestaltende Gemeinschaft«. Stattdessen existiere im performativen Kontext – also gleichermaßen bei Festivals – eine undurchlässige Trennung zwischen Publikum und Musikern.[40] Die Folklore – so die Auffassung – stehe daher dem Schlager oder Chanson näher als dem Volksgesang (Bose 1967: 47).

Unterstützung erhielt Bose damals u.a. von Hinrich Siuts: Hauptobjekt der Volkskunde, so betonte dieser, »bleibt das, was vom Volk wirklich gesungen wird, seien es nun Volkslieder oder Schlager, aber nicht das, was von ihm nur gehört wird, auch wenn es sich um Folklore-Songs handelt« (Siuts in Bose 1967: 64).

Nur wenige vertraten zu dieser Zeit im deutschsprachigen Raum andere Meinungen. Dazu zählten Ernst Klusen wie auch Wolfgang Brückner, nach deren Auffassung es eine Selbstverständlichkeit war, sich der Gegenwart zuzuwenden und Veranstaltungen wie das »Burg-Waldeck-Festival« zu beobachten, zu dokumentieren und zu diskutieren. Doch obschon die grundsätzlichen Einwände, sich dem Musikfestival zuzuwenden, leiser wurden, begann man nur langsam, sich dieser Thematik zu öffnen.[41]

---

[39] Der Begriff »zweites Dasein« geht auf Walter Wiora zurück und wurde später von anderen Wissenschaftlern übernommen und vor allem von Felix Hoerburger weiterentwickelt.

[40] Zweifelsohne ist diese klare Unterteilung von Musikern und Publikum vorherrschend. Doch bei manchen Festivals sind die Besucher durchaus in die musikalischen Geschehnisse involviert. So existiert beispielsweise beim »Sunbeng Festival« im oberösterreichischen Auberg eine »Open Stage Jam Session«, bei der die Besucher selbst musikalisch aktiv werden können. In anderen Fällen kommt es zu musikalischen Aktivitäten abseits der Bühnen (siehe hierzu Küchle 2010: 124, 167, 179 ff.).

[41] Besonders hervorgehoben werden muss der 43. Band der Zeitschrift *the world of music*, in dem explizit das Thema *Folk Music in Public Performance* im Mittelpunkt steht (Baumann 2001). Abweichend von der Bundesrepublik und Österreich verhielt es sich in den (ehemaligen) Staaten des Warschauer Pakts. Dort wurden

Die (berechtigte) Angst des Musikforschers vorm Musikfestival oder Das Ende der Einfachheit

> »[...] melodies and sounds become as important as other types of behaviour on and around the stages and arenas where music is performed. In fact, a large part of the many important changes in the use and understanding of music through the last centuries can be seen as changes in musical events, rather than in the music ›itself‹« (Ronström 2001: 50).

Owe Ronströms Zitat verdeutlicht, warum die Forschung neben den oftmals geäußerten Gründen – vor allem wegen des vermeintlichen Mangels an »Authentizität« – bewusst dem Musikfestival aus dem Weg ging. Es war wohl die Tatsache, dass Melodie und Klang zwar weiterhin von großer Bedeutung waren, aber neue hoch komplexe Aspekte (»behaviour on and around the stages and arenas«) nicht mehr unberücksichtigt bleiben durften.

Besonders deutlich, wie diffizil die Angelegenheit war und ist und dass man von einer (berechtigten) Angst des Musikforschers vorm Musikfestival oder »dem Ende der Einfachheit« (zumindest zur damaligen Zeit) sprechen kann, wird es bei einem Vergleich zwischen 1. »Konzert« und 2. »Musikfestival«.[42] Mit einem Konzert assoziiert man im Allgemeinen *einen* musikalischen Auftritt einer begrenzten Anzahl von Gesangs- oder Musikgruppen bzw. *einem Einzelkünstler* (Sänger und/oder Instrumentalmusiker) vor *einem* Publikum.[43] Geht man davon aus, dass es sich tatsächlich nur um *einen einzelnen* Künstler oder *eine* Gruppe handelt, so entsteht hieraus dennoch ein Bezug, der sich im jeweiligen Fall schon relativ kompliziert darstellen kann. Dies ist umso bemerkenswerter, als bestimmte Ebenen (Management, Medien bzw. dadurch bedingt zeitversetzte Rezeption) der besseren Überschaubarkeit halber hier bewusst außer Acht gelassen werden (siehe Abbildung 4).

Abb. 4: Vereinfachte Darstellung der Relation Künstler bzw. Künstlergruppe – Publikum beim Konzert.

Musikforscher und -ethnologen bei Festivals im Bereich der sogenannten Volksmusik in verschiedenen Funktionen (beratend, organisatorisch, als Autoren) mit einbezogen. Siehe hierzu Elschek (2001: 163). Siehe dazu auch die Beiträge von Jelena Schischkina und Inna Shved in diesem Band.

[42] Vgl. zu diesem Gegensatz Konzert versus Festival insbesondere Ronström (2001: 57).
[43] Außer Acht gelassen werden soll hier, dass ein Konzert im eigentlichen Sinne des Wortes ein »Wettbewerb« ist. Auch der Tanz soll hier unberücksichtigt bleiben.

Somit können sich die Fragen lediglich auf 1. die Musik-Gruppe bzw. den Künstler, 2. das Publikum und 3. die Interaktion beziehen.

Was 1. die Gruppe bzw. den Künstler im performativen Kontext betrifft, sind u. a. folgende Fragen virulent: Wie bereitet sich die Gruppe auf das bevorstehende performative Ereignis vor (langfristig, mittelfristig, kurzfristig)? Nach welchen Kriterien wird das Repertoire ausgewählt? Welcher Anteil der Musik ist fix, wie viel davon variabel, wird also der jeweiligen Situation angepasst (z. B. Länge von Stücken, das Maß an sogenannter »Improvisation«)?

Was 2. das Publikum betrifft: Obwohl dies eine heterogene Gruppe ist, stellt sie sich im Falle des »Konzerts« nach unserer Definition dennoch relativ unkompliziert dar. Denn jeder Einzelne im Publikum hat einen Bezug zum Künstler oder zur Gruppe, der sich in einer Bandbreite zwischen extremer Zuneigung oder extremer Abneigung bewegen kann.[44]

Besonders interessant sind 3. die Fragen, die sich auf die Interaktion zwischen beiden »Parteien« beziehen. Diese können u. a. lauten: Wie beeinflussen die Handlungsweisen der einen wiederum das Verhalten der anderen, z. B.: Übt die Begeisterung des Publikums tatsächlich einen direkten Einfluss auf die Quantität (Anzahl bzw. Länge der Stücke) und die Qualität beispielshalber von Zugabe(n) aus, oder steht dies alles ohnehin schon von vornherein fest? Inwiefern beeinflussen »träge«, »desinteressierte« Publikumsreaktionen die Spiellaune der Musiker, oder andersherum: Inwieweit beeinflusst eine mittelmäßige Performance die Reaktionen des Publikums, ja, wird die Qualität der Performance überhaupt wahrgenommen?

Interaktion spielt sich freilich nicht nur zwischen den beiden »Parteien« (Publikum versus Künstler) ab, sondern auch innerhalb von ihnen. Was die Musiker in einer Gruppe anbelangt, könnte von Interesse sein, ob bei besonders positiven Publikumsreaktionen sogenannte Improvisationsteile ausgedehnt werden bzw. die Begleitmusiker des jeweils Solierenden andere musikalische Wege als etwa die vereinbarten einschlagen. Dass es auch innerhalb des Publikums zu Interaktionen kommt, die durch das Spielen der Gruppe bzw. des dargebotenen Werkes hervorgerufen oder verstärkt werden, ist wiederum spätestens seit Igor Strawinskys Uraufführung von »Le Sacre du Printemps« in Paris im Jahr 1913 bekannt. Dass es damals zu gewaltsamen Handlungen des Publikums untereinander kam,

---

[44] Komplexer wird es freilich, sofern einzelne Mitglieder einer Band quasi als Stars im Fokus stehen, die anderen hingegen nur als Begleitmusiker fungieren. Auch die Rezeption in der Öffentlichkeit hält sich bei einem Konzert hinsichtlich der Komplexität noch in beherrschbaren Bahnen. Musikjournalisten werden darüber in Printmedien schreiben, das Ereignis beurteilen und – im Rahmen einer Tournee – eventuell in Bezug zu anderen Auftritten setzen.

verdeutlicht, welch höchst komplexe Prozesse bereits bei einem überschaubaren performativen Ereignis wie dem »Konzert« vonstatten gehen.

Um ein Vielfaches komplexer verhält es sich indessen bei einem »Musikfestival«. Der Einfachheit halber soll folgende Arbeitsdefinition zugrunde gelegt werden: Ein Musikfestival besteht (im Unterschied zu unserer Definition des »Konzerts«) aus mehreren Musikgruppen oder Einzelkünstlern, die auf einer oder mehreren Bühnen vor einem Publikum nacheinander oder unter Umständen auf verschiedenen Bühnen zeitgleich musizieren.[45] Ein Festival dauert daher länger als ein Konzert und findet darüber hinaus in bestimmten Zeitabständen turnusmäßig (jährlich oder zweijährlich) an identischen oder wechselnden Orten statt.

Die Konsequenzen, die sich hieraus für die beteiligten Personengruppen wie auch für die Interaktionsebenen ergeben, sind immens (siehe Abbildung 5).

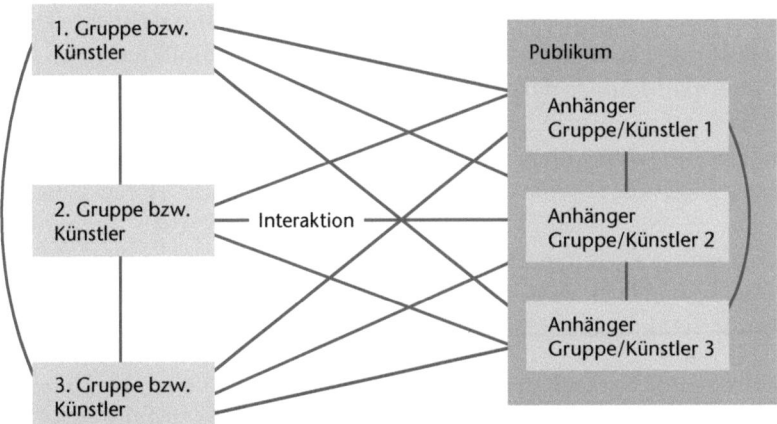

Abb. 5: Vereinfachte Darstellung der diversen Relationen von Künstlern bzw. Gruppen und Publikum beim Musikfestival.

Zur besseren Verdeutlichung liegt dem obigen Schaubild die Prämisse zugrunde, dass bei unserem Modell eines Musikfestivals lediglich drei Gruppen bzw. Einzelkünstler – also eine vergleichsweise geringe Zahl[46] – teilnehmen.

[45] Hier sollen dezentrale Straßenmusikfestivals, bei denen keine Bühnen existieren, außer Acht gelassen werden, da dies die ohnehin schon hohe Komplexität noch steigern würde.
[46] In der Praxis stellt sich dies in vielen Fällen deutlich »ausufernder« dar. So sind allein beim sogenannten »Sziget« – einem Musikfestival, das jährlich im Sommer auf einer Donauinsel im ungarischen Budapest stattfindet – über 60 Bühnen vorhanden, auf denen im Laufe des Events über 1000 Einzelveranstaltungen unterschiedlicher Musikrichtungen stattfinden.

Was 1. die linke Seite (die Musikerseite) betrifft, resultieren mehr oder weniger ausgeprägte Beziehungen zwischen den jeweiligen Musikgruppen bzw. Einzelkünstlern, die bei einem Musikfestival auftreten. Bei unmittelbar nacheinander folgenden Aufführungen auf einer Bühne wird sich dies wahrscheinlich noch in recht engen Grenzen bewegen.[47] Geht man jedoch davon aus, dass Musiker zeitgleich auf verschiedenen Bühnen performativ in Erscheinung treten, so wird ein Konkurrenzverhalten, ein Buhlen um die Gunst der Zuhörerschaft nahezu unausweichlich.[48] Von Interesse wäre hier beispielsweise, welcher Mittel sich die Künstler oder Musikgruppen bedienen, um die Aufmerksamkeit auf sich zu ziehen.[49] Wird daraus resultierend etwa lauter gespielt oder schneller, werden Ansagen aggressiver zugespitzt, wird vielleicht sogar auf die konkurrierende Gruppe oder den Künstler Bezug genommen? Zu fragen ist ebenso, ob und inwieweit sich die Zusammenstellung des Repertoires bei einem Musikfestival von einem Konzertprogramm unterscheidet. Denn bei einem Festival weiß man nicht mit Sicherheit, welches Publikum vertreten sein wird, und man könnte daher die Anwesenden mit bestimmten Liedern und Texten gegen sich aufbringen.

Von Interesse könnte im jeweiligen Einzelfall ferner sein, inwieweit sich Gruppen einer Festivalsymbolik oder dem Willen der Organisatoren beugen, auf bestimmte übergeordnete Thematiken (politisch, ideologisch, »reminiscent«) reagieren und dies durch ihr musikalisches Handeln nebst eventuell ihrem Erscheinungsbild (z. B. das Tragen einer bestimmten Kleidung) untermauern.

Auch die Struktur des Publikums stellt sich bei einem Musikfestival deutlich

---

[47] Bemerkenswert ist die Darstellung Thedens' (2001: 172 f.), was die Situation von Folklorefestivals in Skandinavien betrifft. Er stellt fest, dass bei eben solchen Folklorefestivals Musiker, die die autochthone Musik des jeweiligen Landes spielten, besorgt die Einbeziehung afrikanischer Gruppen in den Festivalalltag zur Kenntnis nahmen. Er schreibt: »[...] the foreign guest musicians were nothing but a bait for new audiences« (Thedens 2001: 173).

[48] Vgl. Ronström (2001: 60). Interessant ist, dass gleichzeitige Auftritte von Gruppen auf verschiedenen Bühnen heutzutage derart häufig geworden sind, sodass bei manchen Festivals betont und damit geworben wird, dass eben dies nicht der Fall sei. So wird bei dem Metal-Festival »Rockharz Open« explizit darauf hingewiesen, dass es zwar zwei gleichwertige Bühnen gebe, aus denen sich dennoch nicht zeitgleiche Bandauftritte ergeben. Siehe URL: http://de.wikipedia.org/wiki/Rockharz_Open_Air [Zugriff vom 10.05.2012].

[49] Ein besonderes Beispiel hierfür sind Musikmessen (z. B. die Frankfurter »Musikmesse« oder die »NAMM Show« in den USA). Musiker, die Endorsement-Verträge mit Musikinstrumenten-Firmen besitzen und an deren Ständen musikalisch in Erscheinung treten, um für sie zu werben, haben geradezu den Auftrag, die maximale Aufmerksamkeit der Messebesucher zu erwecken.

komplizierter dar als bei einem Konzert. Ohnehin übt Ersteres aufgrund der deutlich längeren Dauer sowie eines höheren Ablenkungspotenzials (bedingt durch den Festivalalltag mit Workshops, Verkauf von Devotionalien oder Essabilien usw.) einen hohen Einfluss auf das Rezeptionsverhalten aus. Doch darüber hinaus sind es die Beziehungen eines heterogeneren Publikums zu den verschiedenen Künstlern und Musikgruppen, die das Musikfestival hinsichtlich der Komplexität deutlich vom Konzert unterscheiden. Denn ein beliebiger Zuschauer A lässt unterschiedliche Vorlieben für eine Gruppe X, Y und Z erkennen, oder anders ausgedrückt: Er wird der Gruppe X mehr oder weniger zugetan sein als der Gruppe Y oder Z. Dies wird sich wohl besonders dann verstärken, wenn ethnische, nationale oder religiöse Zugehörigkeiten bzw. in weiterem Sinne weltanschauliche Unterschiede von Bedeutung sind (z. B. bei Musikfestivals von Minoritäten).[50] Interessant ist ebenfalls, inwiefern neue, unausweichliche musikalische Eindrücke (z. B. von Musikgruppen, die man bis zu diesem Zeitpunkt noch nicht kannte) das Publikum bzw. Einzelne im Nachhinein in ihren Hörgewohnheiten verändern und/oder – im Falle von Musikern – auf die musikalische Praxis Einfluss ausüben.

Die Zusammensetzung des Publikums kann außerdem ein enormes Konfliktpotenzial in sich bergen. Man stelle sich als Extremfall Heino, Bushido und Metallica einschließlich ihrer Fangemeinde als unmittelbar aufeinander folgende Performances vor. Die Reaktionen würden je nach Mischungsverhältnis des Publikums bzw. der einzelnen Anhängerschaften disparat ausfallen: Wären mehr Heino-Fans vor Ort, dann hätten es letztere beiden mit Sicherheit schwer, sich in die Herzen der Fans zu spielen, wobei das Gleiche unweigerlich für die entgegengesetzten Richtungen gilt.[51]

[50] Siehe hierzu insbesondere Emily Satterwhites Aufsatz (2005) »›That's What They're All Singing About‹: Appalachian Heritage, Celtic Pride, and American Nationalism at the 2003 Smithsonian Folklife Festival«. Anhand von Zuschauerbefragungen geht die Autorin der Frage auf den Grund, inwieweit die (gut gemeinten) Intentionen des Mottos »Connecting Cultures« seitens der Organisatoren eines Festivals, bei dem drei Kulturen (aus den Appalachen, aus Schottland, aus Mali) vorgestellt wurden, tatsächlich die Rezipienten erreichten. Siehe des Weiteren Errington (1987); Waterman (1998); Baumann (2001: 10).

[51] Messbare Beispiele hierfür existieren zur Genüge: Ein Beispiel aus der jüngeren Vergangenheit stellt das »Rheinkultur-Festival« (Bonn) im Jahr 2011 dar. Dort gerieten zwei rivalisierende Fangruppen aneinander, die (freilich neben einem zu hohen Alkoholkonsum) gegensätzliche Meinungen über den Rapper »Haftbefehl« hatten. Als von den Veranstaltern der Auftritt aus Sicherheitsgründen abgesagt wurde, eskalierte die Situation. Einige »Fans« stürmten die Bühne und warfen Lautsprechertürme um. Wie sehr Veranstalter darauf achten müssen, die Musik

Ohne hier die zeitliche Komponente, das Turnusmäßige eines Musikfestivals sowie die Einflüsse der Medien auf musikalische Aspekte thematisieren zu können, wird schon anhand weniger Beispiele deutlich, um wie viel vertrackter ein Musikfestival im Vergleich mit einem Konzert ist. Ob allein hier der Grund dafür liegt, dass Musikforscher dem Musikfestival weitestgehend aus dem Weg gingen, muss freilich dahingestellt bleiben. Zweifelsohne war die Nichtbeachtung des Phänomens die deutlich einfachere Lösung – verständlich wie ungerechtfertigt zugleich.

Musikfestivals, Wissenschaft und Volksmusikforschung heute

In der Gegenwart sind »Musikfestivals« für vielerlei wissenschaftliche Fachrichtungen von Interesse. Mit Sicherheit zählen dazu die Sozialwissenschaften, Kulturwissenschaften, das Kulturmanagement, die Wirtschaftswissenschaften (Marketing, Logistik usw.), der Journalismus und je nach konkreter Thematik noch weitere Disziplinen. Fast schon zur Binsenweisheit gerät dadurch die Erkenntnis, dass weder heute noch früher das »Musikfestival« allein in den Arbeitsbereich der Musikwissenschaft im Allgemeinen bzw. der Volksmusik-

> nicht zu heterogen werden zu lassen, wird in besonderem Maße bei den »Reading« und »Leeds Festivals« deutlich. Als man in den 70er- und 80er-Jahren damit begann, die dargebotenen Musikrichtungen von zunächst Jazz, später Rock, Blues und Heavy Metal schließlich auf Punk, Wave und sogar Pop auszudehnen, häuften sich die Ausschreitungen unter den Festivalbesuchern. Der Musiker Meat Loaf wurde auf der Bühne mit Flaschen beworfen. Siehe URL: http://de.wikipedia.org/wiki/Reading_and_Leeds_Festivals sowie http://de.wikipedia.org/wiki/Reading_Festival) [Zugriff vom 12.04.2012]. Ähnliche Prozesse sind beim englischen »Download-Festival« zu beobachten. Im Jahr 2006 wurden Musiker der Gruppe Guns N' Roses bei ihrem Auftritt mit Flaschen beworfen. Im Jahr 2007 führte der Auftritt der Band »My Chemical Romance« als »Headliner« zu Unstimmigkeiten im Publikum (primär Anhängern von härteren Gruppen wie »Korn« und »Suicidal-Tendencies«). Die Band wurde ausgebuht, ebenfalls mit Flaschen beworfen und beendete daher ihren Auftritt 20 Minuten früher als vorgesehen. Siehe URL: http://de.wikipedia.org/wiki/Download-Festival [Zugriff vom 12.04.2012]. Bei Heavy-Metal-Gruppen und -Fans scheinen derartige Zwischenfälle besonders häufig zu sein, wie u. a. aus dem ersten »Southside-Festivals« 1999 hervorgeht: Der Musiker Marilyn Manson betrat betrunken die Bühne, provozierte das Publikum »mit obszönen Gesten« und einem lediglich 20-minütigen Auftritt. Bedacht wurde er daraufhin mit Pfiffen »und dem Bewerfen der Bühne mit Schlamm und anderen Gegenständen [sic!]«. Schließlich wurde Letztere gestürmt, die Ausrüstung der Gruppe dabei demoliert. Siehe URL: http://de.wikipedia.org/wiki/Southside [Zugriff vom 12.04.2012] sowie Küchle (2010: 38).

forschung, Musikethnologie oder Popularmusikforschung im Besonderen fällt bzw. fiel. Denn zu ausufernd ist die Vielfalt an potenziellen Thematiken. Ja, man darf sogar annehmen, dass der Versuch eines Einzelnen, ein Musikfestival in seinem gesamten Facettenreichtum darzustellen, unweigerlich Gefahr liefe, dass eben dieser den Wald vor lauter Bäumen nicht mehr sähe. Spezialisten der einen oder anderen wissenschaftlichen Disziplin werden kaum in der Lage sein, dieses Phänomen umfassend zu behandeln, sondern lediglich unter bestimmten Fragestellungen in Abhängigkeit von den individuellen Schwerpunkten und Interessen eines Forschers bzw. Teams.

Musikfestivals sind – das wurde vorab skizziert – Miniaturbilder, Mikrokosmen, weisen analoge oder konträre Strukturen von etwas Größerem auf: der Gesellschaft oder bestimmter Subkulturen (vgl. Nzewi 1979: 168, 176; Cantwell 1991: 158). Schon daher erfordert die Thematik eine wissenschaftliche Annäherung und Auseinandersetzung auf breiter Basis mit allen Mitteln, die Wissenschaft (und nicht nur die Gesellschaftswissenschaften) aufzubieten hat. Multidisziplinarität oder im besten Falle Interdisziplinarität werden hier zu mehr als einem Lippenbekenntnis. Gleichwohl – und das ist kein Widerspruch in sich – müssen jede Disziplin und jeder Forscher evaluieren, was sie zum Phänomen beisteuern können und wollen. Denn ein in Asien oder Afrika beheimatetes Musikfestival, das in hohem Maße im Religiösen oder Mythischen verhaftet ist, das bestimmte liturgische Abläufe, Rituale, Symboliken beinhaltet und dem eine außereuropäische Sprache zugrunde liegt[52], wird mit hoher Wahrscheinlichkeit andere Lösungsansätze erfordern als etwa ein Schlagerfestival in Oberhausen.

Inwieweit eine bestimmte Veranstaltung für eine Region oder Stadt touristisch von Nutzen sein könnte, ob bestimmte Werbemaßnahmen für Zuschauergruppen greifen, diese in ihrem Verbraucherverhalten gar beeinflussen oder manipulieren können, wie das Management, die Logistik, das Vertragswesen, die Akquirierung finanzieller Mittel (Spenden, Sponsoring seitens Mäzenen und Philanthropen), wie Finanzierungsformen funktionieren oder idealerweise funktionieren sollten, alles dies sind Teilbereiche, die wahrscheinlich nicht von Volksmusikforschern und/oder Musikethnologen adäquat untersucht werden können. Gleichwohl werden Letztere grundsätzlich kaum in Frage stellen, dass alle diese Faktoren potenziell einen Einfluss auf das Musikalische besitzen.

Deutlich größer ist allerdings die Anzahl an Thematiken, die unter Umständen für die Volksmusik-, Popularmusikforschung oder Musikethnologie eine Rolle spielen bzw. die man fokussieren könnte. Wie oder inwiefern werden

[52] Siehe z. B. Reily (1994); Hock Tong (1996).

Musikfestivals durch Staaten, Parteien oder Organisationen ideologisiert bzw. instrumentalisiert, inwieweit dienen solche Events dazu, Musikkulturen zu bewahren? In welchem Umfang werden traditionelle musikalische Elemente mit modernen vermischt oder ersetzt? Welche Bedeutung haben semiotische Aspekte wie Symbole oder »a symbolic form of behavior«? Inwieweit sind die auf Bühnen dargestellten kulturellen Praktiken auch außerhalb von Festivals tatsächlich vital oder werden Letztere durch diese gar beeinflusst? Inwieweit haben sich Musikfestivals hinsichtlich ihrer Funktion gewandelt, werden im Nachhinein gar verklärt? Eine Vielzahl dieser Themen könnte man unter musikspezifischer Schwerpunktsetzung freilich untersuchen. Aber wie? Gibt es einheitliche Rezepte, Methodiken, Darstellungsformen?

Insbesondere in der Musikethnologie der Nachkriegszeit (zunächst in den USA, später auch in Deutschland) forderten Wissenschaftler nachdrücklich, den Kontext bei den Forschungen über Musik (des »Volkes« oder außereuropäischer Kulturen) nicht zu vergessen. Ihre gerechtfertigten Forderungen blieben in der Folge nicht ungehört und wurden weitestgehend beherzigt. Denn kaum ein Musikethnologe respektive Volksmusikforscher wagt es heute noch, sich in Abhandlungen rein typologisch, gestaltanalytisch, ausschließlich auf Transkriptionen basierend einer musikalischen Kultur zu nähern. Der Kontext darf nicht fehlen, ist geradezu heilig geworden. Doch vielleicht sollte man gerade daher die Wertigkeit bei Forschungen über Musikfestivals für das Fach heute anders definieren, nämlich vor lauter Berücksichtigung des Kontextes nicht die Musik vergessen. Vielleicht gilt es ja, die Ausgewogenheit von *Musik und Kontext* neu zu eruieren, zumindest was das Thema Musikfestival betrifft. Denn u. U. besitzen (im Einzelfall) »Dosen-Ravioli und Dixieklo«[53] tatsächlich einen Einfluss auf die Musik. Doch vielleicht ist alles dies derart marginal, dass man es zumindest nicht ins Zentrum der (wohlgemerkt musikspezifischen) Untersuchung stellen, sondern derartige Thematiken anderen, dafür besser gerüsteten Fachrichtungen überlassen sollte, die ihrerseits die musikalische Komponente kaum adäquat behandeln können.[54] Ja, vielleicht lag es auch in eben die-

---

53 »Dosen-Ravioli und Dixieklo« beruht auf der Aussage einer Studentin der Kölner Musikpädagogik, die darauf hinwies, dass sie eben jene beiden Komponenten als Erstes mit einem Musikfestival assoziiere.
54 Ein aktuelles Beispiel hierfür ist Tanja Alexandra Küchles *Erlebensraum Festival* (2010), in der das »Southside Festival« in Neuhausen ob Eck Gegenstand der Untersuchung ist. Die Studie entstand am Ludwig-Uhland-Institut für Empirische Kulturwissenschaft in Tübingen. Allein der Titel des Buches signalisiert, dass die Untersuchung mehr den gesellschaftlichen als den musikalischen Aspekt eines Musikfestivals fokussiert. Dem liegt die richtige Erkenntnis zugrunde, dass Fes-

sem drohenden Zuviel an Kontext begründet, dass man in der Vergangenheit das Musikfestival seitens der Volksmusikforschung und Musikethnologie im Zweifelsfall eher mied.

Literatur

Baumann, Max Peter (Hg.) (2001): *Folk Music in Public Performance*. (= the world of music vol 43 (2+3)). Berlin: VWB.

Baumann, Max Peter (2001): »Festivals, Musical Actors and Mental Constructs in the Process of Globalization«. In: *Folk Music in Public Performance*. (= the world of music vol 43 (2+3)). Hg. Max Peter Baumann. Berlin: VWB. S. 9–29.

Bose, Fritz (1967): »Volkslied – Schlager – Folklore. Diskussion (mit Beiträgen von Ernst Klusen, Herbert Freudenthal, Carl Dahlhaus, Wolfgang Suppan, Hinrich Siuts, Rolf Brednich, Wolfgang Brückner, Heinz Schilling und Hermann Bausinger)«. In: *Zeitschrift für Volkskunde, Halbjahresschrift der Deutschen Gesellschaft für Volkskunde*. 63. Jahrgang, Heft I. S. 40–78.

Braun, Werner (1995): »Fest«. In: *Die Musik in Geschichte und Gegenwart. Allgemeine Enzyklopädie der Musik (MGG), Sachteil Band 3*. Sp. 411–426.

Burckhardt-Seebass, Christine (1987): »›Gang, hol d'Gitarre...‹ Das Folk-Festival auf der Lenzburg 1972–1980 und die schweizerische Folk-Bewegung«. In: *Vierteljahrschrift Schweizerisches Archiv für Volkskunde*. 83. Jahrgang, Heft 3–4. Hg. Ueli Gyr. S. 154–168.

Cantwell, Robert (1991): »Conjuring Culture: Ideology and Magic in the Festival of American Folklife«. In: *The Journal of American Folklore*, Vol. 104, No. 412. S. 148–163.

Dahlhaus, Carl / Eggebrecht, Hans Heinrich (Hg.) (1978): *Brockhaus Riemann Musiklexikon in zwei Bänden. Erster Band A-K*. Mainz: B. Schotts Söhne.

dtv (1990): »Festival«. In: *dtv-Lexikon Band 5*. Mannheim: F.A. Brockhaus GmbH. S. 277.

Duden (2009): »Festival«. In: *Duden. Die deutsche Rechtschreibung. 25., völlig neu bearbeitete und erweiterte Auflage*. Mannheim et al.: Dudenverlag. S. 433.

Eggebrecht, Hans Heinrich (Hg.) (1984): *Meyers Taschenlexikon Musik in 3 Bänden*. Mannheim et al.: B.I.-Taschenbuchverlag.

Elschek, Oskar (2001): »Folklore Festivals and Their Current Typology«. In: *Folk Music in Public Performance*. (= the world of music vol 43 (2+3)). Hg. Max Peter Baumann. Berlin: VWB. S. 153–169.

Errington, Frederick (1987): »Reflexivity Deflected: The Festival of Nations as an American Cultural Performance«. In: *American Ethnologist*, Vol. 14, No. 4. S. 654–667.

Geyer, Thomas (1978): »Besucherbefragung auf dem 3. Tübinger Folk- und Lieder-

tivals mehr sind als musikalische Phänomene und dass sie Fragestellungen und Methoden erfordern, die sich an den Sozialwissenschaften orientieren und mit dem herkömmlichen Instrumentarium der Musikethnologie oder Volksmusikforschung kaum zu erfassen sind.

macherfestival. Bericht über ein studentisches Arbeitsprojekt«. In: *Jahrbuch für Volksliedforschung*, 23. Jg. S. 69–102.

Goodman, Alfred A. (1971): *Musik von A–Z*. München: Südwest Verlag GmbH & Co. KG.

Hanneken, Bernhard (2001): »Concepts and Contexts of the Tanz&FolkFest Rudolstadt«. In: *the world of music*, Vol. 43 *(2+3)*. S. 31–47.

Harnish, David (2005): »New Lines, Shifting Identities: Interpreting Change at the Lingsar Festival in Lombok, Indonesia«. In: *Ethnomusicology*, Vol. 49, No. 1. S. 1–24.

Heinke, Carsten (2005): »Das TV-Festival als Bühne des Protests und der Innovation. Die brasilianischen Musikfestivals 1965–1972«. In: *Keiner wird gewinnen. Populäre Musik im Wettbewerb* (= Beiträge zur Popularmusikforschung 33). Hg. Dietrich Helms und Thomas Phleps. Bielefeld: transcript. S. 83–100.

Hock Tong, Cheu (1996): »The Festival of the Nine Emperor Gods in Malaysia: Myth, Ritual, and Symbol«. In: *Asian Folklore Studies*, Vol. 55, No. 1. S. 49–72.

Hofmann, Michael (2009): »Jubeln – Trubeln – Heitersein. Zur ostdeutschen Volksfestivalisierung«. In: *Vergnügen in der DDR*. Hg. Ulrike Häußer und Marcus Merkel. Berlin: Panama Verlag. S. 21–31.

Honegger, Marc/Massenkeil, Günther (Hg.) (1987): »Festivals«. In: *Das große Lexikon der Musik, Dritter Band*. Freiburg et al.: Herder. S. 81.

Kirshenblatt-Gimblett, Barbara (1995): »Theorizing Heritage«. In: *Ethnomusicology*, Vol. 39, No. 3. S. 367–380.

Knaur (1985): »Festival«. In: *Knaurs Lexikon A–Z*. Hg. Franz N. Mehling. München: Droemer Knaur.

Küchle, Tanja Alexandra (2010): *Erlebensraum Festival. Ethnografische Erkundungen auf dem Southside Festival in Neuhausen ob Eck*. Tübingen: Tübinger Vereinigung für Volkskunde e. V.

Kulturstiftung des Bundes [2011]: »Donaueschinger Musiktage. Festival für Neue Musik«. URL: http://www.kulturstiftung-des-bundes.de/cms/de/sparten/musik_und_klang/donaueschinger_musiktage_2241_21.html. [Zugriff vom 29.02.2012].

Näumann, Klaus (2005): *Parang-Musik in Trinidad. Eine hispanische Tradition in einem anglofonen Land*. (= Musikethnologie Band 5). Münster: Lit-Verlag.

Nzewi, Meki (1979): »Some Structural Features of the Igbo Festival«. In: *The Black Perspective in Music*, Vol. 7, No. 2. S. 168–181.

Reily, Suzel Ana (1994): »Musical Performance at a Brazilian Festival«. In: *British Journal of Ethnomusicology*, Vol. 3. S. 1–34.

Ronström, Owe (2001): »Concerts and Festivals: Public Performances of Folk Music in Sweden«. In: *the world of music vol 43 (2+3)*. S. 49–64.

Satterwhite, Emily (2005): »›That's What They're All Singing About‹: Appalachian Heritage, Celtic Pride, and American Nationalism at the 2003 Smithsonian Folklife Festival«. In: *Appalachian Journal*, Vol. 32, No. 3. S. 302–338.

Talamantes, Maria (2006): »Performance of Identity: The Pelegongan Andir of Tista, Bali«. In: *Asian Theatre Journal*, Vol. 23, No. 2. S. 356–373.

Thedens, Hans-Hinrich (2001): »›How Funny – I am at a Folk Music Event and I Don't Know a Soul Here!‹ Musicians and Audiences at the International Folk Music Festivals in Norway«. In: *the world of music*, Vol. 43 (2+3). S. 171–181.

Waterman, Stanley (1998): »Place, Culture and Identity: Summer Music in Upper Galilee«. In: *Transactions of the Institute of British Geographers, New Series*, Vol. 23, No. 2. S. 253–267.
Wicke, Peter (2006): »Populäre Musik«. In: *Musikalmanach 2007/08*. Deutscher Musikrat (Hg.). Regensburg: ConBrio. S. 82–93.
Willnauer, Franz (2006): »Musikfestspiele und Festivals«. In: *Musikalmanach 2007/08*. Hg. Deutscher Musikrat. Regensburg: ConBrio. S. 63–72.

Sabine Wienker-Piepho
Festivalitis – Festivalisierung als Kulturphänomen

Auch in diesem Sommer waren Festivalbesucher wieder in ganz Europa unterwegs: Es waren diejenigen, »die das Besondere suchen, die sich aus dem Alltag hinweg heben lassen wollen. Man trägt Smoking oder Schirm und Picknickkorb« – oder Rucksack und Isomatte.

> »Seit die wie eine Seuche grassierende Festivalitis jeden Heuschober zum Konzertsaal erkor, jeden Steinbruch zum Opernhaus und jeden Baggersee zur Freilichtbühne, sind die allsommerlichen Festspiele wieder da, wo sie herkamen: mitten im Volk, das sich rauschend auch selbst feiert – und nicht nur die oberen, teure Karten löhnenden Zehntausend.« (Brug 2002)

Ich zitierte hier zum Auftakt Manuel Brug, den Musikredakteur der Zeitung *Die Welt*, der offenbar 2002 das Kampfwort *Festivalitis* in den Diskurs einbrachte.

Jedenfalls – so führt Brug weiter aus – sei »ein philosophisch überbauend gemeinter Festspielgedanke heute längst nicht mehr so simpel dingfest zu machen« wie einst. Als Beispiel dienen ihm die Salzburger Festspiele. Sie zeigen, wie einfach das wohl einmal gewesen sein müsse, simpel geradezu für die noch »felsenstark in ihren abendländisch-konservativen Grundwerten verhafteten Salzburger Gründerväter[n] Hofmannsthal, Reinhardt und Strauss« (Brug 2002).

Auch Bayreuth habe es heute nicht leicht. Bayreuth, exklusiv nicht wegen seiner Preise, sondern wegen der Wartezeit! Frühestens nach acht Jahren sei die Frist für unermüdliche Kartenbesteller um.

> »Wer dann darf, der lässt sich seinen Genuss durch noch so mediokre Sängerleistungen oder fade Inszenierungen nicht trüben, noch lamentiert er über die immergleichen zehn hier abgenudelten Werke. Das nämlich ist das ganze Hügel-Geheimnis.« (Brug 2002)

Festivals von heute – so Brug – dienten ja auch gar nicht so sehr der Kunst, sondern schlicht dem Spektakel, wobei ein »möglichst außergewöhnlicher, gar authentischer« Aufführungsort – heute meist *Location* genannt – von ausschlaggebender Bedeutung sei.

»Da entdeckt Worms sein Nibelungenerbe neu und garniert ein [...] Ritterspiel mit viel massenkompatibler Fernsehprominenz. [...] Da wird der Erfurter Domplatz zur tosenden Nordsee, wenn Werner Herzog dort Wagners ›Fliegenden Holländer‹ durch die Kirchentür haushoch vom Stapel laufen lässt. Zwischen Wunsiedler Granitbrocken und Segeberger Kalksteinfelsen, im Feuchtwangener Kreuzgang, vor der Götz-Burg Jagsthausen und der Stiftsruine Hersfeld tobt es: Kein Denkmal ist mehr festspielsicher« (Brug 2002).

Und was die Hochkultur könne, das habe sich auch die Popfraktion nicht nehmen lassen. Hier sei das Gemeinschaftsgefühl im Mengebad noch viel gigantischer; egal, ob auf der Loreley oder im Taubertal, auf dem Flugfeld oder im Fußballstadion die Rock-Giganten auf Ameisenformat geschrumpft seien (Brug 2002). Brugs Fazit zum Festival-Trend lautet:

»Sakral und national ist bei modernen Festspielen kaum noch etwas. Sie sind windschnittige Touristikunternehmen mit mehr oder weniger schöngeistigem Anspruch. Hier wird keine Einheit mehr gestiftet und kein Hass gepredigt. Wer in Worms vor dem Dom dabei war, wird sich kaum aus seiner bequem fitness-gestählten Konsumenten-Lethargie gegen den welschen Erbfeind erheben. Auch die braune Brühe ist längst vom Grünen Hügel geschwappt. Nix Kult, wenig Saturnalie, kaum Weihe.« (Brug 2002)

Es werde andererseits auch immer schwieriger mit differenzierten Analysen. Die einzige neuzeitliche Festspiel-Erkenntnis eines nachhaltig demokratisierten Bürgertums sei, dass selbst diejenigen, denen man unter dem Jahr eher selten in Theater, Oper oder Konzertarena begegnet, plötzlich da seien, »angesteckt vom Virus der Masse, vom stressfreien Kollektiverlebnis, vom Drang, mitreden zu können. Auch für Festspiele gelte längst: Dabei sein ist alles« (Brug 2002).

Das Wort und das »Schützen und Bewahren«

Damit aber nun genug an flotter Journaille. Verorten wir das Thema im wissenschaftlichen Feld, aber bleiben wir dennoch kurz beim Terminologischen: *Festivalitis* kritisiert etwas. Das Wort ist ein nützlicher Neologismus, den das System der Überfestivalisierung selbst provoziert hat. Der Appendix *-itis* deutet Entzündung, Kranksein an, und Volkskundler und Kulturanthropologen mag das an einen Diskurs erinnern, der ganz ähnlich schon einmal mit dem Wort des Kranken, Maroden, Absterbenden zu tun hatte: Als man nämlich im Kontext der Folklorismusdebatte der 1960er Jahre den Begriff »Volksmusik-

pflege« zu dekonstruieren begann: Ge*pflegt* werden müsse nämlich nur etwas Bedrohtes, Krankes, Entzündetes.

Dem hielt die Volkskunde damals entgegen, die Forschungsfelder ihrer Fachrichtung – seien es nun die Volksmusik, die Riten und Bräuche, die Dialekte und vor allem auch das angeblich gefährdete Volksmärchen – seien gar nicht krank. Die ganze Pflege-Marotte sei Hysterie. Volkskulturelle *Survivals* erlebten ja geradezu einen Boom. Nein, das Ekel-Wort »Pflege«, das Bedrohtsein suggeriere, sei ganz und gar nicht angebracht.

Dabei gemahnte dieses Dekonstruieren an noch viel weiter zurückliegende Diskurse. Man denke an die berühmte Fünf-Minuten-vor-Zwölf-Panik, die bereits die Brüder Grimm ergriff, die damit ein ganzes Zeitalter der Exzesse des Rettens und Bewahrens einleiteten; Exzesse, die nicht nur in die *Sammleritis* des 19. und 20. Jahrhunderts und in das Etablieren zahlloser Erzähl- und Liedarchive in aller Welt mündeten, sondern letztlich auch in die ganz aktuellen Bemühungen der UNESCO mit ihrem Erbe-Konzept, das nun seit circa zehn Jahren auch das immaterielle Weltkulturerbe, das sogenannte *Intangible Cultural Heritage* (kurz: *ICH*), wörtlich »retten, schützen und bewahren« will. Wobei sich bislang noch kein Konsens darüber abzeichnet, wie man den Schutz des *Intangiblen* im Einzelnen bewerkstelligen könne und wer und was eigentlich in welcher Form, wann, wie und warum zu schützen sei. Deutschland hat das Abkommen übrigens auch im Jahre 2012 immer noch nicht ratifiziert. Das Wort »Festivalitis« konnotiert jedoch nichts zu Schützendes, nichts zu Rettendes, Bewahrendes. Im Gegenteil, hier wird ein Exzess bekrittelt, ein Auswuchern ins nahezu Krankhafte.

Festivals gibt es tatsächlich inzwischen in nahezu allen Branchen unserer Kultur im weitesten Sinne, und auch viele*rorts*: Festivals finden open air oder regengeschützt und an oder in allen – auch den absurdesten – *Locations* statt. Inzwischen gibt es darüber Studien. Eine Lokalisierungsanalyse von Festival*räumen* – allerdings als *Erlebensräumen* – wurde 2010 von der Tübinger Studentin Tanja Alexandra Küchle vorgelegt (Küchle 2010). Die empirische Kulturwissenschaftlerin untersucht auf der Basis der Kultur- und Erlebnisraumforschung und im Sinne des sogenannten *spatial turn* ein popkulturelles Musikfestival im Schwäbischen.

Auch Küchle bemerkt es: Festivals sind »superbeliebt«. Alle leisten sie sich: Film, Theater, Tanz, Literatur, bildende Kunst, Oper. Zwar spricht man in hochkulturaffinen Kontexten eher von *Festspielen* als von Festivals, aber auch diese subtile Differenzierung erscheint eher obsolet. Die Vokabel Festival boomt und wird inflationär gebraucht. Sogar im Sport sprechen sogenannte Event-Manager heute gern von *Festival*. Daneben gibt es *Foodfestivals, Game Festivals, Erzäh-*

ler- und Märchenfestivals und Straßenkunst-Festivals sowie die Loveparade und den Christopher Street Day – auch die rubriziert man unter Festivals. Wenn es auch in diesem Beitrag eher um popularmusikalische Branchen gehen soll, also um Volksmusik-, Schlager- und Popfestivals, so ist dieser weiter greifende Blick doch aufschlussreich: Will man nämlich Festivalitis im Ganzen und als Kulturphänomen kritisch beleuchten, dann sollte man die anderen Spielwiesen und die einzelnen Facetten dieser Festivalisierung sicherlich mitdenken.

Zahlen über den Hype

Was aber macht Festivals so attraktiv, dass Sache und Wort heute eine derartige Inflationierung erleben? *Dass* sie das tun, zeigt sich an Zahlen, denn immer, wenn man eine *-itis*, ein Entgleisen, eine *Seuche* (Brug 2002) beschreiben will, so interessieren Zahlen. Um hier exemplarisch eine Zahl zum Phänomen *Filmfestival* zu nennen: Weltweit existieren bereits über 4000 Filmfestivals, wöchentlich kommen neue hinzu.[1]

Natürlich fragt man sich als Laie, ob es bei einem dieser 4000 Filmfestivals wirklich noch um den Film geht? Oder dienen auch sie nur – wie Brug sagt – einem »windschnittigen«, von Sponsoren instrumentalisierten »Tourismus« mit entsprechendem Standortmarketing? Da aber sogar im universitären Umfeld, etwa im Fach *ethnologischer und kulturanthropologischer Film,* von Festivals die Rede ist, muss es noch andere Facetten und Deutungsmuster geben.

Zahlen sind eine eigene Art von Argumentation: Festival-Veranstalter, besonders solche von Mega-Events, operieren selbst gerne mit kaum noch vorstellbaren Teilnehmerzahlen. So sollen bei Festivals wie dem *Estonian Song Festival,* dem schon 1869 begründeten und übrigens auf deutsche Vorbilder zurückgehenden *üldlaulupidu* in Tallinn/Estland, im Jahre 2009 über 26 000 Sänger vor fast 70 000 Zuhörern aufgetreten sein.[2]

Womit wir wieder bei den schon erwähnten UNESCO-Bemühungen wären: 2003 wurden die estnischen, lettischen und litauischen Song-Festivals in die Liste der Meisterwerke des mündlichen und immateriellen Erbes der Menschheit aufgenommen. Es ist ein eigenes und bislang noch nicht ausreichend ausgelotetes Phänomen, dass und warum solche Zahlen potenzielle Teilnehmer nicht abstoßen, sondern im Gegenteil: offenbar anziehen.

[1] Vgl. URL: http://www.art-tv.ch/3856-0-Visions-du-Rel-Festivalitis.html [Zugriff vom 06.06.2012].
[2] Die Verfasserin (S. W.-P.) war selbst dabei. Vgl. zudem URL: http://www.estinst.ee/publications/estonianculture/I_MMIV/arujarv.html [Zugriff vom 16.06.2012].

Der agonale Charakter

Eine andere Festival-Facette könnte der agonale Bestandteil sein. Festivals sind häufig mit (mehr oder minder künstlerischen) *Wettbewerben* verbunden, sie sind – in der Sprache des Mainstreams ausgedrückt – *competitive contests*. Als Beispiele zu nennen wären der alljährlich stattfindende *A cappella Bundescontest* im münsterländischen Sendenhorst oder das *KLANGVOKAL Musikfestival Dortmund*. Das agonale Prinzip kann dabei durchaus etwas reizvoll Spielerisches an sich haben: Man ist bemüht, der oder die Beste vor Ort zu sein. Aber Festivals versuchen auch als Gesamtveranstaltungen einander zu übertrumpfen. Allerdings bleibt bei beiden Varianten den Besuchern dabei nur eine eher untergeordnete, eine passive Rolle.[3] Zu bedenken wäre nämlich, dass *contests* einzig und allein auf der *Akteursebene* ausgetragen werden. Zuschauer oder Zuhörer bleiben als Kulturkonsumenten in aller Regel passiv, eine Jury von Fachleuten und nicht einmal der Applaus entscheidet über Gewinner und Verlierer. So stellt sich auch die Frage, ob akteursbezogene *competition* eines der Organisationsprinzipien aller Festivals ist. Auch wenn wir diese Frage (noch) nicht eindeutig beantworten können, so dürfen wir doch folgende Struktur konstatieren: Abgesehen vom *Loveparade*-Muster und von einigen *sportive events* bleibt ein Festival in personeller Hinsicht zumeist dreigeteilt in Festival-Promoter, wettkämpfende Akteure und passive Festivalbesucher.

Demokratisierung? Sinkendes Kulturgut?

Eine nächste Facette der Festivalitis könnte der Trend zu einer gewissen *Demokratisierung* sein. »Nachhaltig demokratisiertes Bürgertum«? Diese Denkfigur beruht auf der Beobachtung des *Sinkens* von einstmals elitärem Kulturgut, also der Popularisierung von ehedem nur Wenigen vorbehaltenen Performanzen und kulturellen Inszenierungen. Festivals ziehen »nicht nur die oberen Zehntausend, die teure Karten löhnen« an (Brug 2002), nein: »mitten im Volk« gehe es ab, so jedenfalls meint Brug. Aus Bayreuth, Glyndebourne und Salzburg für wenige werden Spektakel für alle und Rock- und Popfestivals auch zu Protesten *gegen* Bayreuth, Glyndebourne und Salzburg. Das Festival war somit wohl auch als eine Art Scharnier zwischen Hoch- und Populärkultur angelegt. Zumal in seinen Anfängen, als es sich – siehe *Woodstock*, *Loveparade* oder

---

[3] Der Gedanke des Agonalen bei Festveranstaltungen aller Art erinnert an die Ausführungen Huizingas zum »Ursprung der Kultur im Spiel«. Vgl. Johan Huizingas Kapitel »Das agonale Prinzip als Kulturfaktor« in: Huizinga (1987: 84–89).

auch die *singende Menschenkette* in den baltischen Ländern⁴ – noch als eine Art *Gegenkultur*, als eine Art die Massen aktivierende Event-Form mit quasi revolutionärem Potenzial erweisen wollte, wo appellative Rockmusik zu hören war, wo man »*andere* Lieder« sang, wo »Einheit gestiftet und mit Liedern gepredigt« wurde (Brug 2002). Ist das aber so geblieben? Kann man einen dergestalt widerständigen Zug im Dickicht heutiger Festivalitis noch ausmachen?

Vielen Festivals, insbesondere denjenigen, bei denen es »irgendwie dagegen« geht, haftet zudem das Flair der *Jugendlichkeit* an, das dem Jugendwahn in unserer Gesellschaft entspringen mag und ihm zuarbeitet. Denn die *Szene* – jeder meint zu wissen, was mit diesem Label gemeint sei – schließt die Älteren zunächst eher aus. Die Suche nach Gemeinschaft mit Gleichaltrigen und Gleichgesinnten, das Erlebnisbedürfnis und der Ausstieg aus dem Alltag sind bei Jugendlichen viel ausgeprägter als bei den *Oldies*, deren Musikprägung zudem andere Hörerlebnisse favorisieren würde.

Serieller Charakter

Der nächste Aspekt ist *zeitlicher* Art, und dies ist eine Facette, die bereits in der traditionellen Fest- und Feierforschung unseres Faches betont wurde.⁵ Während in der traditionelleren Volksüberlieferung ein Fest nämlich in der Regel einen Tag oder allenfalls zwei Tage lang dauerte und somit eine zeitlich genau terminierte Zäsur im Alltag markierte, ist ein Festival eine *Serie von Veranstaltungen*. Ein Festival erstreckt sich – wie die hochkulturellen Festspiele – häufig über mehrere Tage. Feste und Spiele sind also länger geworden, und das in einer Zeit, in der paradoxerweise jeder über *Temporalinsolvenz* jammert, wie etwa der Jenaer Zeitsoziologe Hartmut Rosa den Zeitmangel nennt (2005).

Fest- und Festivalforschung

Dazu einige forschungsgeschichtliche Bemerkungen: Das Thema *Feste und Feiern* stieß seit Beginn der 1970er-Jahre auf wachsendes Interesse seitens vieler geistes- und kulturwissenschaftlicher Fächer. Das war der erste Schritt, und er wurde wohl auch angestoßen durch Horkheimers und Adornos Anmer-

---

4   Sie trat in der Periode der nationalen Bewegungen und des Kampfes um staatliche Unabhängigkeit im Baltikum (1987–1991) auf.
5   Vgl. z. B. Rüpke (2006); Beilharz/Frank (1991); Haug/Warning (Hg.) (1989) hier insbesondere Marquard (1989); Hettling/Nolte (Hg.) (1993); Schultz (1988); Petzoldt (1990).

kungen zur Dialektik von *Fest und Alltag* im Feierverhalten der bürgerlichen Gesellschaft.[6]

Manche Kulturkritiker knüpften hier auch an andere, berühmt gewordene Thesen an, z. B. an die des amerikanischen Medienwissenschaftlers Neil Postman aus dem Jahr 1985, als dieser sein sehr erfolgreiches Buch *Amusing Ourselves to Death* vorgelegt hatte. Summa summarum bestand Festforschung zu großen Teilen aus kulturanthropologischen und sozialwissenschaftlichen Ansätzen.

Kaum bemerkt wurde ein weiterer und zunächst eher vorsichtiger Schritt auf Forschungsterrain: Insbesondere in der Ethnologie, der Soziologie, der Germanistik und im Vielnamensfach Volkskunde nahm man sich – erst ab etwa 1985 und zunächst sehr zögerlich – eines Phänomens an, das in ganz Europa plötzlich Konjunktur hatte, und das waren die vielen Kultur*festivals*. Die Festivalforschung, die sich immer noch ganz in ihren Anfängen befindet, ist jedenfalls teilweise aus der Fest- und Feierforschung hervorgegangen.

Noch einmal zurück zu dieser: Für die *Vorformen* stehen Namen wie Hermann Bausinger und Paul Hugger. Während der Germanist Richard Alewyn die barocke Festkultur verortete (1959) und der Soziologe Winfried Gebhardt (1987) über die Dialektik von Fest, Feier und Alltag in verschiedenen Gesellschaftssystemen arbeitete (1987), nahmen sich Volkskundler wie Hermann Bausinger (1982)[7], Paul Hugger[8], aber auch Leander Petzoldt (1983) und andere der Thematik »Fest« meist unter Aspekten der Brauchforschung an, also der Lebens- und Jahresfeste, auch der Karnevalsforschung. So etwa Dietz-Rüdiger Moser (1986), Werner Mezger in zahlreichen Veröffentlichungen zur schwäbisch-alemannischen und Rottweiler Fasnet[9] oder der Franzose Jacques Heers (1986 [1983]), die Engländer Peter Burke (1981) und Bob Scribner (1984) oder der Jenaer Kulturhistoriker Michael Maurer (2004). Es gab Sammelbände, Tagungen und Themenschwerpunkte in Fachzeitschriften.[10] Andere betrieben Fest- als Stadt- und Stadtteilfestforschung oder auch im Rahmen der National-

---

6 »Der Genuß wird zum Gegenstand der Manipulation, so lange, bis er endlich ganz in den Veranstaltungen untergeht. Die Entwicklung läuft vom primitiven Fest bis zu den Ferien.« (Horkheimer/Adorno 1947: 127 f.)
7 Besonders herausragend und im Fach bis heute als Pflichtlektüre rezipiert: Bausinger (1982).
8 Hugger/von Arb/Peer/Baumann (1986); Hugger/Burkert/Lichtenhahn (1987).
9 Vor allem Werner Mezgers Habilitationsschrift von 1990, veröffentlicht 1991.
10 Zum Beispiel das Themenheft *Fastnacht* des 23. Jahrganges des Rheinischen Jahrbuchs für Volkskunde 1978 (Matter 1978) mit einer Einleitung von Konrad Köstlin (1978).

feiern und Paraden. Dann entglitt das Thema der Volkskunde ein wenig. Zur Forschungsgeschichte von Fest und dann auch Festival schreibt Tanja Alexandra Küchle schließlich:

> »Kommerzielle Pop- und Rockmusikfestivals werden in erster Linie und mit großem Interesse von Disziplinen der Wirtschaftswissenschaften und des Kulturmanagements untersucht, dies allerdings meist mit anderen Fragestellungen als in den Kulturwissenschaften. Typisch sind z. B. Marktforschungs- und Tourismusanalysen, sogenannte ›Economic Impact Studies‹, die v. a. für die jeweilige Stadt oder Region nützliche tangible Effekte, wie Einkommen, Beschäftigung und Umsätze – also die direkte wirtschaftliche Bedeutung für eine Stadt oder Region – untersuchen, und seit 2005 zunehmend auch intangible Effekte der Besucherzufriedenheit und Veranstaltersituation evaluieren. Mit ähnlichen Koordinaten arbeitet die angewandte empirische Kulturmarktforschung, die als eine der ersten derart intensiv die Evaluation von Festivals in Europa zu ihrem vergleichsweise jungen Forschungsfeld macht.« (Küchle 2010: 25)

2010 legte Küchle mit ihrer Magisterarbeit eine erste empirische Untersuchung im Sinne der Tübinger Schule vor (Küchle 2010). Bei ihr geht es auch um die viel strapazierten *Locations*. Je ausgefallener die Orte, je deplazierter die Requisiten, je schriller das Drumherum, desto besser. Ein Flügel in der Fußgängerzone, ein Smoking in der Fabrikhalle, eine riesige Festtafel auf der Autobahn.

Küchle untersucht paradigmatisch ein popkulturelles Musikfestival: das *Southside-Festival in Neuhausen ob Eck*, dies aber eher auf dessen *spatiale*, also *räumliche* Dimensionen hin. Den Ansatz verortet sie im Schnittfeld von interdisziplinärer Fest- und von soziologischer und kulturwissenschaftlicher Raumforschung. Ihre Arbeit zeigt, dass auf dem Sektor der Festival- und Festivalisierungsforschung größere Felder noch nicht beackert waren. Festivals und gerade die *Festivalitis* blieben also letztlich ein Desiderat in unserem Fach.

Im Bereich der Festivalforschung kann man sich bislang nur auf eine Auswahl von kultursoziologischen Aufsätzen beziehen, die im Sammelband *Events* im Jahr 2000 erschienen sind.[11] Die einzige Festivalgeschichte mit dem kuriosen Titel *Von Musikern, Machern & Mobiltoiletten. 40 Jahre Open Air Geschichte*, herausgegeben 2007 von Folkert Koopmans und Katja Wittenstein, ist zwar faktenreich, aber eher theoriefern.

---

[11] Gebhardt/Hitzler/Fadenauer (2000).

Eventforschung

Im Sinne des eben zitierten *Event*-Titels mag noch ein anderer kurzer Rückblick hilfreich sein: In den 1980er Jahren hatte sich eine weitere mit der Festivalkultur eng verbundene Alltagskulturformel entwickelt. Dies war die Formel von der *Eventkultur*. Hier gibt es Schnittstellen. Die Forschung zog mit. Und es war nicht nur Gerhard Schulze, der in seinem Bestseller *Die Erlebnisgesellschaft* von 1992 darauf hinwies, dass überpersönliche Ereignisse, eben *Events*, zu einer Kulisse für immer mehr Inszenierungen von postmodernen Beliebigkeiten mutierten. *Events* sind, wie der Psychologe Wolfgang Schmidbauer 2007 in seiner *Annäherung* an diesen Begriff betont, neben dem Festival zum Veranstaltungsritual Nr. 1 geworden (Pühl/Schmidbauer 2007). Dazu schreibt der Kommunikationswissenschaftler und Freizeitsoziologe Peter Kemper:

> »Unter Events werden inszenierte Ereignisse verstanden, die durch erlebnisorientierte Veranstaltungen emotionale und physische Reize darbieten und einen starken Aktivierungsprozess auslösen.« (Kemper 2001: o. S.)

Und Miriam Horn, Ludologin aus Berlin, spricht in Anlehnung an Pierre Bourdieu bei *Event-Begeisterung* von »Suche nach Sinn innerhalb von Alltagsstrukturen und jenseits von Erwerbsarbeit« (Horn 2005: 105). Wie das? Sollen die »stressfreien Kollektiverlebnisse« *Event* und *Festival* dem Leben nun auch noch Sinn verleihen?

Schwer zu sagen, aber festhalten lässt sich immerhin: Die Bedeutungsdimension *Sinnsuche* ist unschwer auch beim Festival-Hype[12] auszumachen, denn auch Festivals, immer größere Zeiträume beanspruchend, dienen offenbar einem irgendwie sinn- und identitätsstiftenden Zweck. Und genau *diese* Funktion ist – so meine ich – das eigentlich Interessante und Spannende: Hier, auf einem kulturellen Terrain, das den einen mit kollektiver Einsamkeit droht (Knoblauch 2000: 33) und die anderen mit kompetitivem Kampfesgeist erfüllt, hier finden andere offenbar zu *Gruppenidentitäten* zurück, die über den Alltag erheben, die beruhigen und glücklich machen. »Nix Kult, wenig Saturnalie, kaum Weihe« (Brug 2002)? Stimmt Brugs Satz so noch?

Auch das *Eventinteresse* lässt sich übrigens wieder in *Zahlen* messen: Mit 807 Millionen war *Event* einer der meistgenannten Suchbegriffe bei *Google*, weit vor *Liebe* (mit 90 Millionen) und *Sex* (464 Millionen) oder *Geld* (131 Millionen (Schmidbauer 2007: 11).

---

[12] Zu übersetzen mit Rummel, aber auch mit Schwindel, mit etwas künstlich Stimuliertem.

Eventitis und Festivalitis?

Können wir nicht vielleicht den Begriff der *Festivalitis* mit einer Analogbildung verknüpfen, nämlich mit dem der *Eventitis*, der pathologischen *Eventisierung* der Gesellschaft? Der Trend zum Event (Kemper 2001) ist vielleicht nicht *zeitgleich* mit dem Trend zum Festival, aber irgendwie gehen beide doch Hand in Hand und sind insofern verdächtig, *deckungsgleich* zu sein. Event ist zum Zauberwort geworden, ebenso wie Festival, und beide Zauberworte drohen zu entgleisen ins Übertriebene, Pathologische, also vielleicht in eine Art *Eventitis* als Komplemetärform der *Festivalitis*?

Wenn wir auch die Festivalisierung als Teil des sinkenden Kulturguts mit möglicherweise demokratischen Implikationen beschreiben könnten, wenn wir dem Festival auch Massenkompatibilität konzedieren und es als »windschnittige[s] Touristikunternehmen mit mehr oder weniger schöngeistigem Anspruch« (Brug 2002) ironisieren, das Gemeinschaftsgefühl im Bad der gigantischen Menge ist nun einmal gegeben! Und das ohne Sponsoring und gleichsam ohne Schützenhilfe. Kritik hält das Festival gelassen aus. Zu schützen und zu bewahren ist hier nichts. Die UNESCO, die ihre eigenen Festivals und Events inszeniert, um damit Folklore zu schützen, wäre allerdings oft gut beraten, wenn sie *Folklore* von *Fakelore* unterscheiden würde.

Festivalitis als kritisches Interpretament von Kultur mahnt jedoch auch etwas an, und das sind das Nicht-Übertriebene, das Ausgewogene, das nichtmegalomane Fest*spiel*modell, aber das läuft ohnehin nach seinen Eigengesetzlichkeiten weiter.

Theoretische Fundierungen, methodische Empfehlungen, soziokulturelle Interpretamente, Deutungsmuster für das Phänomen *Festivalitis* haben wir noch nicht. Einige bieten sich aber vielleicht aus der Summe der nachfolgenden Aufsätze an. Den Dschungel der Festivals und auch einer möglichen Festival-Begrifflichkeit auch *theoretisch* ein bisschen transparenter zu machen, das wäre ja doch in jedem Falle ein erstrebenswertes Erkenntnisziel ...

Literatur

Alewyn, Richard/Sälzle, Karl (1959): *Das große Welttheater: Die Epoche der höfischen Feste in Dokument und Deutung.* Hamburg: Rowohlt.

Bausinger, Hermann (1982): »Der Adventskranz – ein uralter Brauch?« In: *Abschied von der Dorfidylle: ein Lesebuch vom Leben u. Arbeiten im deutschen Südwesten in den letzten 200 Jahren; eine Auslese aus der Vortragsreihe der Südfunkredaktion »Land u. Leute«.* Hg. Martin Blümcke. Stuttgart: Theiss. S. 46–53.

Beilharz, Richard/Frank, Gerd (Hg.) (1991): *Feste: Erscheinungs- und Ausdrucksformen, Hintergründe, Rezeption. Festschrift Walter Riethmüller* (= Schriftenreihe der Pädagogischen Hochschule Band 7). Weinheim: Dt. Studien-Verlag.

Brug, Manuel (2002): »Festspiele und Festivalitits«. In: *DIE WELT – WELT Online, 14.08.2002*. http://www.welt.de/print-welt/article40633/Festspiele_und_Festivalitis.html [Zugriff vom 23.02.2012].

Burke, Peter (1981): *Helden, Schurken und Narren: Europäische Volkskultur in der frühen Neuzeit.* [*Popular Culture in Early Modern Europe*]. Dt. Übers. von Susanne Schenda: Stuttgart: Klett-Cotta.

Dietzsch, Ina (Hg.) (2005): *Vergnügen in der Krise. Der Berliner Trabrennsport zwischen Alltag und Event.* Berlin: Panama-Verlag.

Gebhardt, Winfried (1987): *Fest, Feier und Alltag. Über die gesellschaftliche Wirklichkeit des Menschen und ihre Deutung* (= Europäische Hochschulschriften Band 143, Serie XXII Soziologie). Frankfurt am Main et al.: Peter Lang.

Gebhardt, Winfried/Hitzler, Ronald/Pfadenhauer, Michaela (Hg.) (2000): *Events. Soziologie des Außergewöhnlichen* (= Schriftenreihe Erlebniswelten Band 2). Opladen: Leske + Budrich.

Haug, Walter/Warning, Rainer (Hg.) (1989): *Das Fest.* [*Poetik und Hermeneutik. XIV*]. München: Fink.

Heers, Jacques (1986 [1983]): *Vom Mummenschanz zum Machttheater: europäische Festkultur im Mittelalter.* [*Fêtes des fous et carnavals*]. Dt. Übers. Grete Osterwald: Frankfurt am Main: S. Fischer.

Hettling, Manfred/Nolte, Paul (Hg.) (1993): *Bürgerliche Feste. Symbolische Formen politischen Handelns im 19. Jahrhundert.* Göttingen: Vandenhoeck und Ruprecht.

Horkheimer, Max/Adorno, Theodor W. (1947): *Dialektik der Aufklärung.* Amsterdam: Querido-Verlag.

Horn, Miriam (2005): »Irgendwas muss dich noch ausfüllen ... Die Suche nach Sinn und Alltagsstrukturen jenseits von Erwerbsarbeit«. In: *Vergnügen in der Krise. Der Berliner Trabrennsport zwischen Alltag und Event.* Hg. Ina Dietzsch. Berlin: Panama Verlag. S. 102–111.

Hugger, Paul/von Arb, Giorgio/Peer, Martin/Baumann, Walter (Hg.) (1986): *Zürich und seine Feste.* Zürich: Verlag Neue Zürcher Zeitung.

Hugger, Paul/Burkert, Walter/Lichtenhahn, Ernst (Hg.) (1987): *Stadt und Fest. Zur Geschichte und Gegenwart europäischer Festkultur. Festschrift der Philosophischen Fakultät I der Universität Zürich zum 2000-Jahr-Jubiläum der Stadt Zürich.* Stuttgart: W & H Verlag et al.

Huizinga, Johan (1987): *Homo ludens. Vom Ursprung der Kultur im Spiel.* Reinbek: Rowohlt.

Kemper, Peter (Hg.) (2001): *Der Trend zum Event.* Frankfurt: Suhrkamp.

Knoblauch, Hubert (2000): »Das strategische Ritual der kollektiven Einsamkeit. Zur Begrifflichkeit und Theorie des Events«. In: *Events. Soziologie des Außergewöhnlichen.* Hg. Winfried Gebhardt, Ronald Hitzler und Michaela Pfadenhauer. Opladen: Leske + Budrich. S. 33–50.

Köstlin, Konrad (1978): »Fastnacht und Volkskunde. Bemerkungen zum Verhältnis eines Fachs zu seinem Gegenstand«. In: *Rheinischer Karneval.* Hg. Max Matter. (= Rheinisches Jahrbuch für Volkskunde Jg. 23). Bonn: Verlag Dümmler. S. 7–22.

Koopmans, Folkert/Wittenstein, Katja (2007): *Von Musikern, Machern & Mobiltoiletten. 40 Jahre Open Air Geschichte.* Hamburg: FKP SORPIO, Konzertproduktionen GmbH.

Korff, Gottfried (2001): »Halloween in Europa. Stichworte zu einer Umfrage«. In: *Zeitschrift für Volkskunde Jg. 97.* S. 177–189.

Küchle, Tanja Alexandra (2010): *Erlebensraum Festival. Ethnografische Erkundungen auf dem Southside Festival in Neuhausen ob Eck* [= Studien und Materialien des Ludwig-Uhland-Instituts der Universität Tübingen, Band 40]. Tübingen: Tübinger Vereinigung für Volkskunde.

Marquard, Odo (1989): »Moratorium des Alltags – eine kleine Philosophie des Festes«. In: *Das Fest.* Hg. Walter Haug, Walter, Rainer Warning. München: Fink. S. 684–691.

Matter, Max (Hg.) (1978): *Rheinischer Karneval.* (= Rheinisches Jahrbuch für Volkskunde Jg. 23). Bonn: Verlag Dümmler.

Maurer, Michael (Hg.) (2004): *Das Fest. Beiträge zu seiner Theorie und Systematik.* Köln, Weimar und Wien: Böhlau.

Mezger, Werner (1991): *Narrenidee und Fastnachtsbrauch. Studien zum Fortleben des Mittelalters in der europäischen Festkultur.* Konstanz: Universitätsverlag Konstanz.

Moser, Dietz-Rüdiger (1986): *Fastnacht – Fasching – Karneval. Das Fest der verkehrten Welt.* Graz, Wien und Köln: Verlag Styria.

Petzoldt, Leander (1990): *Feste und Feiern in Baden-Württemberg.* Karlsruhe: Braun.

Petzoldt, Leander (1983): *Volkstümliche Feste. Ein Führer zu Volksfesten, Märkten und Messen in Deutschland.* München: Beck.

Postman, Neil (1985): *Wir amüsieren uns zu Tode. Urteilsbildung im Zeitalter der Unterhaltungsindustrie.* [*Amusing Ourselves to Death. Public Discourse in the Age of Show Business*]. Aus dem Amerikan. übersetzt v. Reinhard Kaiser. Frankfurt am Main: S. Fischer.

Pühl, Harald/Schmidbauer, Wolfgang (Hg.) (2007): *Eventkultur. Ereigniskonsum als Abwehrritual in der globalisierten Gesellschaft.* Berlin: Ulrich Leutner Verlag.

Rosa, Hartmut (2005): *Beschleunigung: die Veränderung der Zeitstrukturen in der Moderne.* Frankfurt am Main: Suhrkamp.

Rüpke, Jörg (2006): *Zeit und Fest. Eine Kulturgeschichte des Kalenders.* München: Beck.

Schultz, Uwe (Hg.) (1988): *Das Fest. Eine Kulturgeschichte von der Antike bis zur Gegenwart.* München: Beck.

Schulze, Gerhard (1992): *Die Erlebnisgesellschaft: Kultursoziologie der Gegenwart.* Frankfurt am Main, New York: Campus.

Scribner, Robert (1984): »Reformation, Karneval und die *Verkehrte Welt*«. In: *Volkskultur. Zur Wiederentdeckung des vergessenen Alltags (16.–20. Jahrhundert).* Hg. Richard van Dülmen und Norbert Schindler. Frankfurt am Main: Fischer. S. 117–152.

Heiko Fabig
Beobachtungen zur Festivalkultur der *Stapelfelder Jazztage*

Am Beispiel der musikalischen Festivalkultur der *Stapelfelder Jazztage* richtet sich in den folgenden Ausführungen der Fokus auf spezifische Charakteristika einer überwiegend ländlich strukturierten Region im Nordwesten von Niedersachsen, dem Oldenburger Münsterland. Dabei bildet die Betrachtung der beteiligten – zumeist ehrenamtlich wirkenden – Initiatoren dieses Festivals sowie deren Zielgruppen einen inhaltlichen Schwerpunkt. Gleichfalls zeigt sich dabei hinsichtlich der musikstilistischen Ausrichtung der durchgeführten Konzerte eine starke Affinität zur Musik des Blues- sowie des Jazz-Rock. Aufgrund der Einbeziehung regionaler Bildungsinstitutionen und ihrer Kooperationspartner im Sinne nachhaltiger regionaler Kultur-Netzwerkarbeit – des Fachbereichs Musik an der Katholischen Akademie Stapelfeld und der *Jazz- und Bluesfreunde Cloppenburg e. V.* – werden inhaltliche Standards für die Durchführung dieses Festivals gesetzt, die Jazz und Blues als tragende stilistische Faktoren einer Festivaltradition erkennen lassen. Für die musikalisch und organisatorisch tätigen Akteure sowie für die Rezipienten des Festivals bildet Musik demnach einen identitätsstiftenden Faktor, der sich insbesondere bei der Ausführung von Kontaktpflegeritualen und Sozialkontakten offenbart.

Die Akteure der *Stapelfelder Jazztage* – die Rolle und Funktion der *Jazz- und Bluesfreunde Cloppenburg e. V.*

Im Sinne eines nachhaltigen sowie künstlerisch orientierten Bildungs- und Kulturmanagements wirken verschiedene Akteure bzw. Kräfte zusammen, die eine Organisation und Realisierung eines Festivals ermöglichen und gewährleisten können. Im Fokus der nachfolgenden Betrachtung stehen zunächst die Akteure der *Stapelfelder Jazztage*. Den Kern dieser Akteure bildet primär der Verein der *Jazz- und Bluesfreunde Cloppenburg e. V.*, der sich in ehrenamtlicher sowie gemeinnütziger Form für die Organisation, Künstler- und Sponsoren-Akquise, für Werbemaßnahmen und die programmatische Durchführung dieses Festivals engagiert. Im engeren Sinne ist bei einer durchschnittlichen

Vereinsgröße von 65 bis 75 Mitgliedern der vereinsrechtlich aktuell amtierende Vorstand für die Realisation der *Stapelfelder Jazztage* tätig – zum überwiegenden Teil unter erheblichem Zeit- und Arbeitsaufwand. Die Vorstandsmitglieder wirken in diesem Zusammenhang einerseits als lokal wie regional bekannte Repräsentanten sowie andererseits als Multiplikatoren und Kooperationspartner für alle inhaltlichen und personellen Fragen und Probleme, die sich im Rahmen des Festivals ergeben.

Neben durchschnittlich sechs bis sieben Vorbereitungstreffen, die der Koordination von organisatorischen Aufgaben sowie der diesbezüglichen Kommunikation des Vereinsvorstandes dienen, werden kleine Arbeitsgruppen und Einzelaufgabenbereiche gebildet – je nach Zuständigkeit und Funktion der Vorstandsmitglieder eingeteilt. So sind bei den *Jazz- und Bluesfreunden Cloppenburg e. V.* neben dem als Repräsentant und für die Akquise von externen Fördermitteln tätigen Ersten Vorsitzenden der Geschäftsführer, die Schatzmeisterin, drei Beisitzer als in künstlerischen Fragen beratende Mitglieder sowie als vierter Beisitzer ein für die Werbung des Vereins respektive der *Stapelfelder Jazztage* zuständiger Grafik- und Webdesigner tätig.

Darüber hinaus besitzt der Verein mehrere Kooperationspartner, die zum einen das Festival als Sponsoren mit finanziellen Fördermitteln materiell unterstützen. Die Sponsoren stammen überwiegend aus dem regionalen sowie lokalen Umfeld, wobei zunehmend deutlich geworden ist, in welch erheblichem Maße die Realisierung und Finanzierung des Festivals von den nachfolgend aufgeführten Sponsoren abhängig ist. Förderer der *Stapelfelder Jazztage* sind bislang: die *Oldenburgische Landschaft*[1], die *EWE-Stiftung*[2], das *Kulturforum der Stadt Cloppenburg*[3], die *LzO-Stiftung*[4], die *Münsterländische Tages-*

---

[1] Die *Oldenburgische Landschaft* ist als staatlich-administrative Institution für die Förderung kultureller und sozialer Projekte zuständig. Sie gilt als regionaler Kulturträger und -verband.

[2] Die *EWE-Stiftung* ist die zentrale Kulturstiftung des in Niedersachsen expandierten Energieversorgerunternehmens EWE–Elektro Weser-Ems und fördert kulturelle sowie soziale, aber vor allem künstlerische Projekte mit Bildungscharakter.

[3] Das *Kulturforum der Stadt Cloppenburg* fördert als kommunaler Zusammenschluss der örtlichen Kulturvereine und -verbände Cloppenburgs musikalisch-künstlerische Projekte und Veranstaltungen mit Bildungscharakter.

[4] Die *LzO-Stiftung* ist die zentrale Kulturstiftung des Oldenburgischen Landeszentralbanken- und Sparkassenverbandes. Sie fördert musisch-künstlerische sowie kulturelle, aber auch soziale Projekte in Nordwestniedersachsen, vornehmlich im Großraum Oldenburg sowie im Oldenburger Münsterland.

zeitung (MT)[5] sowie die Katholische Akademie Stapelfeld[6]. Letztere fungiert zugleich als Mitveranstalterin, da der Geschäftsführer der *Jazz- und Bluesfreunde Cloppenburg e. V.* nicht nur als ehrenamtlich engagiertes Vereinsmitglied, sondern darüber hinaus auch in vermittelnder bzw. didaktischer Position das Festival leitet. Des Weiteren gilt die Veranstaltung als kontinuierlicher und nachhaltiger Bildungsauftrag im Sinne künstlerischer Nachwuchsförderung sowie der Erwachsenenbildung, da sie dem Fachbereich Musik an der Katholischen Akademie Stapelfeld zugeordnet ist.

Die *Stapelfelder Jazztage* – eine analytische Betrachtung der programmatischen Dramaturgie

Können die *Stapelfelder Jazztage* überhaupt als Festival gelten? Dazu bedarf es an dieser Stelle einer genauen Analyse dessen, was zentrale Charakteristika von Musikfestivals im engeren Sinne ausmachen. Mit Sicherheit ist diese Veranstaltungsreihe nicht auf derselben Ebene anzusiedeln wie etwa die großen klassischen Musikfestivals *Klavier-Festival Ruhr* oder *Schleswig-Holstein Musik Festival*. Es ergäbe sich eine erhebliche Schieflage, würde an dieser Stelle ein Vergleich mit solchen äußerst populären und ökonomisch erfolgreichen Pendants in der Festivallandschaft gesucht.

Primär bilden die *Stapelfelder Jazztage* eine seit rund zehn Jahren kontinuierlich und programmatisch einer spezifischen Chronologie bzw. Dramaturgie unterliegende Veranstaltungsreihe, die bisher fast jedes Jahr zum selben Zeitpunkt[7] stattfindet. Freilich macht dieser Umstand allein noch nicht den Festivalcharakter aus, denn dazu bedarf es einer tiefergehenden Betrachtung der Ausrichter sowie Veranstaltungsorte und von dort aus weiterführender Beobachtungen des an den Konzerten und Workshops teilnehmenden Publikums.

Einer der beiden zentralen Veranstaltungsorte ist seit Beginn der *Stapelfelder Jazztage* die Musikkneipe *Bebop*, die sich im Zentrum der Stadt Cloppenburg

[5] Als zentrales Presseorgan fördert die *Münsterländische Tageszeitung* (MT) nicht nur als Werbeträger Projekte und Veranstaltungen des kulturellen und sozialen Bereichs, sondern sie ist darüber hinaus auch als auf kommunaler Basis orientierter Sponsor aktiv.

[6] Die *Katholische Akademie Stapelfeld* ist seit dem Jahr 2001 gastgebende Mitausrichterin des Festivals *Stapelfelder Jazztage*. Sie stellt Räumlichkeiten und Arbeitskräfte für die erfolgreiche und optimale Realisation der Festivalangebote zur Verfügung und dient darüber hinaus als Konzertort.

[7] In den Jahren 2001–2010 fanden die *Stapelfelder Jazztage* jeweils am Pfingstwochenende bzw. seit dem Jahr 2011 am Himmelfahrtswochenende statt.

befindet. Erwähnt werden muss an dieser Stelle, dass diese Musikkneipe bei den Einwohnern Cloppenburgs große Popularität und ein hohes Ansehen – um nicht zu sagen: einen gewissen Kultstatus – genießt. Es nimmt demnach nicht Wunder, dass aus diesem Grund auch das Musikprogramm des *Bebop* sich entsprechender Beliebtheit und erheblicher Nachfrage sowohl bei den Besuchern als auch bei zahlreichen Künstlern vornehmlich des Blues- und sekundär auch des Rock- sowie Jazz-Genres erfreut. Gleiches gilt für den Kneipenwirt, der gewissermaßen als lokale Prominenz einen zusätzlichen Multiplikator sowie kulturellen Repräsentanten nicht zuletzt auch für die *Stapelfelder Jazztage* darstellt.

Als weitere Veranstalterin steht die *Katholische Akademie Stapelfeld* – die Namensgeberin der *Stapelfelder Jazztage* – im Fokus dieser Betrachtungen. Die zu Beginn des Jahres 2010 vollzogene personelle hauptamtliche Implementierung des Fachbereichs Musik bei diesem Bildungsträger bewirkt zudem eine innovativ wirkende Fokussierung sowie eine zusätzliche inhaltliche Gewichtung der programmatischen Ausrichtung der *Stapelfelder Jazztage*.

Wie kommt die auf den ersten Blick sicherlich ungewöhnlich anmutende räumliche Verbindung von Musikkneipe und kirchlicher Bildungsinstitution zustande? Zunächst existierten die inhaltlichen Schwerpunkte der beiden tragenden Institutionen des Festivals voneinander unabhängig. Die *Katholische Akademie Stapelfeld* besaß zu Anfang des Jahres 2000 noch keinen eigenständigen Fachbereich Musik, wohl aber zählten musikalisch-künstlerische Fortbildungsangebote und mitunter auch in deren Rahmen stattfindende Konzerte zum Programm der Akademie, die zu diesem Zeitpunkt noch *Kardinal-von-Galen-Haus* hieß und in Trägerschaft einerseits des Bischöflich-Münsterschen Offizialats Vechta mit leitender kirchlicher Hauptverwaltung sowie andererseits als Heimvolkshochschule in Trägerschaft des Landes Niedersachsen stand. Beide Träger blieben auch nach der im Jahr 2007 erfolgten Umbenennung zu *Katholische Akademie Stapelfeld* als finanziell stabilisierende Säulen erhalten, gemeinsam mit dem dritten privaten wie kirchlich orientierten Träger, der *Stiftung des Kardinal-von-Galen-Hauses*. Dies führte nicht zuletzt auch dazu, eine hauptamtliche Stelle für einen Musikdozenten zu schaffen, der einerseits neue programmatische Impulse sowie aber auch die Fortsetzung inhaltlicher Kontinuitäten – wie etwa die *Stapelfelder Jazztage* – unterstützt und realisiert.

Im Rahmen des chronologischen Ablaufs sowie bei der Durchführung des Festivals stehen meist zwei als herausragende Veranstaltungen vermarktete und entsprechend öffentlichkeitswirksam präsentierte Konzerte an den ersten beiden Festivalabenden im Vordergrund. Der inhaltlichen Ausrichtung des

Vereins *Jazz- und Bluesfreunde Cloppenburg e. V.* folgend, sind die eingeladenen Musikgruppen überwiegend dem Jazz oder Blues zuzuordnen. Die Erwartungen des Bildungsanspruchs werden durch den Workshop für im Bereich der Jazzimprovisation interessierte und engagierte Jugendliche sowie Erwachsene erfüllt.

Somit ergeben sich zwei programmatische Parallelen, bei denen einerseits die konzertanten Darbietungen und andererseits die musisch-künstlerische Nachwuchsförderung und nebenberufliche Weiterbildung die tragenden Säulen des Festivals bilden. Die Kontakte zu den Künstlern sowie zu den Workshop-Dozenten ergeben sich dabei teils durch bereits vorhandene private Beziehungen der Organisatoren zu Musikhochschulen der Region, teils durch Anfragen aus dem bundesweiten professionellen Bereich der Jazz- und Popularmusikszene. Für die Künstler- und Dozenten-Akquise sind die Vorstandsmitglieder des Vereins *Jazz- und Bluesfreunde Cloppenburg e. V.* zuständig. Im Rahmen der Veranstaltungen des Festivals ist stets zu beobachten, wie hoch der Stellenwert der informellen Kommunikation nicht nur unter den Musikern selbst, sondern auch in der Interaktion zwischen Publikum und darbietenden Künstlern einzuschätzen ist. So ergeben sich bei den Konzerten und den Workshops viele Gelegenheiten zum Austausch und zum Gespräch, die letztlich auch einen hohen sozialen Bindungsfaktor für alle Teilnehmenden – Künstler sowie Publikum – garantieren. Zudem wird das Festival traditionell in räumlich ansprechendem Ambiente mit dem *Jazzbrunch*, also mit einem atmosphärisch wirkenden musikalischen sowie kulinarischen Genuss, abgerundet.

Festivalkultur auf dem Lande – Was macht die *Stapelfelder Jazztage* zu einem Festival?

Sind die *Stapelfelder Jazztage* nun als Festival zu verstehen, bzw. aus welchen Gründen kann diese Veranstaltungsreihe konkret als ein solches bezeichnet werden?

Davon ausgehend, dass im volkskundlichen Bereich durchaus unterschiedliche Definitionen des Begriffs *Festival* kursieren[8], bleibt am Beispiel der *Stapelfelder Jazztage* festzuhalten, dass ganz im Sinne der Postulate Ueli Gyrs[9] anlässlich des Berliner Volkskundekongresses 2003 eine derartige Veranstaltung hinsichtlich ihrer Außenwirkung und -wahrnehmung erheblichen Repräsentativitätscharakter für die eher ländlich geprägte Umgebung des

[8] Vgl. dazu Küchle (2010).
[9] Gyr (2005: 247 f.).

Oldenburger Münsterlandes besitzt. Wenn auch zumindest vom programmatisch-dramaturgischen Standpunkt aus ein Konsens im Fach darüber herrscht, was als *Festival* zu bezeichnen ist und welche Veranstaltungen darunter im engeren sowie im weiteren Sinne zu verstehen sind, so gilt es dabei weiterhin, »Dichte, Innovationen, Wahrnehmungs- und Erlebnispotenzial« zu beachten, zumal im Sinne Ueli Gyrs auch für das Beispiel der *Stapelfelder Jazztage* entsprechend zu konstatieren ist, dass »Akteure und Teilnehmende [...] Festivalisierung als überhöhte, verlängerte und offene Stimmungslage, die vom Besonderen ausgeht oder solches auf das Festübliche«[10] aufgepfropft erleben.

Somit bilden die *Stapelfelder Jazztage* eine Veranstaltungsreihe, die hinsichtlich ihres chronologischen Ablaufs, aufgrund ihres dramaturgischen Aufbaus sowie ihres musikalisch-künstlerischen Anspruchs, aber auch wegen ihres hohen sozialen Interaktionsniveaus zwischen Akteuren unterschiedlichster Ebenen durchaus mit Recht als *Festival* bezeichnet werden kann. Die vom Verfasser stichprobenartig durchgeführten Beobachtungen können diese Hypothese belegen.

Literatur

Gyr, Ueli. (2005): »Urbanität und Raumkultur. Festivalisierung und Eventisierung als urbane Identitätsleistungen«. In: *Ort. Arbeit. Körper. Ethnografie Europäischer Modernen. 34. Kongress der Deutschen Gesellschaft für Volkskunde, Berlin 2003.* Hg. Beate Binder u. a. (= Schriftenreihe Museum Europäischer Kulturen, Band 3). Münster et al.: Waxmann. S. 243–250.

Küchle, Tanja Alexandra (2010): *Erlebensraum Festival. Ethnografische Erkundungen auf dem Southside Festival in Neuhausen ob Eck* (= Studien & Materialien des Ludwig-Uhland-Instituts der Universität Tübingen Band 40). Tübingen: Tübinger Vereinigung für Volkskunde e. V.

---

[10] Gyr (2005: 247 f.).

Elvira Werner
Das sächsische Erzgebirge – eine Festival-Landschaft

Vorbemerkung

»Es hat durchaus seine Berechtigung, das Erzgebirge als musikalische Landschaft zu bezeichnen, die dem Musikland Sachsen maßgeblich mit zu Profil und Weltruf verhalf«, resümiert Werner Kaden, der Autor einer ersten, auf umfangreichen archivalischen Recherchen basierenden Überblicksdarstellung zur Musikkultur im Erzgebirge (Kaden 2001: 7). Ihre bedeutungsvolle Entwicklung mit einem bis heute vorhandenen Facettenreichtum ist Teil der auf besondere Weise vom Bergbau und seiner Kultur geprägten und weltweit einmaligen Kulturlandschaft des Erzgebirges. Eine Vielzahl von Zeugnissen eines materiellen wie immateriellen Erbes ist gegenwärtig.

Landschaft versteht sich hier als ein kulturgeschichtliches Sinnsymbol komplexen Charakters, als ein Produkt der Kultur – Landschaften sind das nicht erst seit dem Industriezeitalter. Kulturlandschaften gleichen einer Festplatte verknüpfter Dateien, einer durch Mensch und Natur modifizierten Welt: »Bevor die Landschaft je ein Refugium für die Sinne werden kann, ist sie schon das Werk des Geistes. Ihre Szenerie ist ebenso aus Schichten der Erinnerung zusammengesetzt wie aus Gesteinsschicht« (Schama 1996: 16). Das zeigt sich ebenso in Reflexionen über die Landschaft vor allem als Erinnerungsraum – widergespiegelt oftmals von Sehnsüchten im kulturellen Sinnsystem; gerichtet meist auf einzelne emotional aufgeladene Facetten, wie z. B. die Naturbegegnung oder Leidenschaften für bestimmte Orte, deren Wirkung häufig durch Musikdarbietungen vielfältigster Art noch verstärkt und bereichert wird.

Das zeigt sich auch bei Festivals und wird u. a. deutlich anhand der Beispiele am Schluss meines Beitrags. Ihre Konzepte stellen sich einer ganzheitlichen Beziehung zur Landschaft, in Beachtung der sie prägenden Facetten natürlich-geografischer, (sozio)kultureller und gesellschaftlicher Raumbildung. Das geschieht im Erzgebirge vor dem Hintergrund einer historisch gewachsenen, maßgeblich vom Bergbau gezeichneten Kultur- und Industrielandschaft. Diese wird wie der Erhalt der Vielfalt sächsischer Kultur nicht zuletzt durch das

1994 in Kraft getretene sachsenspezifische Kulturraumgesetz[1] als kommunale Pflichtaufgabe mit Gesetzesrang gefördert.

Eine von reichhaltiger Brauch- und Traditionspflege gezeichnete öffentliche Festkultur macht das Erzgebirge nun in Zeiten von Globalisierung und Europäisierung wie einst während der frühen Industrialisierung in Sachsen erneut zu einem »Moratorium des Alltags« (Marquard 2003). Das Herausgehobene gegenüber dem Alltag läuft Gefahr zu verflachen, wenn das Angebot ins fast Alltägliche ausufert, ein Eindruck, der sich zunehmend auch mit Festivalaktivitäten im Allgemeinen aufdrängt.

Auch Festivals im Erzgebirge bedienen sich kultureller Traditionslinien u. a. mit dem Ziel der Passfähigkeit im gegenwärtigen Tourismus- und Kulturbetrieb, der jedoch ohne die Akzeptanz durch sein Publikum nicht funktioniert. Aber wodurch ist das Publikum geprägt, oder nimmt es alles an, was das Gemeinschaftsgefühl verstärkt, was von einer gewissen Neuheit, einem gewissen Qualitätsanspruch getragen ist? Dies alles sind Fragen, die zu stellen und zu beantworten wären.

Dass bei der Auswahl der Festivals mit Landschaftsbezug auch ein Beispiel klassischer Musikpflege ins Blickfeld gerät, soll der auf populare Musik gerichteten Tagungsthematik nicht entgegenstehen. Sie hat einen hohen Stellenwert, denn sie nutzt ganz bewusst die Einbindung der erzgebirgischen Musik- und Kulturlandschaft, um klassische Musik wirkungsvoller zu popularisieren und einen breiteren Publikumskreis einzubeziehen und dauerhaft zu gewinnen.

Zur Region Erzgebirge

Seit jeher begegnet man im sächsischen Erzgebirge einer der Modernität und industriellen Entwicklung geschuldeten vielfältigen Volkskultur, Brauch- und Traditionspflege, die hier ihren Ursprung vor allem im Bergbau und seiner gesamtgesellschaftlichen, vor allem seiner wirtschaftlichen Bedeutung haben. Die führende Stellung des deutschen Bergbaus in Europa zeigt sich anhand der historischen Entwicklung der Bergstädte. Als Zentren von Wirtschaft, Handel und Kultur verfügen sie über eine Vielfalt mittelständischer Handwerke mit frühzeitigen Bildungsbestrebungen. Einen hohen gesellschaftlichen Wert erlangten dabei vor allem das anspruchsvolle kirchenmusikalische Wirken wie das öffentliche Musikleben in den Bergstädten und Erzgebirgsorten.

---

[1] Vgl. die aktuelle Fassung des Sächsischen Kulturraumgesetzes, gültig vom 01.08.2008 bis 31.12.2010. URL: http://www.revosax.sachsen.de/Details.do?sid=2494512183362 [Zugriff vom 22.11.2011].

Das Erzgebirge, das seinen jetzigen Namen – belegbar ab dem 16. Jahrhundert – der frühen Erzgewinnung zu verdanken hat, ist eine ca. 150 Kilometer lange und ca. 40 Kilometer breite europäische Mittelgebirgslandschaft mit heute ca. 210 Einwohnern pro Quadratkilometer.[2] Im sogenannten Erzgebirgskreis, einer mit der Verwaltungsreform 2008 geschaffenen Verwaltungseinheit mit ca. 368 000 Einwohnern, liegt die Bevölkerungsdichte bei 204 Einwohnern pro Quadratkilometer. Bis heute gehört das Erzgebirge – trotz relativ hoher Arbeitslosen- und Pendlerzahlen sowie Niedriglöhnen[3] – mit einer überproportional hohen Industriedichte, seinen zahlreichen mittelständischen Betrieben und der Branchenvielfalt zu den wichtigsten Wirtschaftsstandorten in Sachsen.[4]

Seit dem Auffinden von Silber im Jahre 1168 in Christiansdorf nahe der späteren Bergstadt Freiberg wuchs das Erzgebirge mit der Entwicklung seiner Bergstädte zu einer außergewöhnlichen Montan- und Kulturlandschaft. Vom Bergbau und Hüttenwesen gingen Innovationen aus, die weltweite Anerkennung fanden. Bis heute tragen die zahlreichen Spuren des Bergbaus zum Imagegewinn der Region, aber auch zur Identitätsfindung ihrer Bewohner bei. Neben unter- und übertägigen technischen Denkmalen, Sach- und immateriellen historischen Zeugnissen des Erzbergbaus gehören dazu inzwischen auch moderne Sanierungsprojekte der Wismut GmbH zur Spurenbeseitigung des Wismut-Bergbaus im Zeitraum von 1946 bis 1990 sowie die im Zuge eines steigenden Rohstoffbedarfs begonnenen punktuellen Neu-Erschließungen des Bergbaus im Erzgebirge.

Städtebilder, Natur- und Landschaftselemente, zahlreiche mit der Bergbaugeschichte in enger Verbindung stehende technikhistorische und Kulturdenkmale oder Sachzeugen des Handwerks, der Kultur und Kunst sowie eine noch lebendig gebliebene bergmännisch geprägte Traditionspflege bergen eine Vielfalt von Facetten dieser einzigartigen Industrie-Kulturlandschaft (Albrecht 2008). Über einen Entwicklungszeitraum vom 12. Jahrhundert bis in die Gegenwart prägen der Bergbau und seine Kultur den Charakter der Landschaft wie auch die Mentalität der Menschen. So unterstützten z. B. der 2003 gegründete Förderverein *Montanregion Erzgebirge e. V.* und die 2000 gegründete Welterbe-Projektgruppe am Institut für Industriearchäologie, Wissenschafts- und Technikgeschichte der TU Bergakademie Freiberg das Bewerbungsvorhaben, das Erzgebirge anhand von ca. 40 ausgewählten Objekten aus

[2] URL: http://de.wikipedia.org./wiki/Erzgebirge [Zugriff vom 20.11.2011].
[3] URL: http://www.wirtschaft-im-erzgebirge.de [Zugriff vom 24.11.2011].
[4] Auskunft Statistisches Landesamt Sachsen, Frau Becker am 09.08.2011; siehe auch URL: http://de.wikipedia.org/wiki/Erzgebirge [Zugriff vom 18.10.2011]; http://de.wikipedia.org/wiki/erzgebirgskreis [Zugriff vom 18.10.2011].

einer übergroßen Vielfalt von Bergbauzeugnissen im sächsischen wie auch im böhmischen Teil des Gebirges als Montanregion in das UNESCO-Welterbe aufzunehmen. Das Welterbe-Projekt nimmt weniger als 0,1 % der Fläche des Erzgebirges ein und behindert somit nicht die infrastrukturelle Entwicklung der Region. Von dem Welterbetitel verspricht man sich auch ein nachhaltiges Image- und Werbepotenzial für die Region und neue Perspektiven für den Wirtschaftsstandort Erzgebirge.[5]

Festivals – kulturelle(r) Aufbruch – Anpassung – Modernisierung

Sind auch Festivals eine modernisierte und belegbare Kulturform für die Veränderbarkeit der Volkskultur – nach dem immerwährenden Motto: Innovation trägt Tradition? Und sind sie einzuordnen in den allgemeinen »Volkskultur-Boom« der Moderne, die mit zunehmender schnelllebiger gesellschaftlicher Entwicklung das »Fremde« im entgleitenden »Nahen« (Köstlin 2000) und umgekehrt sucht bzw. individuelle Vereinzelung mit kulturellen Erlebnissen und Partylaune in Gemeinschaft aufwiegt?

Vor dem Hintergrund des demografischen Wandels mit dem seit der Wende zu verzeichnenden Bevölkerungsrückgang in Sachsen[6] wird nicht allein durch die Medien Sachsen als *das Kulturland* thematisiert. Und die von den Medien viel beachtete »Feierlaune« wurde in der Tagespresse 2007 in einem sogenannten »Kultur-Kalender fürs Festival-Land Sachsen« präsentiert, zu dem es einleitend heißt:

> »Der Freistaat ist ein fantastisches Festival-Land. Kein einziger Monat des Jahres wird vergehen ohne eine Reihe kulturvoller Tage. Eine Auswahl der wichtigsten, schönsten, größten und kleinsten sächsischen Festivals und weitere Feierlichkeiten gibt es heute und morgen auf dieser Seite exklusiv in der ›Freien Presse‹.« (Hammerschmidt 2007: 7)

Dieser Nachwende-Festival-Boom innerhalb Sachsens, der nicht ohne Einfluss auf das Erzgebirge blieb, weist Merkmale auf, die eine in Deutschland aus den Festspielen des 19. Jahrhunderts sich entwickelnde internationale Festival-Kultur allgemein charakterisieren:

> »[…] die Zahl von Festivals hat sich ebenso inflationär vermehrt wie der Gebrauch des Wortes ›Festival‹. Im Zeitalter der Eventkultur heißt inzwi-

---

5   URL: http://www.montanregion-erzgebirge.eu [Zugriff vom 27.10.2011].
6   Demografische Entwicklung. Siehe URL: http://www.demografie.sachsen.de/5404htm. [Zugriff vom 18.10.2011].

schen alles ›Festival‹, was zeitlich begrenzt, öffentlich veranstaltet und im konkurrierenden Markt- und Mediengeschehen präsent ist. […] Festivals sind eine ›Erfindung‹ des 20. Jahrhunderts und werden ein kultureller Gebrauchsartikel des 21. Jahrhunderts sein.« (Willnauer 2010: 1 f.)

Im Bestreben, unverwechselbar und einzigartig zu sein, versuchen sich Festivals durch Kriterien wie »die Herausgehobenheit des Angebots, die Musterhaftigkeit des Gebotenen, die spezifische Eigenart der Darbietung, die eigenständige Prägung durch eine Idee und/oder Aura« vom alltäglichen kulturellen Konsum abzuheben. Und nicht zuletzt werden Festivals durch professionelle Organisation und Vermarktung zur »Kunstbetriebsform der Gegenwart und Zukunft« (Willnauer 2010: 1 f.). Einige der im Erzgebirge angekommenen Festivals unterstützen zudem das o. g. Vorhaben der *Montanregion Erzgebirge*.

Getrieben und vereinnahmt vom globalisierten Marktgeschehen, das auch Kultur immer intensiver zum Wirtschaftsfaktor macht und zur extensiven Überproduktion verleitet, sind dem Veranstaltungsausmaß im Einzelnen wie in der Summe kaum Grenzen gesetzt; öffentliche, zeitlich begrenzte Großveranstaltungen als sogenannte Events und Highlights unterschiedlichster Inhalte, Facetten und Profile – inzwischen auch solche ohne ausschließlichen Musikbezug – sind alle Festivals. Diese äußere Angebotsvielfalt und strukturellen Unterschiede von Festivals erschweren eine begriffliche Definition, die diese Komplexität zu erfassen vermag.

Einerseits vereinfacht der Begriff *Festival* als Produkt der Globalisierung die Verständigung, und andererseits verliert sich in einer üppig wuchernden »Festival-Landschaft« der Namensgebung der Blick für Herausgehobenes. So verstärken sich, wenn auch einst auf diese vereinheitlichte Bezeichnung *Festival* fokussiert, Veranstaltungsausmaß und die an Alleinstellungsmerkmalen ausgerichteten Namensgebungen, Wettbewerbspraktiken, Vermarktungsstrategien und Medienpräsenzen, die nicht gleichzeitig ein Maßstab für die Qualität des Festivals sind. Daneben gibt es Festivals der kleineren Form, die hohe Ansprüche an Inhalte und Vermittlungsformen stellen und sich weniger an ein Massenpublikum richten, jedoch ebenso eines professionellen Managements bedürfen.

Auch in Sachsen weist eine unglaubliche Vielfalt von Bezeichnungen und Wirkungsräumen auf diese Entwicklung hin (Hammerschmidt 2007). Sie gestaltet sich zwischen einer ursprünglich ideellen, zeitlichen und künstlerisch-räumlichen Exponiertheit bis hin zum Event wie die seit 1993 veranstalteten »Oldie-Nächte« auf der Freilichtbühne in Schwarzenberg mit einer als einzigartig empfundenen Festivalatmosphäre und Veranstaltungen von großer regionaler Reichweite. Die Karten für die Rock- und Popkonzerte hochrangiger

Künstler auf der einst als Thingplatz konzipierten, 1938 eingeweihten Feierstätte – heute eine idyllisch gelegene Waldbühne – sind schnell ausverkauft.[7]

Bis in die Gegenwart ist das 1991 von Sachsen ausgehende länderübergreifende und Grenzräume aufwertende wie verbindende Festival *Mitte Europa* (Thomaschke 2007) mit seiner Konzeption der Kunstgenreüberschreitung, einem Netzwerk von zahlreichen Veranstaltungsorten, einer großen künstlerischen Breite sowie musikalischen Vielfalt und einer Auslastung von 90 % ein nicht zu unterschätzender Auftakt für nachfolgende Festivals geblieben, wie z. B. für das Chemnitzer Kulturfestival *Begegnungen* (mit Musik und Theater) oder das *Fest Alter Musik im Erzgebirge*.

Als weitere Festivals überregionalen Charakters in Sachsen seien genannt: das *Internationale Dixieland Festival Dresden*, die *Dresdner Musikfestspiele*, die *Chursächsischen Festspiele* in Bad Elster, das *Moritzburg Festival*, das *Internationale Festival für Vokalmusik a cappella* und das *Wave-Gotik-Treffen* in Leipzig, das Lese-Festival *Leipzig liest* oder das *Atomino Art Festival*, ein für alle Kunstrichtungen offener Schülerwettbewerb in Crimmitschau, sowie das bewährte *Internationale Filmfestival »Schlingel«* für Kinder und junges Publikum in Chemnitz.

Anknüpfend an die ostdeutsche Country-Szene und ihre seinerzeit mitschwingende Sehnsucht nach Freiheit etablierte sich seit 1989 Sachsens *Countrymusic Open Air* in Ehrenfriedersdorf im Erzgebirge, das auf einer Natursteinbühne, der größten Freilichtbühne in Sachsen, stattfindet. Die Veranstaltungen zehren von Fernfahrer- und Wildwest-Romantik und der Sehnsucht nach dem Ursprungsland dieser Musik – ohne dem modernen von Pop durchdrungenen Stil von Nashville zu erliegen. Wenn auch die Veranstaltung zunehmend aufgepeppt wird mit internationalen Interpreten und aufwendigen Tanzchoreografien (Titzmann 2003: 25) sowie einem Country- und Westernmarkt, so sind die Besucher dennoch angetan von der Naturkulisse und der familiären Atmosphäre.[8]

Zu nennen wären noch das *Sun Flower Festival* in Freiberg, ein überregionales Musikfestival der Hippie-Szene, das *Internationale Straßentheaterfestival* in Görlitz, das *»Festival für Erzählkunst & Lauschkultur« Magia Mundi* in Nossen, das ca. zwei Wochen dauernde Dresdner *Tonlagen-Festival* zeitgenössischer Musik[9]. Daneben sei auch verwiesen auf Ideen und Versuche von Jugendlichen, aus dem regionalen Angebot von Bands unterschiedlicher

---

[7] URL: http://www.oldienacht-schwarzenberg.de [Zugriff vom 01.11.2011].
[8] Zwarg (2009); Querner (2010); Günther (2010); Görner (2011).
[9] Hofmann (2009); *Freie Presse* (2010).

Musikrichtungen und musikalischer Stile zu schöpfen, wie geschehen beim *Esperanto-Festival der Rapper und Rocker* (2010) auf der 1924 erbauten kleinen Naturbühne in Schwarzenberg (Heffenträger 2010).

Nicht zuletzt haben Anlass und Bedeutung der Festivals, die Attraktivität der Landschaft sowie veränderte Konzepte einen entscheidenden Einfluss auf Erfolg und Resonanz bei der Bevölkerung. Dies zeigt sich etwa bei der *Grimmaer Liederflut*[10], einem internationalen Weltmusikfestival, das seit 2004 in Grimma veranstaltet wird, um u.a. den vielen Helfern bei dem verheerenden Jahrhunderthochwasser von 2002 zu danken. Schirmherr dieses Festivals war der in Grimma gebürtige, 2007 verstorbene Schauspieler Ulrich Mühe, an den die Stadt posthum die Ehrenbürgerschaft verlieh. So unterstreicht z.B. auch die außergewöhnliche Landschaft mit Sachzeugen aus dem einst für die DDR-Wirtschaft bedeutungsvollen Braunkohletagebau den besonderen Charakter des *splash!-Festivals*, des größten HipHop- und Reggaefestivals in Europa. 2007 und 2008 fand es auf der Halbinsel Pouch bei Bitterfeld statt, 2009 auf der Halbinsel Ferropolis, der »Stadt aus Eisen« bei Dessau/Sachsen-Anhalt. Seinen Ursprung hatte es 1998 in einem ehemaligen Chemnitzer Kraftwerk, und bis 2006 war der Stausee Oberrabenstein bei Chemnitz am Fuße des Erzgebirges Veranstaltungsort. Diese Zeit in Chemnitz ist dokumentiert in dem Film *Hinter dem Regen*[11]. Die durch Dauerregen entstandenen finanziellen Nöte waren wohl der hauptsächliche Grund für den Ortswechsel. Beginnend in einem kleinen Chemnitzer Freundeskreis, hatte sich das Festival neben dem *Sächsischen Mozartfest* zum einzigen überregional wahrgenommenen Musikfestival in Chemnitz entwickelt. Seit 2009 wird die Szene bereichert durch das im Gewerbegebiet von Mittelbach unweit von Chemnitz, der Stadt der (Industrie-)Moderne, veranstaltete Festival *Rock im Betonwerk* der »Metal-Fans von acht bis achtzig« (Münster 2011). Gegen den herkömmlichen Weihnachtstrubel richtet sich schließlich das Chemnitzer *Dark Storm-Festival* (1997), das am ersten Weihnachtsfeiertag 2010 in der Chemnitzer Stadthalle seine 14. Auflage feierte (Haucke/Franz 2010).

Mit der unermesslichen Vielfalt von Festivals wachsen Mobilität und Flexibilität der Besucher und die der Akteure, die zwischen unterschiedlichsten Festivalorten wandern. Damit wird auch die Erwartungshaltung der Besucher komplexer: D.h. sie erwarten nicht nur im klassischen Bereich hohe künstlerische Qualität, außergewöhnliche Programme und Veranstaltungsorte sowie

---

[10] Vgl. URL: http://www.liederflut.net [Zugriff vom 09.11.2011].
[11] Splash (Festival). Siehe URL: http://de.wikipedia.org/wiki/Splash_%28Festival%29 [Zugriff vom 09.11.2011]; Steger (2007).

regional spezifische Angebote. Bei Festivals im Erzgebirge werden beispielsweise Untertageräume der Bergbaulandschaft oder Industrieanlagen wie auch beeindruckende, einst mit der Entwicklung der Bergstädte entstandene Kirchenbauten als außergewöhnliche Installations- und Klangorte genutzt. Unter dem Slogan *Musiklandschaft Sachsen* bezieht das Land Sachsen solche Veranstaltungen bzw. Veranstaltungsreihen im Erzgebirge in seine touristische Werbung ein.[12]

Damit schließt sich in gewisser Weise der Kreis zur Historie, in der eine durch die Bergbaugeschichte geprägte facettenreiche Musikkultur im böhmisch-sächsischen Erzgebirge (Kaden 2001) nicht ohne Einfluss auf die sächsische Musik- und Kulturlandschaft blieb. Diese Wechselbeziehungen gingen u. a. vom kirchlichen und städtischen Musikleben der Bergstädte wie z. B. dem erzgebirgischen Kantoreiwesen aus.[13]

Im Folgenden soll noch auf einige Festivals regionalen wie überregionalen Charakters eingegangen werden, bei denen Standortqualität, touristische Attraktivität und Identifizierungseffekte für eine bergmännisch geprägte, traditionsbewusste Bevölkerung besonders wichtig sind. Dabei gehen sie absichtlich über den Rahmen der in der Region langjährig ausgeübten Traditionspflege hinaus. Finanziert werden sie durch Mittel des öffentlichen Haushalts, durch Fördermittel oder aber durch Sponsoren. Sind zwar die Veranstaltungen regionalen Charakters nicht wie die oben genannten Festivals von überregionaler Wirkung als »Wirtschaftsunternehmen« zu betrachten, so sind sie dennoch Werbeträger und regionale Botschafter und verfügen über eine gewisse – wie es Franz Willnauer in seinem Beitrag nennt (Willnauer 2010) – *Umwegrentabilität*. Drei Beispiele seien in diesem Zusammenhang besonders hervorgehoben:

- die *artmontan-Kulturtage*
- das *Musikfest Erzgebirge*
- das *Europäische Blasmusikfestival*

Ein weiteres hoffnungsvolles und anspruchsvoll konzipiertes Beispiel, das *MS Beat Festival* in Raschau-Markersbach am idyllisch gelegenen, campingfreundlichen Oberbecken des Pumpspeicherwerkes, soll hier nur kurz erwähnt werden. Sein sommerliches Debüt fand 2010 bei Kälte, Regen und Sturm statt.

[12] URL: http://www.kulturland.sachsen.de/4033.html#article4588%20idarticle4588 [Zugriff vom 09.11.2011].
[13] Dieses Thema wurde vor einigen Jahren in einer Examensarbeit zum sächsisch-erzgebirgischen Kantoreiwesen an der TU Dresden im Fach Kultursoziologie und Musikwissenschaft aufgegriffen (Unger 2006).

Es ist ein markantes Beispiel für den Weitblick Jugendlicher – darunter Studenten der Europastudien, Soziokultur, Psychologie und Mechatronik, für die Kultur kein gewöhnlicher Gebrauchsartikel ist. Zusammengeschlossen im *Lößnitzer Huhlern-Verein* e. V.[14] richteten sie ihre Initiativen darauf aus, Kultur und Kunst in der grenzübergreifenden Region des sächsisch-böhmischen Erzgebirges aufzuwerten. Zum Programmangebot ihres Festivals – das u. a. durch EU-Fördermittel finanziert wurde – gehören Konzert- und DJ-Präsentationen zahlreicher Facetten von Beat-Musik, Theater und Kino, künstlerische Workshops sowie ein Fotowettbewerb. Die Organisatoren verzichten auf Sponsoring und Werbung, Spenden sind jedoch erlaubt. 2011 folgten zwei weitere *MS Beat Festivals*, diesmal wegen der besseren Erreichbarkeit und der Nähe zur Universität im Zentrum von Chemnitz am Stausee Oberrabenstein.[15]

Die drei oben genannten Festivals sollen der Region neue Impulse geben und beziehen dabei regionale Eigenheiten aus der Kulturlandschaft, z. B. den Bergbau oder die Architektur, sowie internationale Künstler mit ein.

Die *artmontan-Kulturtage*[16]

Die *artmontan-Kulturtage* sind das einzige Festival in Sachsen, das sich der Bergbau-Räume unter Tage wie der bergbaulichen und Industrieanlagen im Erzgebirge bedient, z. B. des Besucherbergwerks der 1967 erschlossenen Zinnkammern in Pöhla oder der Kaverne des Vattenfall-Pumpspeicherkraftwerkes Markersbach (siehe Abb. 1 und 2).

Hier werden mittels spektakulärer Performances von Klang- und Farbimpressionen die gewachsene Architektur des unterirdischen Gesteins und die durch den Bergbau geprägte Landschaft des Erzgebirges kunstvoll in Szene gesetzt. 1998 als Alternative zu den damals noch existierenden sogenannten *Bergmännischen Musiktagen* aus der Taufe gehoben, gehört *artmontan* mit bisher 100 Veranstaltungen und ca. 28 000 Besuchern (Kindt-Matuschek 2012) zum festen Kulturangebot im Erzgebirgskreis und findet zeitlich angepasst an die Termine der traditionellen *Bergquartale*[17] Reminiscere/Trinitatis/Crucis/Luciae

[14] *Huhlern* ist ein erzgebirgischer Begriff für *brennen/lodern*.
[15] Gespräch mit Student Markus Tümpel aus Lößnitz (Studium TU Chemnitz), einem Akteur des ca. 30-köpfigen Organisationsteams; URL: http://www.msbeatfestival.de [Zugriff vom 11.11.2011].
[16] URL: http://www.artmontan.de [Zugriff vom 25.01.2012].
[17] Als Bergquartal wurde vom Mittelalter bis Mitte/Ende des 19. Jahrhunderts der Abrechnungszeitraum im Bergbau bezeichnet. Ein Quartal wurde mit 13 Wochen gerechnet.

Abb. 1: Musikfestival *artmontan* 2010. Veranstaltung: »Reise bis zum Mittelpunkt« in den Zinnkammern Pöhla. (Foto: Christoph Weigel)

statt. Die Veranstaltungen eines Jahres stehen unter einem Thema, wie z. B. 2008 unter dem übergreifenden Titel *Farben* oder 2009 unter *Sagenhaft*. Vor außergewöhnlicher Kulisse und in ungewohnten Aufführungs- und Klangräumen werden die verschiedensten Künstler unterschiedlicher Genres aus der inter-

Abb. 2: Musikfestival *artmontan* 2010. Veranstaltung: »Men in Blech« im Eisenbahnlokschuppen Schwarzenberg. (Foto: Christoph Weigel)

nationalen Musikwelt zu Experimenten, Neukompositionen und Inszenierungen angeregt. Viele Besucher sind vom Zusammenspiel von Licht, Musik und Bildern sowie der musikalischen Vielfalt fasziniert (Lippmann-Wagner 2011c). Ob sinfonische oder Weltmusik, Jazz, Nordic Folk, Punk, Meistertrommlerklänge, Tango, Dixieland, armenische Musik, keltische Märchen, schwedische Sagen, Pantomine-Theater oder Irish Dance – *artmontan* ist immer ausverkauft (Kindt-Matuschek 2010).

Zu diesem international besetzten Festival mit seiner Herausforderung der Künstler und des Publikums kam ein weiteres Angebot: die Veranstaltungsreihe *Erztöne*, die hauptsächlich auf Mitwirkende, Programminhalte und Veranstaltungsorte im (engeren) Erzgebirgskreis zurückgreift. *artmontan* sollte ursprünglich fast ausschließlich experimentell sein (Lippmann-Wagner 2011a), wofür aber in der Region das Publikum fehlt, und somit waren Kompromisse notwendig.

Das *Musikfest Erzgebirge*[18]

Seit 2010 wird das *Musikfest Erzgebirge* veranstaltet. Es basiert auf dem *Fest Alter Musik im Erzgebirge*, das von 1994 bis 2008 erfolgreich war und wegen des reduzierten Kulturetats keine Förderung mehr erhielt.

Das *Musikfest Erzgebirge* setzt neue Maßstäbe für Programm und Außendarstellung und ist in Kooperation mit der *Gottfried-Silbermann-Gesellschaft* das »neue, hochklassige Festival im Osten Deutschlands«[19]. Seine besondere Wirkung resultiert aus dem »Dreiklang aus Landschaft, Architektur und Musik«.

Intendant dieses Festivals ist Professor Hans-Christoph Rademann aus Dresden, der seit 2007/2008 auch Chefdirigent des RIAS Kammerchores ist. In seiner Jugendzeit, die er in Schwarzenberg im Erzgebirge verbrachte, wo sein Vater als engagierter Kantor wirkte, war er hier Kruzianer.[20] Rademanns künstlerische und dramaturgische Vision, nicht zuletzt beeinflusst durch Elternhaus und Herkunftsregion, etabliert das Erzgebirge als Musikland, in dem sich reiche Traditionen der Region mit faszinierenden Interpretationen der internationalen Klassikwelt zu einem gemeinsamen Fest verbinden.

Beim Festival wird eine internationale Auswahl von Sängern, Musikern und Musikwerken in erstklassiger Qualität präsentiert, auch junge Talente werden gefördert. Beim Debütfestival 2010 fanden zehn Konzerte an zehn unterschiedlichen Orten in den evangelisch-lutherischen Kirchen erzgebirgischer Bergstädte wie z.B. in Annaberg mit der größten Hallenkirche in Sachsen statt. Über 5500 Konzertbesucher erlebten die Symbiose von Landschaft, Kultur und Klassik, und ca. 1,5 Millionen hörten die Übertragungen dieser Konzerte und Gottesdienste im MDR-Kulturradio *Figaro*.[21] Das Festival, das jähr-

---

[18] URL: http://www.musikfest-erzgebirge.de. Festivalprogramm Musikfest Erzgebirge 2010 [Zugriff: 30.08.2010].
[19] Newsropa.de 2010.
[20] URL: http://de.wikipedia.org/wiki/Hans-Christoph_Rademann [Zugriff vom 04.07.2011].
[21] Konzertübertragungen erfolgten ebenso beim ARD-Radiofestival 2010 sowie über folgende Sender: Deutschlandfunk, Deutsche Welle, Deutschlandradio Kultur und European Broadcasting Union; ebenso in Kanada.

lich im Wechsel mit den *Gottfried-Silbermann-Tagen* stattfindet und finanziell vom Kulturaum Mittelsachsen-Erzgebirge, von der ostdeutschen Sparkassenstiftung und der Sparkasse Erzgebirgskreis unterstützt wird, möchte den Menschen vor Ort herausragende Musiker, Musikwerke und Interpretationen sowie den Akteuren die Erzgebirgsregion nahebringen. Das als Sonderedition für die Künstler dieses Festivals im Verband erzgebirgischer Kunsthandwerker und Spielzeughersteller e. V. geschaffene Maskottchen *Picus* wird sie daran erinnern. Darüber hinaus soll dieses mehrtägige Ereignis nationales wie internationales Publikum anziehen. So vereinte das neunte Konzert des Erzgebirgischen Sängerfestes – eine *neu begründete* Tradition – in der Lößnitzer St.-Johannis-Kirche mit Teilen aus Händels Oratorium *Messias* unter der Leitung des Berliner Chordirigenten Simon Halsey über 300 (Laien-)Sängerinnen und Sänger aus den erzgebirgischen Kantoreien mit dem Dresdner Kammerchor.[22]

Das *Europäische Blasmusikfestival* im Kurort Bad Schlema

Das *Europäische Blasmusikfestival* im Kurort Bad Schlema verbreitet keineswegs das Negativ-Image, das mit der Einstellung des Wismut-Bergbaus nach der Wende der Gemeinde Schlema und den im Bergbau tätigen Wismut-Bergleuten – bei oftmals unsachgemäßer Argumentation – anhaftet. Bad Schlema ist ein Ort, der geprägt ist durch jahrhundertelangen Bergbau und der im 17. Jahrhundert das größte Blaufarbenwerk und nach 1918 ein Radiumbad mit der stärksten natürlichen Radiumquelle der Welt aufwies (Titzmann 2003: 25). Bis 1945 gehörte Schlema mit seinem relativ konservativen Bürgertum zu den bedeutendsten Kurorten Deutschlands. Zwischen 1946 und 1990 schwer gezeichnet vom Uranbergbau, wozu auch der Totalabbruch des gesamten Ortskerns mit Gemeinde- und Kurzentrum gehörte, erinnerte kaum noch etwas an die Ortsgeschichte und den einstigen Kurbetrieb. Dennoch entwickelte sich Schlema dank visionärer Sanierungsideen seines Bürgermeisters, der einst selbst im Wismut-Bergbau tätig war, sowie mit der Unterstützung und unter der Schirmherrschaft des damaligen Ministerpräsidenten Biedenkopf und seiner Frau wieder zu einem anerkannten, heute überaus beliebten Kurort. Einen nicht geringen Anteil an dessen überregionaler Bekanntheit und Beliebtheit hat auch das *Europäische Blasmusikfestival / Internationale Musikfest*. Inzwischen hat sich Bad Schlema zu einem Mekka für Blasmusikfans entwickelt (Lippmann-Wagner 2011b).

---

[22] Programm Musikfest Erzgebirge 3. bis 12. September 2010, S. 23; Festivalprogramm Musikfest Erzgebirge (2010: 77).

1990 gründeten Mitglieder des damaligen Blasorchesters der Stadt Aue den Musikverein Bergmannsblasorchester Kurbad Schlema e. V., dessen Stammorchester, Jugend- und Kinderorchester sich ausschließlich der Amateurmusik widmen und u. a. viele Schulprojekte durchführen. Modernität und Tradition verbinden sich bei ihren Darbietungen. Im Stammorchester wird je nach Anlass neben der Bühnenkleidung auch das traditionelle historische Bergmannshabit getragen und im Jugendorchester das Habit der Blaufarbenarbeiter.

1992 sollte ein kleines Sommerfest an das 25-jährige Jubiläum des ehemaligen Auer Blasorchesters erinnern. Die Resonanz auf dieses Fest bewirkte, dass 1994 ein Konzertzelt aufgestellt und Einladungen ins Ausland verschickt wurden. Formationen aus Estland, Italien, Tschechien und Polen sorgten mit »Pauken und Trompeten« für einen weit über die Ortsgrenzen hinausreichenden Erfolg. Aus dem internationalen Musikfest entwickelte sich seit 1998 das *Europäische Blasmusikfestival*, das inzwischen unter der Schirmherrschaft von Stanislaw Tillich, dem Ministerpräsidenten des Freistaates Sachsen, steht. 2010 spielten 850 Musiker aus 17 Orchestern und zwölf Nationen auf – erstmalig auch Finnen und Iren. Noch immer ist der Hauptträger des Festivals der Musikverein Bergmannsblasorchester Kurbad Schlema e. V, dem 150 ehrenamtliche Helfer und die Gemeinde zur Seite stehen. Gefördert wird das Festival von der Kulturstiftung des Freistaates Sachsen und dem Kulturraum Erzgebirge-Mittelsachsen. Die heimische Wirtschaft wie z. B. die Nickelhütte Aue (gegründet 1635), aber auch private Sponsoren beteiligen sich daran. Die moderaten Eintrittspreise sind seit drei Jahren konstant und gemessen an den Gesamtkosten von 300 000 Euro mit 10 und 12 Euro pro Tag wohl viel zu niedrig; aber die Veranstaltung soll auch für die Menschen aus der finanzschwachen Region erschwinglich bleiben. Zudem dient das mehrtägige Festival der Werbung für Bad Schlema, das Erzgebirge und Sachsen.

Drei Tage lang finden im ausverkauften 4000-Personen-Zelt nonstop Darbietungen auf zwei Bühnen statt. Mehr als 12 000 Besucher aus ganz Deutschland, von der Urenkel- bis zur Großeltern-Generation, sind vertreten. Ein Festumzug aller teilnehmenden Orchester zur Eröffnung und zum Abschluss knüpft an die traditionellen Bergaufzüge und Bergparaden im Erzgebirge an.

Ein wesentliches Kriterium des Festivals ist die musikalische Vielfalt: Klassik, Musical, Rock und Pop, Schlager, Polka und Marschmusik werden in einer hohen musikalischen Qualität dargeboten. »Ein bisschen Ufftata oder Humptata« hat nach Aussagen von Stefan Richter, dem Initiator des Festivals und Geschäftsführer des Blasmusikvereins, keine Chancen (Neef 2008). Selbst renommierte Klangkörper stehen aufgrund der hohen Teilnahmenachfrage schon seit mehreren Jahren auf der Warteliste. Markus Baumann, der Präsi-

Elvira Werner

Abb. 3: 13. *Europäisches Blasmusikfestival* 2010 in Bad Schlema. »Official Opening« im Festzelt. (Foto: Elvira Werner)

Abb. 4: 13. *Europäisches Blasmusikfestival* 2010 in Bad Schlema. Im Festumzug u. a. das Jugendorchester des Bergmannsblasorchesters Kurbad Schlema e. V., dahinter die Bergbrüderschaft Bad Schlema. (Foto: Elvira Werner)

dent der *Polizeimusik Zürich-Stadt*, eines international bekannten Orchesters, urteilt: »Dieses Musikfest ist weltweit einmalig und schon zum 8. Mal nimmt sein Orchester aufgrund des Wunsches seiner Mitglieder daran teil.«[23] Und nicht zuletzt trägt dieses Festival zur Völkerverständigung bei (siehe Abb. 3 und 4).

Fazit

Die geschichtsträchtige Landschaft des Erzgebirges im Einklang mit ihrer traditionsreichen Kultur für den Tourismus zu erschließen und die Identität ihrer Einwohner fernab der Metropolen zu stärken, war schon 1878 ein wesentlicher Anlass für die Gründung des *Erzgebirgsvereins* durch bildungsbürgerliche mittelständische Kreise. Angesichts der touristischen Erschließung und kulturellen Vermarktung des Erzgebirges erscheint es für das Marketing und in wirtschaftlicher Brückenfunktion zweckmäßig, sich den Gepflogenheiten einer Festivalisierung im Veranstaltungsbetrieb anzupassen. Sich dabei der Montan- und Kulturlandschaft Erzgebirge in ihrer komplexen Erscheinung zu bedienen, bleibt wohl in traditionsreichen Regionen wie dem Erzgebirge eine fundamentale Voraussetzung zur Realisierung nachhaltiger Projekte in Kultur und Wirtschaft gleichermaßen. Festival und Region stärken ihr Image gegenseitig und bewirken in der Regel bei Akteuren und Rezipienten eine doppelte Identifikation: mit der Region und mit dem Festival.

Literatur

Albrecht, Helmuth (2008): »Die Montanregion Erzgebirge als Industrie-Kulturlandschaft«. In: *Sächsische Bergbauregionen im Wandel. Reflexionen, Positionen, Perspektiven im 20./21. Jahrhundert. Beiträge der Tagung des Fachbereiches Volkskultur der Sächsischen Landesstelle für Museumswesen, 25. Oktober 2008, Bergbaumuseum Oelsnitz/Erzgebirge*. Hg. Katja Margarethe Mieth. Chemnitz: Sächsische Landesstelle für Museumswesen. S. 24–31.

Freie Presse (2007): »Blasmusik und Heimatgefühl«. Der Kultur-Kalender für das Festival-Land Sachsen (2)«. In: *Freie Presse, 03.01.2007*. S. A10.

Freie Presse (2010): »Neugier sei die neue Gier. In Hellerau gehen Anfang Oktober die ›Tonlagen‹ als Dresdner Festival der zeitgenössischen Musik zum zweiten Mal an die Neustart-Linie«. In: *Freie Presse, 23.09.2010*. S. A1.

Görner, Jan (2011): »Westen erwacht im Erzgebirge«. In: *Freie Presse, 08.08.2011*. S. 10.

Günther, Sven (2010): »›Es ist für mich eine Ehre‹. Countryfestival in Ehrenfriedersdorf – Stargast am Sonntag: Tom Astor«. In: *Freie Presse, 29.07.2010*. S. 12.

[23] Vgl. Lippmann-Wagner (2011a).

Hammerschmidt, Ulrich (2007): »Klingende Steine und dröhnende Motoren. Unterirdisches im Erzgebirge – Oberirdisches in Chemnitz. Der Kultur-Kalender für das Festival-Land Sachsen (1)«. In: *Freie Presse*, 02.01.2007. S. 7.

Haucke, Romy/Franz, Pierre (2010): »Schwarze Weihnachten. Am 1. Weihnachtsfeiertag geht das Chemnitzer Darkstorm-Festival in die 14. Runde«. In: *Wohin. Freizeitmagazin der Freien Presse*, 23.12.2010. S. 16.

Heffenträger, Eric (2010): »Musik – eine Sprache, die wirklich jeder versteht. Rapper und Rocker feiern beim Esperanto-Festival an der Naturbühne«. In: *Freie Presse*, 19.07.2010. S. 11.

Hiekel, Jörn Peter/Werner, Elvira (Hg.) (2007): *Musikkulturelle Wechselbeziehungen zwischen Böhmen und Sachsen*. Saarbrücken: Pfau-Verlag.

Hofmann, Tim (2009): »Aufbruch aus der Nische. Das Tonlagen-Festival in Hellerau will zeitgenössische Musik zugänglicher machen«. In: *Freie Presse*, 13./14.09.2009.

Kaden, Werner (2001): *Musikkultur im Erzgebirge. Beiträge zur Musikgeschichte einer Region*. Schneeberg, Chemnitz: Verlag Heimatland Sachsen.

Kindt-Matuschek, Beate (2010): »Erzgebirge wirbt mit Klangkunst«. In: *Freie Presse*, 05.11.2010. S. 10.

Kindt-Matuschek, Beate (2012): »Konzertreihe besitzt Magnetkraft«. In: *Freie Presse*, 20.03.2012. S. 11.

Köstlin, Konrad (2000): »Volkskultur und Moderne«. In: *Bayerische Blätter für Volkskunde. Mitteilungen und Materialien. Neue Folge 2 (2000)*. S. 63–72.

Lippmann-Wagner, Katja (2011a): »Artmontan: Verrücktes Finale mit einem Zwei-Meter-Mann«. In: *Freie Presse*, 21.11.2011. S. 11.

Lippmann-Wagner, Katja (2011b): »Blasmusik bleibt Balsam fürs Ohr«. In: *Freie Presse*, 19.09.2011. S. 11.

Lippmann-Wagner, Katja (2011c): »Klassik und Laser verzaubern Kaverne«. In: *Freie Presse*, 24.10.2011. S. 11.

Marquard, Odo (2003): »Moratorium des Alltags. Eine kleine Philosophie des Festes«. In: Marquard, Odo: *Zukunft braucht Herkunft. Philosophische Essays*. Stuttgart: Reclam. S. 194–204.

Münster, Sebastian (2011): »Metal ist härter als Beton«. In: *Freie Presse*, 15.08.2011. S. 7.

Neef, Anna (2008): »Bläser bieten viel mehr als nur Humptata und Polka. Nächste Woche startet zum 17. Mal das Europäische Blasmusikfestival Bad Schlema«. In: *Freie Presse*, 13./14.09.2008.

Newsropa.de (2010): »Das erste Musikfest Erzgebirge ging mit zwei außergewöhnlichen Konzerten zu Ende«. In: *newsropa.de. Das Presseportal im Osten*, 13.09.2010. URL: http://www.newsropa.de [Zugriff vom 21.01.2012].

Querner, Maurice (2010): »Country-Queen: Wir singen Geschichten. Linda Feller am Wochenende einer der Stargäste des Country Open Air an den Greifensteinen in Ehrenfriedersdorf«. In: *Wohin. Das Freizeitmagazin der Freien Presse*. 28.07.2010. S. 1.

Sächsische Staatskanzlei (Hg.) (2007): *Sachsen. Die Fakten*. Dresden. S. 10.

Schama, Simon (1996): *Der Traum der Wildnis. Natur als Imagination*. München: Kindler.

Steger, Sebastian (2007): »Splash! – der Film zum Festival ist da. Dokumentar-Streifen

›Hinter dem Regen‹ in Chemnitz uraufgeführt: Blick hinter die Kulissen erzählt von Schweiß und Herzblut«. In: *Freie Presse*, 29./30.12.2007. S. A9.

Thomaschke, Thomas Michael (2007): »Festival ›Mitte Europa‹ – Grundideen eines sächsisch-tschechisch-bayrischen Kulturprojekts«. In: *Musikkulturelle Wechselbeziehungen zwischen Böhmen und Sachsen*. Hg. Jörn Peter Hiekel und Elvira Werner. Saarbrücken: Pfau-Verlag. S. 251–254.

Titzmann, Oliver (2003): *Uranbergbau contra Radiumbad: die Auswirkungen des Uranbergbaus der SAG Wismut auf die Gemeinde Radiumbad Oberschlema (1946–1955)*. Schlema: Selbstverlag.

Unger, Philipp (2006): *Das sächsisch-erzgebirgische Kantoreiwesen. Eine Institution zwischen »Tradition« und kulturellem Gedächtnis*. Dresden: VDM Verlag Dr. Müller.

Wagenbreth, Otfried/Wächtler, Eberhard/Becke, Andreas (1990): *Bergbau im Erzgebirge: Technische Denkmale und Geschichte*. Leipzig: Deutscher Verlag für Grundstoffindustrie.

Willnauer, Franz (2010): *Festspiele und Festivals*. Deutsches Musikinformationszentrum 2010. URL: www.miz.org/static_de/themenportale/einfuehrungstexte_pdf/03_KonzerteMusiktheater/willnauer.pdf. S. 1–11.

Zwarg, Matthias (2009): »Eine gar nicht schreckliche, nette Familie mit Hut. Das Glück im Alltag, Freiheit, Sehnsucht und handgemachte Musik. 20. Country Open Air an den Greifensteinen zieht viele Besucher der ersten Stunde an«. In: *Freie Presse*, 03.08.2009.

Astrid Reimers
Frauenmusikfestivals

*Alles Mädchen? Na, macht mal –
das wird bestimmt nie was!*

John Lennon[1]

Hey, siehst du den Morlock auf der Bühne steh'n,
merkst du nicht, wie ihn die Mädchen anseh'n,
deine Augen verraten dein Gefühl,
denn auch dich lässt der Musikus dort oben nicht kühl.

Hat er Haare länger als du,
dir lässt der Boy dort oben keine Ruh',
blickt er herunter und lächelt dich an,
hat er dich gefangen in seinem Bann.

Kann er auch nicht spielen und springt nur herum,
ist er auch nicht schön und nebenbei noch dumm,
er ist ein König, er steht am Bühnenrand
und hält die Gitarre wie ein Sieger in der Hand.[2]

Frauenmangel

Die 1965 gegründete Band *Rag Dolls* aus Duisburg gilt als erste und über eine lange Zeit hinweg einzige Beatmusik-Frauenband des Ruhrgebiets. Der Text ihres Songs ist ein ironischer Kommentar zu der Rollenaufteilung der Geschlechter in der Pop- und Rockmusik der 1960er-Jahre: Männer oben auf der Bühne, Frauen unten vor der Bühne.[3]

Mehr als 20 Jahre nach der Gründung der *Rag Dolls*, 1987, stellten Ebbecke

---

[1] Siehe Interview mit Mary und Pam von den *Liverbirds*, denen diese Äußerung galt (Rohkohl 1979: 22).

[2] Dieses Lied der *Rag Dolls* ist dem Film »Als der Kohlenpott noch schwarz-weiß war« (WDR 2001) entnommen.

[3] Eine Ausnahme bildeten die sogenannten »girl groups« oder »Mädchenbands« in den USA der 50er- bis 70er-Jahre, bei denen Frauen als Gesangsgruppe auftraten, vgl. die umfassende Monografie von Charlotte Greig (1989).

und Lüpscher in ihrer auf Dortmund bezogenen Untersuchung immer noch fest, dass

> »die Rockmusiker-Szene unter einem eklatanten Frauenmangel [leidet]. Es gab im Befragungszeitraum nicht eine einzige Frauen-Rock-Gruppe in Dortmund und auch keine Gruppe, in der Frauen in der Mehrzahl waren.« (Ebbecke/Lüpscher 1987: 19)

»Die Kategorie ›Frauenbands aus dem Ruhrgebiet‹ ist die berühmte Stadt-Land-Fluss-Spalte, die immer leer bleibt.« (Volkmann 2008: 149) 2010, fast 50 Jahre nach den *Rag Dolls*, werfen wir einen weiteren Blick auf das Ruhrgebiet: eine kurze Gender-Analyse der Bands des Festivals *Bochum total,* das mit mehr als einer Million Besucherinnen und Besuchern eines der größeren europäischen Rock- und Popmusikfestivals ist. Das Festivalprogramm des Jahres 2010 wies 66 Bands und Gruppen aus, die mit 258 Männern und 22 Frauen besetzt waren, unter Letzteren acht Frontfrauen, fünf Backgroundsängerinnen sowie zwei Pianistinnen und drei Bassistinnen. Dieses Ergebnis – 10 % Musikerinnen, 90 % Musiker – scheint ohne Weiteres übertragbar auf das generelle Verhältnis von Frauen und Männern in der Rock- und Popmusik. Die Rockmusikerinnen, die von der Öffentlichkeit wahrgenommen werden, waren und sind in überwältigender Mehrheit Sängerinnen, also Frontfrauen oder Background-Sängerinnen (vgl. auch Jooß-Bernau 2010: 303). Auch wenn gerade im Jahr 2010 der Wunsch nach Gleichberechtigung längst erfüllt – ja sogar übererfüllt – zu sein scheint, wenn etwa das Magazin *Der Spiegel* titelt: »Die Frauen übernehmen. Zum ersten Mal in seiner Geschichte braucht der Pop keine Männer mehr« (Rapp 2010: 112); auch wenn Frauen wie etwa Lady Gaga, Rihanna, Beyoncé Knowles oder Lena Meyer-Landruth derzeit als Verkaufsschlager der Musikindustrie gefeiert werden – die Frauen halten sich fast ausschließlich als Blickfang im vorderen Bühnenbereich auf. Es ist nicht ungewöhnlich, dass Sängerinnen in einer Mädchenband starten: 2003 gründete beispielsweise Rihanna mit zwei Klassenkameradinnen eine Mädchenband. Auch Beyoncé Knowles, Little Boots oder Björk traten zunächst mit anderen Frauen auf. Doch wenn es ernst wird, wenn sich Erfolg abzeichnet und Geld verdient werden kann, übernehmen Männer die Instrumente.

Die Unsichtbarkeit von Rockmusikerinnen gilt auch für »Frauenmusikfestivals«. Ihre Geschichte und ihre Besonderheiten sind selten Gegenstand des öffentlichen, kulturellen oder wissenschaftlichen Interesses. Selbst in dem umfangreichen Werk über Rockmusikerinnen von Gillian G. Gaar aus dem Jahr 1992 (deutsche Übersetzung 1994) werden Frauenmusikfestivals nur beiläufig erwähnt. Das 2010 erschienene Lexikon *Musik und Gender* nimmt sich zwar der Popularmusik an, nennt aber unter dem Stichwort »Festivals« nur solche, die sich der Musik von Komponistinnen der E-Musik widmen. Die Frauenmusikfestivals popularer Kultur finden keine Erwähnung. Mögen sie also nun an dieser Stelle in das kulturelle Gedächtnis aufgenommen werden.

Warum gibt es so wenige Frauen in der Rockmusik?

Dem Mangel an musizierenden Frauen in der Rockmusik lag und liegt eine Reihe von Ursachen zugrunde, auf die an dieser Stelle nur in aller Kürze verwiesen werden soll. Das Erlernen und Spielen von Musikinstrumenten unterliegt immer noch starken Geschlechterstereotypen. In einer empirischen Untersuchung stellte Walter Scheuer 1988 fest, dass Mädchen eher Klavier und Violine lernten, während bei Jungen die E-Gitarre an erster Stelle stand. Mädchen würden, so Scheuer,

> »eher weichere Klänge und traditionell bürgerliche Instrumente [bevorzugen]. Jungen neigen eher zu härteren und kraftvollen Klängen und zu entsprechenden Spielweisen; weiterhin zu Instrumenten, die mittels moderner Technik funktionieren« (Scheuer 1988: 118, 121).

Auch in den folgenden Jahren gab es praktisch keine Untersuchung, in der anderes festgestellt wurde.[4] Die Musikwissenschaftlerin Eva Rieger konstatierte: »Die Forschung hat [...] unterschiedliche Präferenzen im Bereich der Musikstile oder der Musikinstrumente festgestellt.« (Rieger 1996: 18) Nils Knolle untersuchte die in Videoclips gezeigten Instrumente auf ihre Konnotationen männlicher und weiblicher Stereotypen hin und bemerkte, dass die zu Tage tretende starke Geschlechterstereotypisierung der Instrumente zum »Alltagswissen im Kontext der jugendlichen Rockkultur« gehöre (Knolle 1996: 47). Der oben zitierte Text der Rag Dolls liefert hierfür schon einen frühen Beleg. Dieses System der Geschlechterstereotypie von Instrumenten wird von Knolle als ein »sich selbst reproduzierender Prozess« (Knolle 1996: 47) bezeichnet. Wolfgang Martin Stroh beispielsweise stellte hinsichtlich des Oldenburger Musikstudiums im Jahr 1994/95 fest, dass auch »das Fach Musik derartige Stereotype vorbildhaft reproduziert« (Stroh 1996: 110). Die Studentinnen und Studenten brächten diese Sozialisation schon mit, durch die Aufnahmeprüfung verstärkten sich die Stereotype und schließlich würden sie im späteren Musikunterricht weitergegeben – »Frauen singen, flöten und streichen – Männer spielen Gitarre, Schlagzeug, Blechblasinstrumente« (Stroh 1996: 112).

Im Jahr 2010 gibt es zumindest in einer Hinsicht Anhaltspunkte einer all-

---

[4] Zur Sozialisation beispielsweise auch Schlicht (2002: 264 f.).

mählichen Änderung: Die Gitarre gehört mittlerweile zu den auch bei Mädchen beliebtesten Instrumenten, wenn auch nicht explizit als E-Gitarre. Dies kann man zumindest aus den Wünschen folgern, die in einem Internet-Mädchenforum zwischen August 2010 und März 2011 von 45 Mädchen und drei Jungen über das Lernen von Instrumenten geäußert wurden. Auf die Thread-Frage »Welche Instrumente spielt ihr?«[5] wurde Gitarre mit Abstand am häufigsten genannt (21), allerdings nur in zwei Fällen als E-Gitarre. Gefolgt wird Gitarre von Klavier (16) und Blockflöte (8). Rockmusikrelevante Instrumente kommen allerdings nur vereinzelt vor (so wurde Schlagzeug nur von einem, Bass von zwei, Keyboard von fünf Mädchen genannt).

Die Basis für Frauen in der Rockmusik war und ist auch heute noch allein durch die Wahl ihrer Instrumente sehr schmal. Das hat zur Folge, dass Jungen früher als Mädchen die für die Rockmusik typischen Instrumente spielen und deshalb ggf. einen spieltechnischen Vorsprung erzielen – was Mädchen nicht gerade ermutigt, in einer gemischten Band mitzuspielen. Frauen, die professionell Rockmusik machen wollten, blieb und bleibt nahezu einzig der Gesang. Was 1987 für das Ruhrgebiet galt – wenn Frauen »in die Männerdomäne Rockmusik einbrechen können, dann nicht an den Standard-Instrumenten, sondern durch Attribute, die Männer nicht haben können: weibliche Stimmen« (Ebbecker/Lüpscher 1987: 19) – ist bis heute typisch für die Rockmusik.

In den ersten Jahrzehnten der Rockmusik kamen noch weitere Ursachen für den Frauenmangel in dieser Musiksparte hinzu. Die Aggressivität und Extrovertiertheit, die ihr innewohnen, waren kein Bestandteil der Sozialisation von Mädchen. Musizierende Frauen, die schwitzten – ein Unding. Die Rockmusik war von jeher keine Jugendkultur, sondern eine Jungenkultur. Doch Anfang der 1970er-Jahre begannen einzelne Frauen das Interesse zu entwickeln, selbst Rockmusik zu machen.

Zwei Zeitströmungen

Zwei Zeitströmungen beförderten dieses Interesse: Die eine war der Beginn der zweiten Frauenbewegung, die andere der Punk (vgl. Jorden 1993: 19 f.).[6]

Durch die zweite Frauenbewegung ab Beginn der 70er-Jahre entstand ein

---

[5] Siehe URL: http://www.maedchen.de/forum/musik/77778-instrument.html [Zugriff vom 16.06.2011]. Datum der Einträge vom 12.08.2010 bis zum 25.03.2011. Die Anzahl der Mädchen und Jungen folgt den Angaben der ForumsteilnehmerInnen. Alter, soweit angegeben: zwischen zwölf und 16 Jahren.

[6] Eine Übersicht über die deutschen Frauenbands, die im Zusammenhang mit dem Punk entstanden, gibt z. B. Koch (1987: 217 ff.).

neues Frauenbild – auch und vor allem in den Frauen von sich selbst. Frauen konnten es sich zugestehen, unangepasst, aggressiv und laut zu sein. Damit wurde die Ausübung der Rockmusik für sie selbst vorstellbar. Rockmusik nicht nur passiv zu konsumieren, sondern auch aktiv auszuüben, war für viele Mädchen und Frauen Teil ihrer Suche nach Selbstverwirklichung.

> »Von ›The woman in your life is you‹ (Alix Dobkin) über ›Ich habe eine große Sehnsucht ich sehn mich so nach mir‹ (Schneewittchen) bis ›Sag mir nicht mehr, wo es lang geht, ich bin ich, und du bist du‹ (Lysistrata) spannt sich der Bogen nach Selbstbestimmtheit und nach Abschaffung repressiver Strukturen.« (Rieger: 1981: 18)

Die Punk- und New-Wave-Musik und ihre in Deutschland ab 1976 aufkommende Variante Neue Deutsche Welle (NDW) förderten das Musizieren von Frauen in der Rockmusik. Das Do-It-Yourself-Konzept des Punk, die Ästhetisierung des Unvollkommenen und radikal Individuellen, bedeuteten für die unerfahrenen, ohne Vorbilder dastehenden Frauen eine musikalische Befreiung. Aus ihrer Anfangszeit berichtet Moni Kellermann von *Östro 430*, einer bekannt gewordenen NDW-Frauenband in Frankfurt, die sich 1979 gründete: »Wir hatten überhaupt keine Bedenken – schließlich tauchten überall zu der Zeit Bands auf, deren Mitglieder noch nie zuvor ein Instrument in der Hand gehalten hatten – Punk« (Farin/Kuckuck 1987: 181). Im Punk hatten überdies Stereotypen von Geschlechterrollen keinen Platz. Die junge Frau brauchte nicht auf ihr Aussehen oder das ihr anerzogene leise freundliche Verhalten zu setzen – im Gegenteil. Marianne Elliot alias *Poly Styrene* beispielsweise, Aushängeschild der legendären frühen englischen Punkband *X-Ray Spex*, trug demonstrativ eine Zahnspange (vgl. z.B. Budde 1997: 63). Ein Artikel im Musikmagazin *Sounds* beschrieb 1979 den Punk als eine Annäherung »der Geschlechter, ein Stück Emanzipation von beiden Seiten, vielleicht. Die Typen malen sich an, die Frauen betreten die Bühne« (Hilsberg 1979).

Zwei Wege

Zwei Wege konnte nun die Frau, die Rockmusik machen wollte, einschlagen: Setzte sie auf kommerziellen Erfolg, musste sie sich den Regeln der männlich geprägten Rockmusik unterwerfen und als Sängerin auftreten, als Frontfrau, die sowohl ihre Stimme als auch – viel wichtiger noch – ihr Aussehen verkaufte. Die Band, d.h. die Instrumente spielenden Musiker, blieb bei diesem bis heute gültigen Modell weitgehend männlich besetzt. Diese Frau, die vor Männern auftrat, musste einiges ertragen können. Frauenverachtung war und ist etwas, das der Rockmusik nicht fremd ist, so wie ja heute immer noch vor allem der Rap von Misogynie und Sexismus lebt. Das männliche Publikum schien dazu zu neigen, Frauen nicht als Musikerinnen wahrzunehmen, sondern als Sexobjekte[7] oder als etwas, das man lächerlich machen darf – hier sei ein Dialog aus dem *FrauenMusikClub Köln* in Vertretung vieler zitiert: Als sich zwei Frauen des Vereins, die gemeinsam in einer Frauenjazzcombo spielen, darüber unterhielten, welchen Nutzen es für die Karriere hätte, in einer bekannten Kölner Jazzkneipe aufzutreten, äußerte eine der beiden: »Na, da musst du aber schon damit rechnen, dass Dir ›Auszieh'n‹ zugerufen wird.« (Voss/Kißler 2010: o. S.)

Hinzu kam für Rockmusik spielende Frauen der Kampf gegen die ständigen Herabsetzungen durch männliche Kollegen, den eine Musikerin folgendermaßen beschrieb: »Wenn ich in einem Übungsraum Gitarre spiele, kommt bestimmt ein Musiker vorbei und lästert: Mensch, spielst du schlecht! Dann setzt er sich an sein Instrument und haut ungeniert daneben.« (Zitiert nach Von der Grün 1985: o. S.)

Es gab Frauen, die sich dem nicht aussetzen wollten. Ihr Wunsch war es, als Musikerinnen wahrgenommen zu werden und nicht als Sexobjekt oder, alternativ, als unweiblich. Sie wollten vor einem Publikum spielen, bei dem sie nicht Gefahr liefen, herabgesetzt zu werden. Frauenmusikfestivals waren die Lösung, Festivals, bei denen Frauen in erster Linie oder ausschließlich mit Frauen und vor Frauen spielen.

Das erste große Frauenmusikfestival in Berlin, die *ROCKfête im Rock*, wurde 1974 ins Leben gerufen. Dieses Festival, das es sogar zu einer Berichterstattung im Spiegel brachte (Behr 1974: 54)[8], fand im Berliner Frauenkulturzentrum vor zweitausend Besucherinnen statt[9] und war nur Frauen zugänglich. Es setzte ein Signal, eine eigenständige Musik- und Festivalkultur von Frauen zu entwickeln. Anlässlich dieses Festivals gründeten sich die *Flying Lesbians*, die erste ausschließlich weiblich besetzte Rockband in Deutschland, die überregional bekannt wurde (vgl. u. a. Reitsamer 2007). 1975 wurde das Berliner Festival zum zweiten Mal veranstaltet, blieb aber zunächst in Deutschland ein singuläres Ereignis, da es einfach zu wenige weibliche Rockbands gab. Die Berichterstatterin eines Kopenhagener Frauenmusikfestivals im April 1978 kommentierte die Teilnahme zweier Gruppen aus Deutschland (die Berliner

---

[7] Rockmusiker werden zwar auch als Sexobjekte, aber gleichzeitig auch als Musiker wahrgenommen.
[8] In diesem Artikel werden die weiblichen Gäste wie folgt beschrieben: »Schafe ohne Hirt und Hund« (Behr 1974: 54).
[9] Vgl. u. a. URL: http://www.frauenmediaturm.de/themen-portraets/chronik-der-neuen-frauenbewegung/1974 [Zugriff vom 16.06.2011].

Gruppen *Lysistrata* und *Ying-Ying*): »Auf dem Festival fiel mir zum ersten Mal auf, wie wenig Frauen hier in der BRD Musik machen [...].« (Maier 1978: 13)

Eine weitere frühe Initiative geht auf die *Songgruppe Göttingen* zurück, die 1977 ein mehrtägiges Musiktreffen für Frauenbands und Einzelmusikerinnen veranstaltete, das Workshops zu den Themen Improvisation, Liederschreiben und Gründung von Frauenbands anbot.[10]

In anderen Ländern gab es zur selben Zeit ähnliche Entwicklungen, allen voran in den USA mit frühen Festivalgründungen bereits in der ersten Hälfte der 70er-Jahre. In den 80-/90er-Jahren entstanden in den USA 22 weitere Frauenmusikfestivals (Morris 1999: XVII f.). Zum größten heute noch bestehenden Festival der USA entwickelte sich das 1976 gegründete *Michigan Womyn's Music Festival*[11] (Morris 1999: 28), auf das ich noch genauer eingehen werde.

USA – Gründungsjahre

1973   1. *Frauenmusikfestival, Sacramento State University*
1974   Festivals in Illinois und Pennsylvania
1975   Festivals in Boston und New York
1976   *Michigan Womyn's Music Festival*

Ab den 80er-Jahren und fortgesetzt in der ersten Hälfte der 90er-Jahre setzte auch im deutschsprachigen Raum eine Welle von Gründungen weiterer Frauenmusikfestivals ein. Ziel dieser organisierten Frauenrockbewegung war es, mit den Festivals, mit Konzerten, Workshops und Vorträgen die von Frauen gemachte Rockmusik zu fördern, Musikerinnen weiterzubilden und in ihrer Kreativität zu unterstützen.

1974   1. *ROCKfête im Rock*, Berlin
1977   Frauen-Musiktreffen der *Songgruppe Göttingen*
1981   1. Internationales Frauenrockfestival *Venus Weltklang*, Berlin
       Frauenkulturwoche Rote Fabrik, Zürich
1983   *FrauenRockTreff*, Berlin (bis 1988)
       1. *Österreichische Frauen-Musik-Woche*, Wien
1984   *Norddeutsche Frauen-Musik-Woche* (bis 1989)
1986   1. *Frauenmusikfestival der Sirenen Musikfrauen*, München
       1. *Schweizerische Frauenmusikwoche*, Klosters
1988   *Infrarot*, FrauenRockTreffen in Berlin
       Woman in (e)motion, Bremen

[10] Ein entsprechender Programm-Flyer befindet sich im Archiv des Frauenmediaturms Köln.
[11] »Womyn« ist eine alternative feministische Schreibweise des Worts »women«.

1991 1. *Osnabrücker Frauenmusikfestival*
1994 1. *Interkulturelles Frauen-Musik-Festival* im Hunsrück (bis heute)
1995 1. *Hessische Frauen Musik Woche* (bis heute)

Das 1981 in Westberlin stattfindende 1. Internationale Frauenrockfestival *Venus Weltklang*, das 18 Frauenrockbands aus Deutschland sowie aus anderen Ländern wie Italien, Frankreich, den Niederlanden, Schweden, England und den USA vorstellte (Von der Grün 1985), stieß allerdings auf Kritik aus den Reihen des weiblichen Publikums, da auf der Bühne sowie im Publikum Männer zugelassen waren.[12] Das als »streckenweise auch antifeministisch« (Rentmeister 1981: 6) bezeichnete Festival war zwar von dem Gedanken geleitet, dass Frauen sich als Musikerinnen präsentierten und nicht in ihrer traditionellen Rolle als Frontsängerin auftraten. Aber aus finanziellen Erwägungen sollte eine Übertragung im Fernsehen stattfinden, und damit waren die Spielregeln vorgegeben: Die mit einer Männerband auftretende Frontsängerin Gianna Nannini musste als Teil des Festivalprogramms akzeptiert werden (vgl. Klaus 1981).

1983 griffen die Neuköllner Kunstamtsleiterin Dorothea Kolland und die Musikerin Gabi Mehlitz wieder die Idee auf, ein Rockkonzert nur für Frauenbands anzubieten. Während des sogenannten *FrauenRockTreffs,* der kontinuierlich bis 1988 stattfand, gab es Workshops für alle in der Popmusik gängigen Musikinstrumente zur Förderung von weiblichen Rockbands – hieraus ging die Rockband *Bliss* hervor – und eine Präsentation der Workshop-Ergebnisse.[13]

In der Schweiz gründete die Band *FraueNerv* 1979 den Verein *Frauen machen Musik*, der einen Übungsraum verwaltete sowie eine erste Kulturwoche mit Workshops, Lesungen, Konzerten 1981 in der Roten Fabrik Zürich ins Leben rief. Eine erste schweizerische Musikwoche veranstaltete dieser Verein 1986 in Klosters, um musizierenden Frauen ein Forum zu geben.

> »Frauen haben früh gelernt, nicht laut zu sein, ein sanftes Instrument zu spielen und zu glauben, sie seien technisch unbegabt. Selbst wenn sie diese Zwänge durchbrechen, dann trauen sie sich doch erst in eine Gruppe oder auf die Bühne, wenn sie perfekt spielen können. Das soll sich ändern! Zu diesem Zweck gründete der Verein FramaMu Anfang Oktober 1986 die erste schweizerische Frauen-Musik-Woche.«[14]

---

[12] Abdruck des Programms in: Von der Grün (1983: 80).
[13] Vgl. URL: http://www.bassgabi.de/uebermich.html [Zugriff vom 06.09.2010] und Bichler (1984).
[14] Aus dem Programmheft »3. Schweizerische Frauenmusikwoche 88«.

In Wien initiierte die Rockgruppe *Schneewittchen* 1983 die 1. *Österreichische Frauen-Musik-Woche*. Es gab Kurse zur Musiktheorie, Vorträge, Konzerte und Workshops im Bereich populärer Musik und E-Musik (Jorden 1993: 33). Dieses Festival wurde zur Initialzündung für den Verein *Frauen machen Musik e.V.* in Lüneburg und zum Vorbild für die 1. *Norddeutsche Frauen-Musik-Woche*, die zwischen 1984 und 1989 jährlich erst in Worpswede, dann in Neetze insgesamt sechsmal durch diesen Verein organisiert wurde. Schwerpunkt dieser Veranstaltung waren Workshops und Konzerte. 1990 zog der Verein *Frauen machen Musik* nach Frankfurt am Main um. Insgesamt nahmen in den sechs Jahren ca. 750 Musikerinnen an den Veranstaltungen teil.[15]

Eine weitere Gründung aus den 80er-Jahren ist der Verein *Sirenen Musikfrauen München* (1985), der aus einem seit 1982 bestehenden Stammtisch Münchner Musikerinnen hervorgegangen war, mit dem Ziel, ein Netzwerk zu bilden. 1986 trat der Verein *Sirenen Musikfrauen München* mit der Veranstaltung eines Festivals zum ersten Mal an die Öffentlichkeit. Neben Konzerten wurden Workshops, Vorträge und Diskussionen angeboten. Laut dem Programmheft 1986 sollten Frauen ermutigt werden, »ihre musikalischen Fähigkeiten – auch auf bislang für Frauen weniger zugänglichen Gebieten – zu entdecken und auszubauen«, und ein Forum zum gegenseitigen Kennenlernen geboten werden. Wie bei anderen Frauenmusikfestivals war die Teilnahme von Männern nicht vorgesehen. Sanktioniert wurde diese Idee mit der Weigerung seitens der Hochschule, ihre Räumlichkeiten zu vermieten, und der Absage durch den Rundfunk, die Konzerte mitzuschneiden.

Hunsrück und Michigan

Die Organisation und der Charakter der Frauenmusikfestivals weisen länderübergreifend ähnliche Besonderheiten auf. Auch wenn die Musik bei den Festivals im Mittelpunkt steht, finden sich viele Aspekte der feministischen und der lesbischen Gemeinschaft, die sonst keinen Platz in der Mainstream-Gesellschaft haben. Dies soll anhand zweier heute noch stattfindender Festivals, des Hunsrücker *Interkulturellen Frauenmusikfestivals* und des *Michigan Womyn's Music Festival*, näher erläutert werden. Ihre Merkmale sind typisch für viele Frauenmusikfestivals und heben sie gleichzeitig ab von anderen Rockmusik-Festivals. Die in diesem Aufsatz vorgenommene Beschreibung der beiden Festivals basiert in erster Linie auf der Sichtweise der teil-

---

[15] Vgl. URL: http://www.frauenmusikbuero.de/fmb/timeline.html [Zugriff vom 28.06.2011].

habenden Frauen sowie auf den Erfahrungen der Verf. aus teilnehmender Beobachtung.

Das 1976 gegründete und jährlich stattfindende *Michigan Womyn's Music Festival* ist das derzeit älteste und größte Festival seiner Art in den USA. Zeitweilig zählte es bis zu 9000 Besucherinnen. 2008 – als die Verfasserin auf diesem Festival mitarbeiten konnte – kamen 3000 Besucherinnen. Rund 40 Gruppen verschiedener Genres wie Folk, Worldmusic und Rockmusik[16] – traten auf drei Bühnen auf. Neben den Konzerten gab es rund 200 Workshops zu den Themen Musik, Kunst, Spiritualität, Gesundheit, Sexualität, Bewegung und Tanz, Kinder, Arbeit und Finanzen, Netzwerke. Auf einem Handwerkerinnenmarkt stellten 70 Händlerinnen, Kunsthandwerkerinnen und Verlage aus. Abgerundet wurde das Programm durch ein Filmfestival und Kunstausstellungen. In den frühen 80er-Jahren wurde das Festivalgelände, ein 2,6 Quadratkilometer großer Wald mit Wiesen, von den Veranstalterinnen gekauft. Rund einen Monat lang wird das Gelände von Frauen hergerichtet. Es entsteht ein Dorf mit kompletter Infrastruktur, von der Buslinie über eine Gemeinschaftsküche bis hin zu allen Sanitäreinrichtungen und einem Dorfladen. Nach dem fünftägigen Festival wird alles komplett abgebaut, sodass nach Beendigung des Festivals keine Spuren zurückbleiben und die Natur unversehrt erscheint.

Im Hunsrücker Krummenau wurde 1994 das erste *Interkulturelle Frauen-Musik-Festival* veranstaltet, 2011 zum elften Mal. »Unser Motto war und ist«, schrieben die Veranstalterinnen nach dem ersten Festival,

> »[...] einen Rahmen zu schaffen, in dem Musikerinnen ihre frauen- und lesbenspezifischen Texte/Musik in einer rein weiblichen Atmosphäre vorstellen können. Wir wollen neben den zwei großen Veranstaltungen Lesbenfrühling und LesbenBerlinWoche RAUM, diesmal auf dem Land in der sommerlichen Natur bieten, wo sich musikbegeisterte Lesben/Frauen für 3-5 Tage treffen und austauschen können.«[17]

Die Musikerinnen sollen hier einen Freiraum vorfinden, den sie sonst nicht zur Verfügung haben.[18] Während des Festivals 2009 wurde die Bühne an drei Tagen mit insgesamt acht Gruppen und einer Open Stage bespielt. Die Mu-

---

16 Bestandteil der Programme anderer Jahre war auch Punkmusik (vgl. z. B. McDonnell 1998: 220).
17 Aufruf der Veranstalterinnen des ersten *Interkulturellen Frauen-Musik-Festivals* in Krummenau/Hunsrück vom 24.08.1994. Im Archiv des Frauenmediaturms Köln.
18 URL: http://www.frauenmusikfestival.de/web-content/de/01/01_2_festival.html [Zugriff vom 08.09.2010].

sikgruppen aus jenem Jahr kamen wie in den Jahren zuvor weitestgehend aus dem Ausland. Zu Gehör gebracht wurden nepalesische Lieder, A-cappella-Gesang mit Jazz- und Gospeleinflüssen bis hin zu brasilianischem Trommeln und elektronischer Musik. Neben den Konzerten gab es Workshops, die die auftretenden Musikerinnen durchführten, und einen Handwerkerinnenmarkt. Die Veranstalterinnen konnten zur Etablierung ihres Festivals, das bis zu 700 Besucherinnen zählt, einen Teil der Festivalwiese kaufen, um den Erwerb weiterer Teile ist man bemüht. Der sorgfältige Umgang mit der Natur ist bei den Hunsrücker Festivalbesucherinnen Pflicht und Selbstverständlichkeit, so dürfen wie auch in Michigan beispielsweise nur biologisch abbaubare Reinigungsmittel verwendet werden.

Abb. 1 und 2: *Michigan Womyn's Music Festival*: Alle Kleidung erlaubt ... Aber nicht außerhalb des Terrains. (Fotos: Privatbesitz, 2008)

Beide Festivals sind nur für Frauen (und Transgender) zugänglich. Für die Musikerinnen, aber auch für die Besucherinnen bedeutet dies eine größere Freiheit, beispielsweise in der Bekleidung. Bei lesbischen Frauen ist es auch eine Freiheit des Umgangs miteinander, was ihnen sonst nicht oder nur eingeschränkt möglich ist. Vor allem aber bedeuten Frauenmusikfestivals für alle Frauen mehr Bewegungsfreiheit und Sicherheit. Auf mehrtägigen Musikfestivals mit männlichem Publikum gibt es immer wieder Vergewaltigungen und Gewalt gegen Frauen.[19] Die Angst vor Belästigung und sexueller Gewalt führt in gemischt geschlechtlicher Umgebung zu Bewegungseinschränkungen bzw. Unsicherheiten bei vielen Frauen, die nicht unter männlichem Schutz stehen. Die Frauenmusikfestivals werden von den Besucherinnen als Ort empfunden, wo Frauen sich sicher fühlen können. Morris befragte für ihre Untersuchung Besucherinnen von Frauenmusikfestivals nach ihren Eindrücken – hier einige Äußerungen zum Thema Sicherheit (aus Morris 1999: 341):

> »The view! Thousands of women! The wonderful comfort of not looking over my shoulder, of going without a shirt and feeling safe.« (D., at Michigan, 1993)
>
> »I love to walk alone in the woods at night without any insecurity – the freedom, the feeling of such safety, the oneness I feel with everyone, even the famous-ish gals. Walking down the path without a shirt and realizing that the people walking behind me are Holly Near and a friend. How cool – this is home.« (D., at Michigan, 1993)
>
> »What's the best part? Whew – so many safety, love, sharing, power, energy, even tofu – and the absolute best – shopping.« (G., at Michigan, 1993)

Eine weitere Besonderheit in der Organisation ist der sensible Umgang mit Minderheiten oder mit Gruppen, die benachteiligt sind. So wird versucht, Frauen mit Behinderungen Hilfsmittel zur Verfügung zu stellen, damit sie am Festival teilnehmen können. Barrierefreiheit ist eine Selbstverständlichkeit – im Vergleich zu anderen Veranstaltungen ist das zurzeit noch Avantgarde. In Michigan werden durch das Gelände feste Teppichbahnen geklopft, die berollbar sind. Alles wird gebärdengedolmetscht, auch die Musik. Es gibt ein Erholungszelt, wo Frauen mit psychischer Erkrankung Hilfe finden können. Die Camping-Bereiche werden nach verschiedenen Bedürfnissen ausgerichtet,

---

[19] So wurden beispielsweise 2001 auf dem isländischen *Eldborg-Festival* acht Besucherinnen vergewaltigt und sexuell misshandelt, ebenso eine Frau 2007 während des *Fullmoon Festivals* in Wittstock, zwei Frauen auf dem *Chiemsee Reggae Summer-Festival* 2008, 2009 jeweils eine Besucherin während des Hamburger Musikfestivals *Wutzrock* und des *Frequency-Festivals St. Pölten*. 2010 gab es einen polizeikundlichen sexuellen Übergriff während des Reggaefestivals *Summerjam* in Köln. Die Liste ließe sich fortsetzen.

so ist etwa ein Bereich für Gehörlose reserviert, ein anderer Bereich »chemfree«, das heißt, hier sind weder Alkohol noch chemische Produkte zugelassen, um z. B. Allergikerinnen nicht zu gefährden. Im Hunsrück werden Platten in der Festivalwiese verlegt, um diese berollbar zu machen. Ein besonderer Eingang schafft Platz, damit Rollstuhlfahrerinnen das Konzertzelt ungehindert erreichen und verlassen können. Auch hier wird zumindest die Moderation gebärdengedolmetscht. Eine besondere Unterstützung erfahren Frauen mit Behinderung durch eine Gruppe von Helferinnen in einem eigenen Ruhe- und Aufenthaltszelt.

Abb. 3 und 4: *Michigan Womyn's Music Festival*: Gebärdendolmetschen und Rollstuhl-Weg (Fotos: Privatbesitz, 2008)

Eine weitere Besonderheit in der Organisation der Festivals ist die Berücksichtigung von Kindern. Es ist nicht unüblich, dass zu herkömmlichen Musikfestivals Kindern bis acht Jahre kein Zutritt gewährt wird oder dass von den Veranstaltern empfohlen wird, den Nachwuchs zu Hause zu lassen, mit der Konsequenz, dass viele Mütter von der Teilnahme an dem Festival ausgeschlossen werden.[20] Andere mehrtägige Festivals sehen zwar Areale vor, in

[20] Das Festival *Rock am Ring* 2010: »Für Kinder gelten folgende Regeln: Kinder bis 8 Jahre haben keinen Zutritt zum Veranstaltungsgelände.« Im Programm des norddeutschen *Hurricane + Southside-Festivals* 2010 findet sich folgende Notiz: »Wir empfehlen, Kinder unter 8 Jahren nicht auf das Festival mitzunehmen.« Eine der wenigen Ausnahmen ist das *Wacken Open Air Festival*. Seit 2011 nehmen zwei

denen Familien campen können, eine Betreuung der Kinder findet jedoch nicht statt. Während des Frauenmusikfestivals in Michigan gibt es drei getrennte Bereiche, in denen Kleinkinder, Mädchen und Jungen tagsüber und bis in die Nacht hinein untergebracht werden können und versorgt werden. Besonders für die Musikerinnen ist dies während ihrer Auftritte eine große Hilfe. Auch im Hunsrück existiert eine Betreuungsgruppe für die Jüngeren.

Darin anderen »Nischen«-Kulturen vergleichbar, ist die finanzielle Ausstattung der Frauenmusikfestivals unzureichend. Sponsoren sind an reinen Frauenveranstaltungen nicht interessiert, öffentliche Förderungen wurden reduziert oder eingestellt.[21] Die Finanzierung kann auch nicht durch höhere Eintrittspreise gesichert werden, denn die Veranstalterinnen versuchen der Tatsache Rechnung zu tragen, dass Frauen durchschnittlich über weniger Geld verfügen als Männer.[22] Um auch finanziell schlechter gestellten Frauen den Festivalbesuch zu ermöglichen – wieder eine Besonderheit der betrachteten Frauenmusikfestivals –, sind zudem die Eintrittspreise gestaffelt.[23] Bezahlt wird nach Selbsteinschätzung der eigenen finanziellen Möglichkeiten. Aufgrund dieser Finanzsituation wird ein Großteil der organisatorischen Arbeit ehrenamtlich geleistet. In Michigan arbeiten bis zu 500 Festivalhelferinnen zwischen zwei und vier Wochen acht Stunden am Tag und erhalten dafür freien Eintritt und Essen. Nach demselben Prinzip funktioniert auch das Hunsrücker Festival. Die ehrenamtlichen Mitarbeiterinnen arbeiten während des Festivals insgesamt zwölf Stunden. Auch dem Publikum wird ehrenamtliche Arbeit abverlangt: Jede Festivalbesucherin ist dazu aufgerufen, während des Festivals mitzuhelfen, insgesamt zwei Stunden im Hunsrück bzw. zweimal vier Stunden in Michigan. Einsatzbereiche sind beispielsweise Küchendienste,

---

örtliche Kindergärten Kinder von FestivalbesucherInnen auf. Vgl. URL: http://www.wacken.com/de/woa2011/main-info/festival-abc/ [Zugriff vom 28.07.2011].

[21] Ein Beispiel ist die Landesförderung von *Rocksie!*, einer Initiative der *Kultur Kooperative Ruhr* zur Stärkung von Frauen in der Rockmusik, die 2007 endgültig eingestellt worden ist. »Kein Bedarf mehr!«, hieß es aus den Reihen der *Kultur Kooperative Ruhr* (telefonische Auskunft am 23.10.2010). Auch die Förderung des Frauenmusikzentrums in Hamburg wurde 2002 eingestellt (vgl. dazu auch Volkmann 2008: 145).

[22] »Gleich, welchen Datensatz man einer Analyse der Erwerbseinkommen zu Grunde legt, das Einkommen von Frauen liegt in Deutschland bei ungefähr gleicher Arbeitszeit mindestens 20 Prozent unter dem von Männern.« (URL: http://www.bmfsfj.de/Publikationen/genderreport/3-erwerbseinkommen-von-frauen-und-maennern.html. [Zugriff vom 14.09.2010])

[23] Die Staffelungen in Michigan und im Hunsrück weisen eine Spanne von 20 % bzw. 25 % auf.

Eingangskontrollen, Aufräumen und Reinigen. Das Do-It-Yourself-Konzept – ursprünglich auch in der Punk-Bewegung verankert – ist aber nicht nur Folge der schlechten finanziellen Ausgangslage, sondern auch bewusst gestaltendes Element der Festivals, da dies die Verbundenheit der Frauen miteinander und ihre Verantwortung stärkt. Jede Besucherin soll etwas von sich zum Festival beitragen und es auf diese Weise mit gestalten, »a community built by womyn working together.« (Michigan-Programmheft 2008: 4)

Ladyfeste

In den USA sowie in Deutschland sinkt seit einigen Jahren die Zahl der Besucherinnen von Frauenmusikfestivals. Möglicherweise waren die Themen »Frauen machen Rockmusik« und »Frauenmusikfestivals« nur die Projekte einer Generation und scheinen ebenso wie der Feminismus auf ein nunmehr nachlassendes Interesse zu stoßen? Wo finden wir die jüngeren Generationen?

Ein Teil von ihnen organisiert und besucht die »Ladyfeste«, Frauenmusikfeste, die, selbst wenn sie Männer zulassen, als feministische Feste konzipiert sind – auch zu Anfang des neuen Jahrtausends sind Frauen dazu aufgerufen, besondere Maßnahmen zu ergreifen, wenn sie Rockmusik – in Falle der Ladyfeste insbesondere Elektro, Pop und Punk – machen wollen. Eine der Organisatorinnen des ersten Ladyfests in Berlin 2003 äußerte: »Die Geschlechterverhältnisse im Musik- und Kunstbiz ändern sich nicht von alleine« (Pressemitteilung female up! 2003).

»Also lasst uns die ›klassisch‹ männlich dominierten Räume smashen.«[24]

Die Ladyfeste wurzeln in der Bewegung der Riot Grrrls. Zwar verschwand dieser Mädchen-Aufstand gegen Sexismus und Androzentrismus Mitte der 90er-Jahre, als das Riot Grrrl unter den Händen der Mode- und Musikindustrie zum Girlie mutierte und in erster Linie sexy, zwar frech, aber beherrschbar zu sein hatte. Als aber im Jahr 1999 während des Woodstock Revivals mehrere Frauen u. a. im Zentrum vor der Bühne vergewaltigt wurden, ohne dass dies die Festivalleitung oder die Musiker sonderlich kümmerte, wurde als Reaktion darauf ein Jahr später das erste Ladyfest in Olympia, Washington, organisiert, ein Musikfestival, dessen Spielregeln nun von Frauen festgelegt wurden (Mooshammer/Trimmel 2008: 139). Die Spielregeln sind einfach: Sexismus,

---

[24] URL: http://www.facebook.com/ladyfest.leipzig [Zugriff vom 15.06.2011].

Homophobie und Rassismus sind nicht zugelassen. Verstöße dagegen werden durch Verweisung vom Ort geahndet.

In den darauf folgenden Jahren kam es zu einem Boom der Ladyfeste. 2000 bis 2005 wurden insgesamt 100 Ladyfeste weltweit auf www.ladyfest.org aufgelistet.[25] Die ersten Ladyfeste in Deutschland wurden 2003 in Hamburg, Berlin und Leipzig veranstaltet, es folgten zahlreiche weitere Städte. 2010 gab es Ladyfeste in Berlin, Darmstadt, Dresden, Greifswald, Köln, München und Trier.

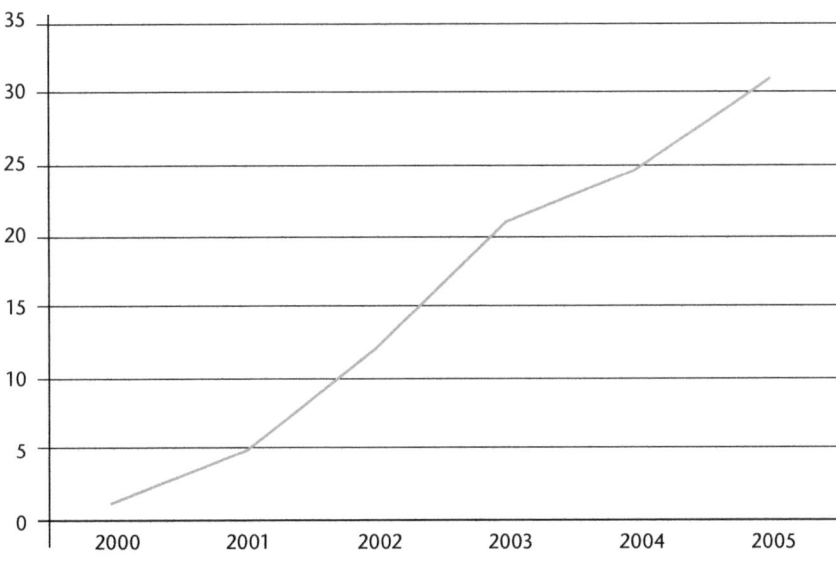

Abb. 5: Ladyfeste weltweit

Die Ladyfeste weltweit verbindet das Anliegen, gegen strukturelle Machtverteilungen und Diskriminierungen jeglicher Art anzugehen, seien sie sozial, sexuell, ethnisch oder rassistisch begründet. Dieses einheitliche theoretische Fundament kommt dadurch zustande, dass die Ladyfeste in zwei Arten von Räumen existieren. Der eine Raum ist der angemietete materielle Veranstaltungsraum. Der andere Raum ist virtuell und hat eine gleich große Bedeutung für die Ladyfeste (Groß 2006; Groß 2007: 76). Ihr weltweiter Austausch geschah in der Vergan-

---

[25] Die Seite wird seit 2005 nicht mehr aktualisiert [Zugriff vom 16.06.2010].

genheit über Verlautbarungen auf eigenen Websites[26] und eine Verlinkung zu den jeweils anderen Websites sowie aktuell über virtuelle soziale Netzwerke, insbesondere über MySpace, das bekanntermaßen in besonderer Weise musikalischen Projekten dienlich ist, und mittlerweile auch über Facebook.

Abb. 6: Ladyfeste auf Facebook

Vieles hinsichtlich der Organisation und des Ablaufs der Ladyfeste erinnert an die Frauenmusikfestivals der älteren Generation. Die Ladyfeste setzen sich aus Konzerten, Workshops und Vorträgen zusammen, basieren auf dem Do-

---

[26] Die beiden übergeordneten Websites, mit deren Hilfe alle Websites der Ladyfeste zusammengefasst wurden, sind nicht mehr aktiv bzw. im Falle von ladyfesteurope.org nicht mehr existent.

It-Yourself-Konzept, haben gestaffelte Eintrittspreise und bieten Kinderbetreuung an.

Doch es gibt gegenüber den älteren Frauenmusikfestivals auch Unterschiede und Weiterentwicklungen. Fast alle Veranstaltungen sind für alle Geschlechter – Frauen, Männer und Transgender – offen. Dies basiert auf einem der wichtigsten theoretischen Ansätze der Ladyfeste, die Konstruktion bzw. Dekonstruktion von Geschlechtsidentität. Auf der Basis des Postfeminismus von Judith Butler gehen die Veranstalterinnen davon aus, dass Geschlecht gemacht ist. Die Unterdrückung und Diskriminierung aufgrund des Geschlechts wird – als Weiterentwicklung verschiedener feministischer Strömungen – im Zusammenhang mit anderen Unterdrückungsmechanismen gesehen, etwa Diskriminierungen aufgrund von Hetero- und Geschlechtsnormierung, aber auch von ethnischen und wirtschaftlichen Benachteiligungen.

Abb. 7: Dieser Button wurde von den Organisatorinnen des Ladyfests Wien 2005 verwendet.

Die Auflösung der traditionellen Geschlechterzuschreibung spiegelt sich in der Definition des Begriffs »Lady« wider, den sich die erwachsen gewordenen »Grrrls« als subversive Persiflage angeeignet haben. Er wird nicht biologisch verstanden. Jede und jeder, der sich den Spielregeln unterwirft, kann sich als Lady auffassen: »Whatever your gender may be, if you feel like a lady, be part of Ladyfest!« ist das Motto vieler Ladyfeste.[27] Dass allerdings kaum jemand seine Sozialisierung einfach am Eingang abgibt, haben die Organisatorinnen des Dresdener Ladyfests 2005 erlebt, als einer Sängerin bei ihrem Auftritt wieder der altbekannte männliche Ruf »Ausziehn, ausziehn« entgegenschallte.[28] Es ist ein neuer und riskanter Weg, den die jungen Frauen einschlagen, ein mutiger Versuch, unter Einbeziehung der

---

[27] Z. B. URL: http://ladyfestberlin.blogspot.com/2006/05/4-ladyfest-berlin-2006.html [Zugriff vom 22.09.2010].

[28] URL: http://projekte.free.de/ladyfestcrewdresden/downloads/Ladyfest Dresden_auswertung.pdf [Zugriff vom 05.10.2010].

Männer durch Vermittlung neuer Perspektiven die herrschenden Strukturen zu ändern, anstatt eigene Strukturen und Rückzugsräume zu schaffen.

Abb. 8: Deko-Element auf der Homepage des Ladyfests München 2010

Abb. 9: *Michigan Womyn's Music Festival*: Die Verfasserin an ihrem Arbeitsplatz in der Frühstücksküche (Foto: Privatbesitz, 2008).

Literatur

Behr, Sophie von (1974): »Das große Weiche dominierte«. In: *Der Spiegel*. Heft 22. S. 54.
Bichler, Inge (1984): »Sex and drugs and rock'n roll and feminism?« In: *taz* vom 28.06.1984. O. S.
Budde, Dirk (1997): *Take Three Chords. Punkrock und die Entwicklung zum American Hardcore*. (= Schriften zur Popularmusikforschung, Band 2). Karben: CODA-Verlag.
Ebbecke, Klaus/Lüpscher, Pit (1987): *Rockmusiker-Szene intern. Fakten und Anmerkungen zum Musikleben einer industriellen Großstadt*. (= Musik im Ruhrgebiet, Band 4). Stuttgart: Marohl-Musikverlag.
Farin, Klaus/Kuckuck, Anke (1987): *Pro(E)motion. Frauen im Rock-Business*. Reinbek bei Hamburg: Rowohlt.
Gaar, Gillian G. (1994): *Rebellinnen. Die Geschichte der Frauen in der Rockmusik*. Hamburg: Argument-Verlag.
Greig, Charlotte (1991 [1989]): *Will you still love me tomorrow? Mädchenbands von den 50er Jahren bis heute*. Deutsche Übersetzung aus dem Englischen von Markus Schröder. Reinbek bei Hamburg: Rowohlt.
Groß, Melanie (2006): »Das Internet als Plattform politischer Interventionen: Ladyfeste im Netz«. In: *kommunikation@gesellschaft*, Jg. 7. Beitrag 4. URL: http://www.soz.uni-frankfurt.de/K.G/B4_2006_Gross.pdf [Zugriff vom 16.07.2010].
Groß, Melanie (2007): »Riot Grrrls und Ladyfeste – Angriffe auf die heterosexuelle Matrix«. In: *Krasse Töchter. Mädchen in Jugendkulturen*. Hg. Gabriele Rohmann. Berlin: Archiv der Jugendkulturen Verlag. S. 71–81.
Hilsberg, Alfred (1979): Dicke Titten und Avantgarde. In: *Sounds*. Heft 11. Zitiert nach URL: http://www.highdive.de/over/sounds4.htm [Zugriff vom 26.09.2011].
Jooß-Bernau, Christian (2010): *Pop-Konzert als para-theatrale Form. Seine Varianten und seine Bedingungen im kulturell-öffentlichen Raum*. Berlin, New York: Walter de Gruyter.
Jorden, Juliane (1993): *Frauen in der Rockmusik*. Universität Paderborn, Fachbereich 4. Examensarbeit. Paderborn.
Klaus, Petra (1981): »Aber jetzt fängt die Zeit an, wo du selber mit dir leben willst«. In: *taz* vom 10.07.1981. O. S.
Knolle, Niels (1996): »›Weil ich ein Mädchen bin…‹. Symbolverständnis, Gebrauch und Funktionalisierung von Rockmusikinstrumenten im Kontext der Darstellung von Musikerinnen und Musikern in aktuellen Videoclips«. In: *Geschlechtsspezifische Aspekte des Musiklernens*. Hg. Hermann J. Kaiser. Essen: Die Blaue Eule. S. 45–72.
Koch, Albrecht (1987): *Angriff auf's Schlaraffenland*. Frankfurt am Main, Berlin: Ullstein-Verlag.
Maier, Ines (1978): »Frauenmusikfestival in Kopenhagen«. In: *Courage 3*, Heft 7. S. 13.
McDonnell, Evelyn (1998): »Queer Punk trifft Womyn's Music«. In: *Lips Tits Hits Power? Popkultur und Feminismus*. Hg. Anette Baldauf und Katharina Weingartner. Wien, Bozen: Folio-Verlag. S. 220–227.
Mooshammer, Bettina/Trimmel, Eva (2008): »Lady claim your space. Das Ladyfest

als feministische Raumpraxis«. In: *Performativität und Performance. Geschlecht in Musik, Theater und Medienkunst*. Hg. Martina Oster, Waltraud Ernst und Marion Gerards. Hamburg et al.: Lit-Verlag. S. 139–145.

Morris, Bonnie J. (1999): *Eden built by Eves. The Culture of Women's Music Festivals*. Los Angeles et al.: Alyson Books.

Pressemitteilung female up! Berlin Ladyfest 2003. URL: http://www.grassrootsfeminism.net/cms/node/406 [Zugriff vom 23.09.2010].

Rapp, Tobias (2010): »Die Frauen übernehmen«. In: *Der Spiegel*, Nr. 28. S. 112–115.

Reitsamer, Rosa (2007): »Provokation, Poetik und Politik. Fragmente einer feministisch-lesbisch-queeren Rock- und Popgeschichte«. URL: http://eipcp.net/transversal/0307/reitsamer/de [Zugriff vom 11.08.2010].

Rentmeister, Cillie (1981): »Venus Weltklang«. In: *Courage 6*. Heft August. S. 6.

Rieger, Eva (1981): »Johanna Revolta macht Musik zum Austoben. Ein Bericht über Musikgruppen in der deutschen Frauenbewegung«. In: *Neue Musikzeitung 30*. Heft 2. S. 18.

Rieger, Eva (1996): »Die Postmoderne und der Feminismus – Folgen der Diskussion für die musikologische Frauen- und Geschlechterforschung«. In: *Geschlechtsspezifische Aspekte des Musiklernens*. Hg. Hermann J. Kaiser. Essen: Die Blaue Eule. S. 13–22.

Rohkohl, Brigitte (1979): *Rock-Frauen*. Reinbek bei Hamburg: Rowohlt.

Scheuer, Walter (1988): *Zwischen Tradition und Trend. Die Einstellung Jugendlicher zum Instrumentalspiel. Eine empirische Untersuchung*. (= Reihe Musikpädagogik. Forschung und Lehre, Band 27). Mainz et al.: Schott-Verlag.

Schlicht, Ursel (2002): »›Ein Lebensgefühl, mal anstrengend, mal wunderbar‹. Jazz und Gender – Zur aktuellen Situation von (Jazz-) Musikerinnen in Hamburg«. In: *Musikwissenschaft und populäre Musik*. Hg. Helmut Rösing u.a. Frankfurt am Main et al.: Verlag Peter Lang. S. 263–278.

Stroh, Wolfgang Martin (1996): »Geschlechtsstereotype Tendenzen in chaotischen Systemen. Frauen und Männer im Oldenburger Musikstudium«. In: *Geschlechtsspezifische Aspekte des Musiklernens*. Hg. Hermann J. Kaiser. Essen: Die Blaue Eule. S. 110–122.

Volkmann, Maren (2008): »Schwestern im Rock? Frauenbands und feministische Strukturen im Ruhrgebiet«. In: *Echt! Pop-Protokolle aus dem Ruhrgebiet*. Hg. Johannes Springer, Christian Steinbrink und Christian Werthschulte. Duisburg: Salon Alter Hammer. S. 138–155.

Von der Grün, Rita (1985): »Rock ohne Superstars«. In: *Deutsche Volkszeitung/die tat vom 28.07.1985*. O.S.

Von der Grün, Rita (Hg.) (1983): *Venus Weltklang. Musikfrauen – Frauenmusik*. Berlin: Elefanten Press.

Voss, Kordula/Kißler, Gudrun (2010): »20 Jahre Frauenmusikclub Köln: nicht nur sicht-, sondern auch HÖRBAR wollen wir sein«. URL: http://www.fmck.de/frauenundmusik.html [Zugriff vom 26.09.2010].

Westdeutscher Rundfunk (2001): »Als der Kohlenpott noch schwarz-weiß war«. DVD 45 der Reihe *Wir in Nordrhein-Westfalen. Unsere gesammelten Werke*.

Barbara Boock

Andere Lieder? – Das wiedererwachte Interesse am deutschen Volkslied bei den Festivals der 1970er-Jahre

>»Tut das Unnütze, singt die Lieder, die man aus eurem Mund nicht erwartet!
>Seid unbequem, seid Sand, nicht das Öl im Getriebe der Welt!«

Dieses Zitat aus dem Hörspiel *Träume* von Günter Eich[1] beschäftigte meine Generation. Hatte man uns doch in der Schule noch etliche Lieder, die zum Repertoire des BDM und der HJ gehört hatten, beigebracht.

Nachdem ich 1972 mit meiner Arbeit im *Deutschen Volksliedarchiv* Freiburg (DVA) angefangen hatte, wurde ich auf viele Lieder aufmerksam, die ich vorher noch *nicht* kannte. Vor allem begeisterten mich Balladen. So eröffnete sich mir eine ganz neue Welt, als ich zum ersten Mal Balladen aus ostdeutscher Überlieferung anhörte, die Johannes Künzig bei Rückwanderern aus den wolgadeutschen Siedlungen aufgenommen und auf Schallplatten zugänglich gemacht hatte.[2] Die ungekünstelte Art des Vortrags und die deutlich spürbare Anteilnahme der Sänger und Sängerinnen am dramatischen Geschehen im Lied beeindruckten mich tief – so sehr, dass ich einige dieser Balladen zusammen mit meiner Freundin Brigitte Ritzel, genannt Katzi[3], nachsang. Abgesehen von der »Ballade von den beiden Königskindern« hatte ich vorher keine Balladen in meinem Repertoire.

Katzi war dabei, ihre Zulassungsarbeit für das Lehramt an Grund- und Hauptschulen über die Volksliedsammlerin Augusta Bender und deren *Oberschefflenzer Volkslieder* aus dem Jahr 1902 zu erarbeiten und kam deswegen häufig ins *Deutsche Volksliedarchiv*. Seit ihrem ersten Besuch des *Waldeck-Festivals*[4] 1967 interessierte sie sich für Folk-Festivals und trat seit 1969 mit deut-

---

[1] Siehe Eich (1953) in der letzten Strophe des Schlussgedichts.
[2] Siehe Künzig/Werner (1971).
[3] Näheres über Brigitte Ritzel, in der Folkszene Katzi genannt, kann man nachlesen in dem Aufsatz ihres späteren Ehemanns David G. Engle (1981).
[4] Die Festivals auf der Burg Waldeck im Hunsrück in den Jahren 1964 bis 1969

schen Liedern bei Festivals in Bruchsal, Ludwigshafen, Ingelheim und Tübingen auf. Sie machte mich auf diese Szene aufmerksam, stellte Kontakte zu einzelnen Interpreten wie Gruppen her, und wir sangen oft bei Fahrten zu diesen Veranstaltungen gemeinsam Balladen, die wir von den Tonaufnahmen Künzigs kannten. Besonders gut gefielen uns die Lieder aus dem Repertoire von Maria Wohn und Katharina Frank aus Rothammel an der Wolga, und wir versuchten sie in gleicher Weise zweistimmig nachzusingen. Damals – das war 1974/75 – interessierten sich die Interpreten aus der Folkszene (überwiegend Studenten) lebhaft für Lieder, die nicht durch den Gebrauch in der NS-Zeit oder von Sängern wie Heino für sie unsingbar geworden waren. Balladen gehörten dazu genauso wie historisch-politische Lieder aus dem Bauernkrieg, der Revolution von 1848/49 oder von 1918/19, Lieder gegen Militärdienst und Krieg, Lieder aus dem Widerstand gegen die NS-Diktatur, aber auch die Lieder der wandernden Handwerksgesellen oder Liebeslieder. Von den Balladen wurden diejenigen bevorzugt, die soziale Konflikte thematisierten, wie zum Beispiel das »Marksteinlied«, in dem es um das Versetzen eines Grenzsteins zuungunsten eines armen Bauern geht, oder solche, in denen Frauen gegen ihre Benachteiligung gegenüber den Männern rebellierten, wie in der »Ballade von der Graserin«, deren Vater »bei Wein und Würfelspiel« das Geld verschleuderte, das eigentlich ihr zugestanden hätte.[5] Die Willkür adliger Grundherren, die ihre Rechtshoheit missbrauchten, wurde in der »Ballade vom Herrn von Falkenstein« kritisiert, die schon Goethe im Elsass aufgezeichnet hatte und die einige Gruppen in ihr Repertoire aufnahmen. Bei den Ansagen zu manchen Liedern zeigte sich gelegentlich, dass die Interpreten nicht viel über die Lieder wussten, die sie sangen. Das war eine gute Gelegenheit, auf die Sammlungen des *Deutschen Volksliedarchivs* hinzuweisen und dazu zu raten, doch bei der Suche nach weiteren Liedern für das eigene Repertoire nach Freiburg in die Silberbachstraße, wo das Archiv untergebracht war, zu kommen.

Mein Vorschlag, ein *Festival deutsches Volkslied* zu veranstalten, um die »Szene« auf uns aufmerksam zu machen, wurde von Prof. Lutz Röhrich, dem damaligen Leiter des Archivs, und meinen Mitarbeitern positiv aufgenommen. Ich wurde damit beauftragt, die Künstler einzuladen und die Organisation zu übernehmen. Zur Vorbereitung des Festivals, das ich für das *Deutsche Volksliedarchiv* 1977 organisierte, besuchte ich ein Treffen von Festival-Veranstaltern im Herbst 1976 in Diez, bei dem ich erleben musste, dass es erhebliche Spannun-

gelten als zentrales Ereignis der frühen bundesrepublikanischen Folkbewegung.
5 »Marksteinlied« in: Steinitz (1954: Nr. 36. S. 114–115); »Graserin und Reiter« in: DVA (1982: Nr. 149. S. 126–155).

gen zwischen den Veranstaltern des *Euro Folk Festivals* in Ingelheim[6] und denen des *Open Ohr Festivals* in Mainz[7] gab. Beide Seiten sahen sich in der Nachfolge der *Waldeck-Festivals*, hatten jedoch sehr unterschiedliche Vorstellungen davon, wie man dem Anspruch als legitimer Nachfolger gerecht werden könne.

Im Wesentlichen versuchten die Festivalveranstalter, ein Forum für die Interpreten zu bieten, das ihnen Zugang zu einem größeren Publikum als dem in Folk-Clubs oder Kneipen verschaffen könnte. Wenn man sich die Festival-Programmhefte der 1970er-Jahre ansieht, findet man oft – neben dem Programm und einer Präsentation der Künstler – Workshop-Angebote, Liedtexte und Anregungen für die Festival-Besucher, die nicht nur am Festival-Wochenende stattfanden. Besonders im Tübinger *Club Voltaire* war man bemüht, dauerhaftes Interesse an dessen kulturpolitischen Aktivitäten zu wecken.

Die Festivals waren in der Regel nicht nur ein Forum für deutsche Interpreten, sondern boten darüber hinaus – ganz in der Tradition der *Waldeck-Festivals* – die Möglichkeit, Künstler aus anderen Ländern und deren Folklore kennenzulernen. Nachvollziehen kann man das mittels eines Festival-Mitschnittes des Ingelheimer *Song Lied Chanson Festivals* 1976: Die zwei LPs enthalten auf einer Seite (1a) sechs deutschsprachige Lieder:

1. »Wer jetzig Zeiten leben will« von *Fiedel Michel* aus Münster, als 1848er Lied missverstanden[8]
2. Ein Lied über Störtebeker und Goedeke Michels, die als *Likedeelers* von den Hansestädten um die Wende zum 15. Jahrhundert gefürchteten Seeräuber, gesungen von der Gruppe *Moin* aus Kiel
3. Das Liedchen von der Jungfer Liese (»Kommt ein Reitersmann daher«), der zuerst kein Freier gut genug ist und die schließlich mit dem Schweinehirten glücklich wird, vorgetragen von Hansi Metsch aus Tübingen
4. Das jiddische Lied vom »Kelbl« von Scholem Secunda und Aaron Zeitlin, gesungen von Dany Bober aus Frankfurt am Main
5. Die »Talfahrt« vom Liedermacher Ernst Born aus Basel
6. Das »Lied vom sagenhaften Basilisk« von dem Wiener Liedermacher *Reinhard Liebe und seinen Leuten*

---

[6] Das Festival in Ingelheim wird seit Anfang der 1970er-Jahre bis in die Gegenwart veranstaltet.
[7] Das *Open Ohr Festival* findet seit 1975 alljährlich an Pfingsten in Mainz statt.
[8] Das Lied ist im *Liederlexikon* des DVA eingestellt, und man kann dort die Überlieferungsgeschichte nachlesen. Siehe URL: http://www.liederlexikon.de/lieder/wer_jetzig_zeiten_leben_will [Zugriff vom 07.03.2012].

Abb. 1–5: Programmhefte der *Tübinger Folk- und Liedermacher-Festivals* 1975 bis 1979

Den Abschluss der Seite bildet ein Lied deutscher Sinti: »Fuli Tschai« (über ein böses Mädchen), in deren Sprache vorgetragen vom *Schnuckenack Reinhardt Quintett*. Auf den weiteren LP-Seiten sind Lieder diverser Nationen und Regionen vertreten: dargeboten von Interpreten aus Frankreich (der Bretagne), Holland, Spanien, Italien, Norwegen, Schweden, Finnland, Ungarn, Griechenland, England, Irland und dem sagenhaften *Atlantis*, das von drei Musikern aus Ungarn, Frankreich und Deutschland (aus dem Schwarzwald) als Herkunftsland angegeben wird.

Die Doppel-CD des Festivals in Ingelheim ist ein Einzelfall in der Bundesrepublik, denn die deutschsprachigen Folkgruppen *Elster Silberflug, Espe, Fiedel Michel, Geranium, Liederjan, Lilienthal, Zupfgeigenhansel* und weitere, die auf den Festivals der 1970er-Jahre auftraten, hatten ein größeres Interesse daran, selbst LPs mit ihrem Repertoire in Studio-Aufnahmen zu publizieren. In der Schweiz verhielt es sich anders: Anlässlich des *Lenzburg-Festivals* wurden regelmäßig Schallplatten-Mitschnitte herausgebracht. Wie oftmals in der deutschsprachigen Folkszene könnte auch hier der Einfluss der irischen Folkbands zur Nachahmung angeregt haben.

Bei besagtem Festival, das im *Deutschen Volksliedarchiv* für das Jahr 1977 geplant wurde, sollte ausschließlich das deutschsprachige Lied im Fokus stehen, aber wir wollten möglichst alle aktuellen Aspekte einbeziehen. Gemeinsam wurde ein Konzept besprochen, das eine Ausstellung: *Wie kommt das Volk zum Lied? Flugblatt – Liederbuch – Kolportage – Bänkelsang*, zahlreiche Konzerte verschiedener Gruppen und Einzel-Interpreten aus der Folkszene Deutschlands, Österreichs der Schweiz und dem Elsass sowie einige Workshops enthalten sollte. Wir wollten den jungen Interpreten Gelegenheit geben, sich kennenzulernen und bei dem Besuch der Workshops mit älteren Gewährspersonen für das Spiel traditioneller Instrumente, die im Verschwinden begriffen waren (z. B. Dudelsack, steirische Harmonika und Hackbrett), zusammenzutreffen und darüber hinaus etwas über das gemeinsame dörfliche Singen zu erfahren, das in früheren Zeiten zum Alltag gehörte. Für Letzteres hatten wir uns Hilfe vom *Österreichischen Volksliedwerk* erbeten, das uns Kontakte zu den *Pamhagener Frauen* vom Neusiedler See vermittelte.

Das neue regionale Selbstbewusstsein in europäischen Ländern bewirkte in den 1970ern ein verändertes Verhältnis zum Dialekt. Man genierte sich nicht mehr dafür, und so gingen viele Liedermacher dazu über, ihre Lieder in Mundart zu schreiben und vorzutragen. Einige von ihnen hatten wir eingeladen. Zugleich war im Programm politisch aktuell von den Widerstandsliedern gegen den Bau des damals geplanten Atomkraftwerks in Wyhl am Kaiserstuhl[9] die Rede.

Der erste Kontakt mit den Bürgerinitiativen, die sich gegen den Kraftwerksbau zur Wehr setzten, war durch eine Diskussion zustande gekommen, die in einer

---

[9] In Wyhl protestierten Bürgerinitiativen gegen ein geplantes Kernkraftwerk und besetzten Anfang 1975 den Bauplatz.

Mitarbeiterbesprechung im DVA Anfang 1975 mit Freia Hoffmann und Walter Moßmann geführt wurde. Initiiert wurde sie von einer Kollegin, die deren Radiosendung »›Als Adam grub und Eva spann...‹ Über alte deutsche Bauernlieder«[10] gehört hatte und mit der folgenden Äußerung nicht einverstanden war:

>»Wir haben in dieser Sendung eine kleine Auswahl von realistischen Liedern der Bauern gegeben, die vor allem dank der Arbeit Wolfgang Steinitz'[11] aus den Friedhöfen der Archive in die Öffentlichkeit gekommen sind.«

Die Formulierung »aus den Friedhöfen der Archive« hatte die Kollegin geärgert. Daraufhin sprach sie Lutz Röhrich, unseren damaligen Direktor, an und fragte ihn, ob man nicht mit den beiden Autoren über unsere Arbeit sprechen solle.

Die Sendung verwendete zum Teil historische Lieder aus der Sammlung von Wolfgang Steinitz (Steinitz 1954/1962), aber die Autoren der Sendung hatten außerdem neue Texte zu bekannten Melodien vom besetzten Platz in Marckolsheim[12] mitgebracht: ein Lied gegen das dort geplante Bleichemiewerk mit dem Refrain »E Bleivergiftung isch nit gsund,/des weiß sogar dr bleedschte Hund«, zu singen nach der Melodie von »Auf de schwäbsche Eisebahne«, und Walter Moßmanns »Andere Wacht am Rhein«, gesungen auf die Melodie des amerikanischen Gewerkschaftsliedes »Which Side Are You On« (»Auf welcher Seite stehst Du he? – hier wird ein Platz besetzt«)[13].

Zu den Liedern aus der Steinitz-Sammlung gehörten:

1. »O, ich armer Lothringer Bur«, eine Bauernklage, die in zahlreichen Varianten in ganz Deutschland verbreitet war und das Elend der Kleinbauern schildert (Steinitz 1954: 56 f.)
2. »Wenn man bi'm Buren dient, hat man et gaud,/kriegt alle Jahr twei Schau, wenig genaug: Schau un keine Sohlen dran, Buer is kein Edelmann./Buer is ein Buer, is en Biest von Natur ...«, die strophenreiche Klage der Knechte von Großbauern (Steinitz 1954: 23 f.)

[10] Siehe Mossmann/Hoffmann (1974).
[11] Die 1954 und 1962 erschienene zweibändige Sammlung *Deutsche Volkslieder demokratischen Charakters aus sechs Jahrhunderten* des DDR-Wissenschaftlers Wolfgang Steinitz fungierte seit den 1970er-Jahren vor allem in der kritischen Liedszene der Bundesrepublik als eine der wichtigsten Quellen für Lieder, die soziale und politische Spannungen der Vergangenheit spiegelten.
[12] Im elsässischen Marckolsheim hielten 1974 Bürgerinitiativen mehrere Monate lang den Bauplatz für eine geplante Bleisulfatfabrik besetzt.
[13] Wenn man der *Badischen Zeitung* vom 5. Oktober 2010 glauben darf, spielte Letzteres auch bei der Auseinandersetzung um *Stuttgart 21* wieder eine Rolle.

3. Das heiter-sarkastische »Lied vom Schlesischen Bauernhimmel«, in dem ein Bild von himmlischen Freuden nach den ausgestandenen irdischen Plagen in vielen Strophen ausgemalt wird (Steinitz 1954: 70 f.)

In dem Gespräch mit Walter Mossmann und Freia Hoffmann machten die Mitarbeiter des Archivs deutlich, dass diese Lieder bei ihnen nicht »begraben« sind, sondern für Forschung sowie musikalische Praxis zur Verfügung stehen. Unsere Diskussionspartner wiesen dabei ausdrücklich auf die aktuelle Bedeutung des Volksgesangs bei den Auseinandersetzungen um das geplante Bleichemiewerk in Marckolsheim sowie das geplante Atomkraftwerk in Wyhl hin.

Beim *Festival deutsches Volkslied 1977* konnte man in einem Workshop den Schöpfern dieser Lieder zuhören und mit ihnen diskutieren. Das Festival dauerte vom 22. bis 24. April 1977. Den Abschluss bildete eine Diskussion zum Thema »Was macht ein Lied zum ›Volkslied‹«? – eine Frage, die auch heute noch viele bewegt.

Das Freiburger Festival fand nicht nur während der Veranstaltung große Resonanz, sondern es hatte eine dauerhafte Wirkung und weit reichende Konsequenzen. Nicht nur in Kreisen der Wissenschaftler, sondern auch der Musiker trug es zur überregionalen Bekanntheit der Liedbestände des DVA bei.

Bereits wenige Monate nach dem Festival kamen Interpreten aus der Folkszene ins Archiv, um nach Liedern zu suchen, die sie dann einem größeren Publikum in Erinnerung brachten: so z. B. die Gruppe *Zupfgeigenhansel*, die im DVA unter anderen die Texte zu »Ein stolzes Schiff«[14] und »Es wolt ein Meyer meyen«[15] fand und selbst vertonte (Zupfgeigenhansel 1978). Der Sänger, Liedforscher und Mitorganisator des schweizerischen *Lenzburg-Festivals* Urs Hostettler recherchierte nicht nur in den Schweizer Archiven, sondern auch im DVA für seine Sammlung *Anderi Lieder* (Hostettler 1979). Für die Gruppe *Liederjan* war Anselm Noffke etliche Male auf der Suche nach Liedern für das Gruppenrepertoire in Freiburg und fand dort z. B.: »Es kann ja nicht immer so bleiben«, »Der Räuberhauptmann von Köpenick«, »Das Wirtschaftswunder«.[16] Ebenso nutzte die schwäbische Gruppe *Linnenzworch* die Bestände des Archivs (Linnenzworch 1976–1980). Als wichtige Hilfsmittel bei der Suche nach sozialkritischen und historischen Liedern erwiesen sich außerdem *Das kleine dicke Liederbuch* von Heide Buhmann und Hanspeter Haeseler, das bis in die Gegenwart in zahlreichen Auflagen erschienen ist, sowie

---

[14] Siehe hierzu: DVA: A 70905.
[15] Siehe URL: http://www.liederlexikon.de/lieder/es_wolt_ein_meyer_meyen [Zugriff vom 07.03.2012].
[16] Vgl. LP Liederjan: *Es kann ja nicht immer so bleiben* (1981).

die schönen, voluminösen Bände *Das sind unsere Lieder* und *Die Liederpfalz* der beiden »Sangesbrüder« Hein und Oss Kröher (Kröher 1977; 1991) – alles Liedsammlungen, die von den Beständen des DVA profitierten.

Literatur

Buhmann, Heide/Haeseler, Hanspeter (Hg.) (1980): *Das kleine dicke Liederbuch. Lieder und Tänze bis in unsere Zeit.* Darmstadt: Eigenverlag.
DVA (1982): *Deutsche Volkslieder mit ihren Melodien. Balladen.* Band 7. Freiburg i. Breisgau: Verlag des Deutschen Volksliedarchivs.
Eich, Günter (1953): *Träume. 4 Spiele.* Berlin: Suhrkamp.
Engle, David G. (1981): »A Sketch of the German Folk Revival Singer Katzi Ritzel«. In: *Lore and Language* Vol. 3, No. 4/5. S. 67–79.
Hostettler, Urs (Hg.) (1979): *Anderi Lieder. Von den geringen Leuten, ihren Legenden und Träumen, ihrer Not und ihren Aufständen.* Illustriert von Stephan Bundi. Bern: Zytglogge.
Kröher, Hein und Oss (Hg.) (1977): *Das sind unsere Lieder. Ein Liederbuch.* Mit 32 farbigen Bildern und 73 schwarzweißen Zeichnungen von Gertrude Degenhardt. Frankfurtam Main: Büchergilde Gutenberg.
Kröher, Hein und Oss (Hg.) (1991): *Die Liederpfalz. Ein Liederbuch.* Landau: Pfälzische Verlagsanstalt.
Linnenzworch (1976–1980): *Lieder und Tänze.* Winterbach: Eigenverlag.
Mossmann, Walter/Hoffmann, Freia (1974): »Als Adam grub und Eva spann ...« Über alte deutsche Bauernlieder. Sendemanuskript. Baden-Baden, SWF. Gesendet am Sonntag, den 1. Dezember 1974 im 3. Programm des *Südwestfunks* zwischen 21 und 22 Uhr in der Reihe *Zwischen Pop und Job*.
Steinitz, Wolfgang (Hg.) (1954): *Deutsche Volkslieder demokratischen Charakters aus sechs Jahrhunderten;* Band 1. Berlin: Akademie-Verlag.
Steinitz, Wolfgang (Hg.) (1962): *Deutsche Volkslieder demokratischen Charakters aus sechs Jahrhunderten;* Band 2. Berlin: Akademie-Verlag.
Zupfgeigenhansel (1978): *Es wollt ein Bauer früh aufstehn. 222 Volkslieder.* Hg. und bearb. von Zupfgeigenhansel (Thomas Friz und Erich Schmeckenbecher). Dortmund: Verlag Pläne.

Diskografie

Künzig, Johannes/Werner, Waltraut (1971): *Balladen aus ostdeutscher Überlieferung. 4 Langspielplatten mit Textheft.* Freiburg i. Br.: Johannes Künzig Institut für ostdeutsche Volkskunde.
Liederjan (1981): *Es kann ja nicht immer so bleiben.* Dortmund: Pläne-Verlag.

Lutz Kirchenwitz
Das *Festival Musik und Politik*

Damit Sie die folgenden Ausführungen verstehen, möchte ich vorausschicken, dass hier ein teilnehmender Beobachter spricht, jemand, der sowohl Chronist als auch Akteur ist, sowohl Historiker als auch Zeitzeuge. Es geht um das *Festival Musik und Politik* (siehe Abb. 1), das der Verein *Lied und soziale Bewegungen*, dessen Erster Vorsitzender ich bin, seit dem Jahr 2000 alljährlich in Berlin veranstaltet.

In den 1960er- und 70er-Jahren boomten Musikfestivals, und sie waren oft sehr politisch. Das *Waldeck-Festival* 1967 stand unter dem Motto *Das engagierte Lied*. Vor den *Internationalen Essener Songtagen* im September 1968, einer einzigartigen Mischung von Darbietungen unterschiedlichster Künstler und von Musik und Politik, hieß es in einer Ankündigung: »Ein Lieder-Festival ist heute erst dann sinnvoll, wenn es die politischen und gesellschaftlichen Bezüge der neuen Lieder berücksichtigt.«[1] In der DDR fand von 1970 bis 1990 das *Festival des politischen Liedes* statt, ein großes Treffen der internationalen Folk- und Liedermacherszene, das eng mit dem damaligen Zeitgeschehen, mit dem Vietnamkrieg und dem Putsch in Chile gegen Salvador Allende, mit dem Kalten Krieg und der Friedensbewegung, mit der Existenz und dem Scheitern des Staatssozialismus verknüpft war. In den 1970er-Jahren wurde dort heftig über *Kunstwert und Kampfwert* diskutiert.

Diese Zeiten sind vorbei. Vieles ist heute anders. Die Musik ist ungeheuer expandiert, aber es geht kaum mehr um Inhalte oder gar Botschaften. Musiker sollen Dienstleister sein für alles Mögliche, »Contentlieferanten für Netz- und Mobilfunkbetreiber, […] Sounddesigner für Computerspiele und Gadgets«[2] usw. Das Thema *Musik und Politik* wird demgegenüber gern als Relikt aus der 68er Mottenkiste abgetan. Und die praktische Konsequenz ist, dass Veranstaltungsräume, Sendeplätze etc. für engagierte Musik immer weniger werden. Bestes Beispiel ist der Südwestrundfunk, der sich 2003 der einst von ihm initiierten *Liederbestenliste* entledigte.[3]

---

[1] Aufmacher der Internationalen Essener Songtage 1968 (IEST 68), S. 3.
[2] Flyer des *club transmediale*, Berlin 2010 (CTM.10).
[3] Die *Liederbestenliste* wurde 1984 im Südwestfunk ins Leben gerufen und später

Abb. 1: Ankündigung des *Festivals Musik und Politik* 2009

Auch die Song- und Folklorefestivals haben sich verändert. Das *Nürnberger Bardentreffen*, 1976 aus der Taufe gehoben, entwickelte sich von einem nationalen Sängerwettstreit zu einem Volksfest der Weltmusik. Mit der sogenannten »Betroffenheitslyrik der singenden Sozialarbeiter« (Radlmaier 2002: 4) will man nichts mehr zu tun haben, der Protest im Song habe sich erschöpft, und »selbst Joschka Fischer trägt Schlips und staatstragende Gesinnung« (Radlmaier 2002: 4).

Das *Open Ohr Festival* in Mainz hat immerhin seinen Anspruch, sowohl Jugend(musik)kultur als auch politische Diskussionen zu präsentieren, bewahrt, allerdings sind beide Felder nach meinem Eindruck aus den letzten Jahren nur sehr lose miteinander verbunden. Aus dem Berliner *Festival des politischen Liedes* der 1970er-/80er-Jahre wurde das *ZwischenWelt Festival*, das jedoch nach vier Veranstaltungen 1994 eingestellt wurde.

Im Februar 2000, 30 Jahre nach dem ersten *Festival des politischen Liedes*, veranstaltete der Verein *Lied und soziale Bewegungen* ein neues *Festival des politischen Liedes* und wollte damit an ein Ereignis erinnern, das einmal eine wichtige Rolle spielte und, so schrieb die *Berliner Zeitung*, »wie die DDR« »geliebt und gehaßt« worden war (Walter 2000). Erwartungsgemäß taten viele Kritiker das Festival als »Veteranentreffen« ab. »Das Festival des politischen Liedes ist auferstanden – als Ruine«, schrieb der *Kölner Stadt-Anzeiger* (Rath 2000). Die *Berliner Zeitung* fand jedoch: »In dieser neuen kleinen Form könnte das Festival noch mal von vorn anfangen.« (Walter 2000) Und tatsächlich waren viele der Meinung, dass es nicht bei einer einmaligen Jubiläumsveranstaltung bleiben solle, dass wir uns weiter kritisch mit der Tradition des politischen Liedes auseinandersetzen und nach den veränderten Bedingungen und Formen politisch engagierten Musizierens in der Gegenwart fragen sollten. Was einst eine Konzertreihe innerhalb des Festivals bezeichnet hatte, war nun der Gesamttitel: *Musik und Politik*. Damit sollte deutlich gemacht werden, dass es nicht nur um das politische Lied im traditionellen Sinne ging, sondern dass man offen war für alle aktuellen Problemstellungen und Musizierweisen. Mit diesem Konzept hat das *Festival Musik und Politik* inzwischen elf Mal stattgefunden, und das zwölfte ist in Vorbereitung.

Übrigens scheren sich viele Besucher bis heute nicht um die offizielle Bezeichnung, sondern sprechen einfach vom *politischen Lied*. Klar, die Geschichte

---

vom SWR fortgeführt, um deutschsprachige Musik – abseits von Pop und Rock – zu fördern und ihr einen Platz im Radioprogramm zu sichern. 2003 stieg der SWR aus dem Projekt aus, und die Juroren der Liederbestenliste gründeten den *Verein deutschsprachige Musik* als neuen Träger.

lässt sich nicht abschütteln, und wir wollen das auch gar nicht versuchen. Ein wichtiges Anliegen des Festivals ist die Spurensicherung, die kritische Auseinandersetzung mit der Vergangenheit. Zunächst ging es um die Geschichte des *Festivals des politischen Liedes* und der Liedermacher- und Singebewegung in der DDR, dann um deutsch-deutsche Musikkontakte in den 80er-Jahren, um die Musikszenen in Ost- und Westberlin und schließlich um die Entwicklung von Songfestivals in beiden deutschen Staaten. Dazu gab es jeweils Ausstellungen, es fanden Diskussionen mit Künstlern, Veranstaltern und Journalisten statt und es wurden historische Tonaufnahmen und Filmdokumente vorgeführt. Walter Mossmann meinte:

> »Lass uns unsere eigenen linken, politischen Biographien anschauen, jetzt im Alter, und dann mal untersuchen, wo stehen wir jetzt, welchen Irrtümern sind wir nachgelaufen, an welchen Vergehen und Verbrechen haben wir mehr oder weniger uns auch beteiligt, sie toleriert usw.« (Mossmann 2005: 43)

Und Waldeck-Urgestein Diethart Kerbs appellierte: »Die ersten Freunde unserer Indianerspiele von damals sind schon in die ewigen Jagdgründe eingegangen. Historiker, haltet Euch ran!« (Kerbs 2004: 12)

Das *Festival Musik und Politik* ist nicht nur eine Archiv- oder Retrospektivveranstaltung, sondern auch ein Podium für aktuelle Formen politisch engagierter Musik. Es will Künstler zusammenführen, die politisch wach sind und sich in gesellschaftliche Fragen einmischen. Seit dem Jahr 2000 ist mittlerweile eine ganze Reihe von KünstlerInnen und Bands beim Festival aufgetreten, darunter Billy Bragg (Großbritannien), León Gieco (Argentinien), Alexander Gorodnitzky (Russland), Vusi Mahlasela (Südafrika) und Erika Pluhar (Österreich) sowie aus Deutschland Franz Josef Degenhardt, die *Goldenen Zitronen*, Heiner Goebbels, Barbara Thalheim, Konstantin Wecker und Hans-Eckardt Wenzel.

Das Festival will den veränderten Bedingungen und Formen politisch engagierten Musizierens heute nachspüren. Vom klassischen Liedermacher über Chanson, Folk- und Weltmusik bis zu Diskursrock, HipHop und avancierter E-Musik sind unterschiedliche Musikrichtungen vertreten. »Wie klingen soziale Bewegungen heute?« ist eine Frage, die immer wieder diskutiert wird[4], häufig auch aus Unzufriedenheit mit dem traditionellen politischen Lied artikuliert. Zuweilen treffen verschiedene Spielarten politischer Musik in einem Konzert aufeinander und lösen Debatten aus. So wurde im Jahr 2002 die Mul-

---

4   Schäfer/Petersen/Paoli/Weber (2002: 47).

Das *Festival Musik und Politik*

Gerade politische Lieder finden in der Liederbestenliste eine Plattform, die sie in den Mainstreammedien nicht bekommen. Auch wenn die musikalische und textliche Aufarbeitung jeweils ganz unterschiedlich ausfällt, zeichnen gerade diese Lieder musikalische Momentaufnahmen der gesellschaftlichen und politischen Konflikte ihrer Zeit. Ein Beispiel dafür ist das Liederfest 1993, bei dem gleich zwei Lieder ausgezeichnet wurden, die von dem neuerlichen öffentlichen Auftreten der Neonazis und brutalen Anschlägen auf Ausländer handelten. Juror Hans Reul sagte in seiner Laudatio über die Preisträger, die Kölner Musikerinitiative gegen Rassismus und Neonazis Arsch huh und Konstantin Wecker: »›Arsch huh, Zäng ussenander‹, das ist eine ganz direkte Aufforderung, selber etwas zu tun, nicht den Mund zu halten. ... Dem Blaumann, den man sich genauso gut im Nadelstreifenanzug vorzustellen hat, sofort über das Maul zu fahren, denn das ist wahrscheinlich das einzige, was er versteht. Wolfgang Niedecken und seine Kollegen sprechen klare Worte. ... Zu diesem Verständnis trägt sicher auch die Musik des Liedes bei, die in ihrer Geradlinigkeit die totale Umsetzung darstellt. ... Vor fast 20 Jahren schrieb Wecker das Lied über ›Willy‹, der vom Biertisch hochspringt, als in der Kneipe das Horst Wessel-Lied gegrölt wird. Das kostet ihn das Leben. ... jetzt musste ›Willy II‹ folgen. Hoyerswerda, Hürxe, Rostock, Mölln, später Solingen machen es unumgänglich. Der Fall des Angolaners Antonio Amadeu Kiowa ist ja leider kein Einzelfall, ... Konstantin Wecker versucht nach Ursachen zu forschen, die auch in der übereilten deutschen Vereinigung mit ihren wirtschaftlichen und sozialen Folgen und Fehlentwicklungen zu erkennen sind.«

Michael Kleff

Abb. 2: Blatt 11 aus der Ausstellung *Liederbestenliste – eine Hitparade der besonderen Art*.

timedia-Performance *Yugoslavia Suite* des US-amerikanischen Künstlers Bob Ostertag von Zuhörern als »die zeitgemäßeste und beste Form« der Verbindung von Musik und Politik bezeichnet[5], während die appellative Rockmusik der Hamburger Band *Rotes Haus* als parolenhaft und zu propagandistisch kritisiert wurde. Die sich daraus ergebende Debatte war sehr aufschlussreich, führte sie doch zu einer Differenzierung und ermöglichte es, unterschiedliche Absichten, Ausdrucksformen und Wirkungszusammenhänge genauer zu hinterfragen.

Welche Impulse vom Festival ausgehen können, zeigte zum Beispiel Hans-Eckardt Wenzel. Im Jahr 2000 bestritt er gemeinsam mit Billy Bragg ein Konzert. Bragg spielte Songs von Woody Guthrie, und dessen Tochter Nora war anwesend. Als sie Wenzel hörte, kam sie auf die Idee, erstmals einen deutschen Poeten und Musiker zu fragen, ob er unveröffentlichte Texte ihres Vaters sichten und vertonen wolle. Wenzel sagte zu, fuhr ins Guthrie-Archiv nach New York, suchte Texte heraus und vertonte diese. Beim Festival 2003 präsentierte er das Ergebnis: die CD und das Programm *Ticky Tock – Wenzel singt Woody Guthrie*. Wenzel hatte in den Guthrie-Texten »das Poetische, Behutsame, Utopische gesucht« (Wenzel 2003: 40) und den Urahn der amerikanischen Folksänger in die europäische Musiktradition herübergeholt. Das künstlerische Resultat fand nicht nur beim Festival außerordentlich große Resonanz.

Die Debatten auf den ersten Festivals wie auch die öffentlichen Reaktionen darauf waren kontrovers, manchmal chaotisch. Verunsicherungen und Brüche wurden spürbar. Die historische Niederlage der Linken, der rasante Vormarsch des »Turbokapitalismus«, das »anything goes« der Postmoderne, der Siegeszug der Event- und Spaßkultur und anderes kamen zur Sprache. Léon Gieco sprach von Apathie und Rückgang des sozialen Interesses als »Weltepidemie«. Diskutiert wurde, was aus der widersprüchlichen historischen Situation für die politische Musik folge. Die Antworten auf diese Frage fielen sehr unterschiedlich aus. Vom »Nicht-Wissen, wo es lang geht« war oft die Rede, und zuweilen hieß es: »Wir sind uns einig in der Verwirrung.«

Mit dem Anwachsen der globalisierungskritischen Bewegung und den Protesten gegen den Irakkrieg 2002/2003 setzte eine Repolitisierung der Musikszene ein. Clips mit Friedensliedern wurden selbst im Musikfernsehen gezeigt, und auch der fast vergessene Begriff *Protestsong* tauchte wieder auf. Es gab einen gewissen Stimmungswandel. Politisches Engagement galt nicht mehr als »uncool«, von einer neuen Ernsthaftigkeit war die Rede. Eine Sensibilisierung des Publikums und auch der Medien fand statt. Nun wurde gefragt, wo die

---

[5] Ostertag/Steeger (2002: 15).

neuen Protestsongs seien. In den darauffolgenden Jahren ließ das Interesse erst einmal nach und nahm dann wieder zu. 2009 wünschte sich Konstantin Wecker neue »Lieder für stürmische Zeiten« und meinte, es sei Zeit, »dass wir für unsere Vorstellungen von einer besseren Welt aktiver, lauter und selbstbewusster werben (und singen!)« (Wecker 2009: 3). Hans-Eckardt Wenzel sagte in einer Podiumsdiskussion mit Billy Bragg im selben Jahr, was gegenwärtig und in den nächsten Jahren stattfinde, sei »schlecht für das soziale Klima [...], aber gut für das politische Lied. Ich spüre das in den Konzerten [...]. Es beginnt etwas – die Suche beginnt wieder«[6].

Als bei der großen Kundgebung gegen den Irakkrieg am 15. Februar 2003 in Berlin Hannes Wader, Konstantin Wecker und Reinhard Mey gemeinsam auftraten, war in der Öffentlichkeit von der »Rückkehr der alten Barden« die Rede, meist verbunden mit der Schlussfolgerung, das Genre Liedermacher sei tot und

Abb. 3: Hans-Eckardt Wenzel (verdeckt), Billy Bragg, Michael Kleff 2009. (Foto: Thomas Neumann)

[6] Bragg/Wenzel (2009: 35).

es gebe keine jungen Künstler in diesem Metier. In ähnlicher Weise wurde dem *Festival Musik und Politik* vorgeworfen, es sei ein »Veteranentreffen« und auf ihm fehle die junge Generation. Zwar knüpft das Festival bewusst an die Liedermachertradition der 1960er-Jahre an, man lud zum Beispiel 2001 Franz Josef Degenhardt und 2003 Dieter Süverkrüp zu Konzerten ein, gleichzeitig aber bemüht man sich immer auch um Künstler aus der jungen Generation. Besonders ab 2003 spielten das Problem des Liedermachernachwuchses und die Frage, ob es eine neue Generation von Protestsängern gebe, eine große Rolle. Konstantin Wecker setzte sich für die jungen Liedermacher ein, forderte, sie mehr zu unterstützen. Daraus entstand das Konzept der Reihe *Liederbestenliste präsentiert*, in der Preisträger der *Liederbestenliste* junge Künstler vorstellen. Seit 2004 führen wir jedes Jahr ein solches Konzert durch. Weitere Aktionen zur Nachwuchsförderung im Rahmen des Festivals waren der Wettbewerb *Jugendszene politische Musik* der *Internationalen Hanns Eisler Gesellschaft* 2001 und 2005 bis 2007 der Bandwettbewerb der DGB-Jugend *Gib dir eine Stimme!*.

Bei allem Auf und Ab – die politische wie kulturelle Situation, aus der das *Festival Musik und Politik* erwächst und auf die es sich bezieht, ist schwierig, ja widersprüchlich. Die Linke ist marginalisiert, die politischen Bewegungen sind heterogen, und Ansätze von Sub- oder Gegenkultur jenseits des Mainstreams haben einen schweren Stand. Der in den 1960ern und -70ern oft gebrauchte Satz, das politische Lied sei nichts ohne politische Bewegung, bewahrheitet sich in radikaler Weise. Der Musikwissenschaftler Günter Mayer meinte dazu beim Festival 2000:

> »Ein Lied macht keine soziale Bewegung – oder keine politische Bewegung, in der das Lied eine entscheidende Rolle spielt. Wenn eine allgemeine politische Apathie da ist, dann kann man mit einem Lied nichts machen. Und je lebendiger die Bewegungen sind, desto eher sind auch wieder Lieder gefragt, und desto eher funktionieren auch vorhandene Lieder oder neue Lieder. Aber das kann man als einzelner Liedermacher nicht bestimmen. Das hängt von größeren politischen Zusammenhängen ab, und in die sollte man sich dann begeben und auch fragen, ob man das, was man bisher gemacht hat, so weiter fortsetzen kann oder nicht [...]. Was wichtig wäre – und das hat das Festival des politischen Liedes, der politischen Musik, gezeigt –, dass durch diese Organisationsform wenigstens die Begegnungen der Verschiedenen möglich sind, dass die gegenseitige Kenntnisnahme befördert werden kann und möglicherweise Erfahrungen ausgetauscht werden können von Leuten, die sonst nicht zusammenkommen.«[7]

---

7   Musik und Politik (2000: 44).

In diesem Sinne haben die seit dem Jahr 2000 durchgeführten Festivals bereits einiges bewirkt: eine selbstkritische Diskussion über die Geschichte der politischen Musik, eine Bestandsaufnahme der aktuellen Situation und eine Vernetzung vieler an der Sache Interessierter. Wie groß der erreichte Nutzen ist, mag man unterschiedlich beurteilen, aber zumindest ist deutlich geworden, dass die politische Musik und auch das politische Lied wohl doch nicht so ganz und gar tot sind.

Nun ist der Verein *Lied und soziale Bewegungen* nicht primär Festivalveranstalter, sondern ein Archivprojekt, aber Öffentlichkeitsarbeit gehörte natürlich von Anfang an dazu, und so kristallisierte sich nach verschiedenen anderen Projekten das *Festival Musik und Politik* schließlich als öffentlichkeitswirksamste Aktion des Vereins heraus, es bildet heute das Zentrum der Vereinsarbeit, um das sich alles andere gruppiert.

Wir betrachten das Festival nicht nur als ein einmaliges Event, sondern bemühen uns um Nachhaltigkeit. Was gesungen, diskutiert und gezeigt wird, soll festgehalten werden, wird mitgeschnitten und dokumentiert. Es gibt daher von jedem Festival eine Dokumentation, und man kann einiges auch auf der Webseite des Vereins ansehen, anhören und nachlesen.

Seit 2002 bereiten wir jedes Jahr zum Festival eine Ausstellung vor. 2003 haben wir dafür eine Technologie entwickelt, dank derer die Ausstellungstafeln wie Plakate gedruckt, transportiert und befestigt werden können. Sie gehen daher nach jedem Festival auf Reisen und werden in weiteren Städten gezeigt. Insgesamt acht Ausstellungen sind es bisher, zu Themen wie *The Times They Are A-Changin' – der Sound der 60er Jahre, Zeitzeichen – Lieder für alle, die alles wagen* oder *Mikis Theodorakis Hommage* zum 85. Geburtstag des griechischen Komponisten im Jahr 2010. Dazu gehört auch die anlässlich dieser Kölner Tagung gezeigte Ausstellung *Burg Waldeck und die Folgen – Songfestivals in Deutschland* aus dem Jahr 2004, die bisher in Berlin, Bremen, auf der Burg Waldeck, in Hoyerswerda, Jena, Kassel, Kirkel und Mainz gezeigt wurde.

Wo es um Traditionen aus den 1960er- und 1970er-Jahren geht, ist es kein Wunder, dass im Publikum viele aus der Generation 50 plus sind. Das ist bei Rockkonzerten nicht anders. Aber wir haben bei den Konzerten, wie bereits beschrieben, Mitwirkende aus unterschiedlichen Generationen, und jüngere Mitwirkende ziehen natürlich auch meist ein jüngeres Publikum an. Unsere jungen Festivalmitarbeiter (die »Festivaljugend«, wie wir sagen) veranstalteten 2009 erstmals ein eigenes Konzert. Die *junge Welt* schrieb darüber euphorisch: »Auf dem ersten *hiphop spezial*-Abend im Café Zapata wurde der Schleier der Nostalgie endlich energetisch weggerappt.« (Koester 2009: 12) Wir versuchen

Abb. 4: Dota Kehr 2005 (Foto: Thomas Neumann)

also, das eine zu tun und das andere nicht zu lassen und damit verschiedene Generationen beim Festival zu vereinen. 2009 führten Kulturwissenschaftsstudenten der *Europa-Universität Viadrina Frankfurt (Oder)* eine Besucherbefragung durch und kamen zu dem Ergebnis: »Lasst die Jugend mehr ins Rampenlicht, vergesst trotzdem das Gewesene nicht!«[8]

Das *Festival Musik und Politik* ist ein kleines Low-Budget-Festival, das keine feste Förderung erhält, sondern vom Enthusiasmus der Künstler und der Helfer lebt. Der Verein *Lied und soziale Bewegungen* produziert es alljährlich mit einem großen ehrenamtlichen Mitarbeiterteam und kooperiert dabei mit Musikinitiativen wie der Dachorganisation für Lied, Folk und Weltmusik *PROFOLK*, dem *Verein deutschsprachige Musik e. V.* und *Gundermanns Seilschaft* e. V. (dem Verein, der das Erbe des 1998 verstorbenen Gerhard Gundermann pflegt). Zu den Unterstützern gehören das Bezirksamt Pankow

[8] Leppin/Dähne/Bielig (2009: 53).

von Berlin und das *Deutsche Rundfunkarchiv*. Fördermittel stellen u.a. die *Rosa-Luxemburg-Stiftung*, der Verein *Helle Panke e. V. – Rosa-Luxemburg-Stiftung Berlin* und die Berliner Senatskanzlei Kulturelle Angelegenheiten zur Verfügung. Auch mit der *Bundeszentrale für politische Bildung* und der *Friedrich-Ebert-Stiftung* gab es bereits Kooperationen.

Das *Festival Musik und Politik* ist ein Exot unter den heutigen Musikfestivals. Man könnte meinen, es sei ein Relikt aus den 1960er-/70er-Jahren, und manche Kritiker werfen uns das auch vor. Das ficht uns als Ausrichter aber nicht an, denn wir wissen, dass wir keine nostalgische Veranstaltung durchführen. Wir scheren uns nicht um den sogenannten Zeitgeist und merken, dass diese Bockigkeit von anderen honoriert wird. So schrieb der griechische Komponist Mikis Theodorakis: »Ich freue mich sehr, dass die Institution ›Politisches Lied‹ den Verfallserscheinungen der Zeit widersteht.« (Theodorakis 2009: 3) Und Konstantin Wecker gratulierte dazu, »dass die gute Tradition politischer Liederfestivals eine hochkarätige Fortsetzung namens Musik und Politik« fände (Wecker 2009: 3). Die Wochenzeitung *der Freitag* schrieb: »Befürchtungen, dass sich das Festival einmal selbst überlebt und vor allem in Berlin seine Originalität einbüßen könnte, sind gegenstandslos, wenn es den eingeschlagenen Weg fortsetzt.« (Nowak 2010)

In diesem Sinne bereiten wir jetzt das 12. Festival vor und arbeiten daran, dass es auch weiterhin am letzten Februar-Wochenende in Berlin das *Festival Musik und Politik* gibt.

Literatur

Bragg, Billy/Wenzel, Hans-Eckardt (2009): »Love & Justice – Glaubt nie, was ich singe. Folker! Gespräch mit Billy Bragg und Hans-Eckardt Wenzel über Künstleridentität in politisch bewegten Zeiten«. In: *10 Jahre Festival Musik und Politik 2009. Protokolle + Ausstellung. 19.–22.02.2009 Berlin.* S. 29–44.

Kerbs, Diethart (2004): »Eröffnung der Ausstellung Burg Waldeck und die Folgen – Songfestivals in Deutschland«. In: *Festival Musik und Politik Berlin 25.–29.02.2004. Protokolle.* S. 12.

Koester, Elsa (2009): »Kotz in die Urne«. In: *junge Welt* vom 25.02.2009. S. 7–12.

Leppin, Yvonne/Dähne, Jonathan/Bielig, Bastian (2009): »Besucherbefragung. Arbeitsgruppe des Seminars ›Markt- und Besucherforschung‹ im Masterstudiengang Kulturmanagement und Kulturtourismus der Kulturwissenschaftlichen Fakultät der Europa-Universität Viadrina Frankfurt (Oder)«. In: *10 Jahre Festival Musik und Politik. 19.–22.02.2009 Berlin.* S. 53–55.

Mossmann, Walter (2005): »Der Räte-Romantiker von Wyhl – Walter Mossmann. Über selektive Erinnerung und gefälschte Biographien. Folker!-Gespräch mit

Walter Mossmann«. Moderation: Michael Kleff. In: *Festival Musik und Politik* 24.–27.02.2005 Berlin. Protokolle. S. 43–54.

Musik und Politik – Schnee von gestern? (2000). In: *Festival des politischen Liedes Berlin 2000. Vorträge + Protokolle*. S. 35–44.

Nowak, Peter (2010): »Abschied der Liedermacher mit der Gitarre vorm Bauch«. In: *der Freitag* vom 01.03.2010.

Ostertag, Bob/Steeger, Siri und Goetz (2002): »Gespräch mit Bob Ostertag (USA), Siri und Goetz Steeger (beide Rotes Haus) und der Aufführung der *Yugoslavia Suite* und dem Konzert von Rotes Haus«. Moderation: Günter Mayer. In: *Festival Musik und Politik 2002. Vorträge + Protokolle*. Berlin 21.–22.02.2002. S. 15–20.

Radlmaier, Andreas (2002): »Lieder-Macher, Lust-Gewinnler, Lounge-Ausflüge«. In: *Programmheft Nürnberger Bardentreffen 2002*. S. 4.

Rath, Christian (2000): »Auferstanden als Ruine. Festival des politischen Liedes«. In: *Kölner Stadtanzeiger* vom 01.03.2000.

Schäfer, David/Petersen, Sebastian/Paoli, Guillaume/Weber, Klaus (2002): »The Revolution Will Not Be Televised – Wie klingen soziale Bewegungen heute? Gespräch mit David Schäfer (Autonome Antifa), Sebastian Petersen (Indymedia), Guillaume Paoli (Die Glücklichen Arbeitslosen) und Klaus Weber (Zigaretten rauchen)«. Moderation: Christof Meueler. In: *Festival Musik und Politik. Vorträge + Protokolle*. Berlin 21./22.02.2002. S. 47–48.

Theodorakis, Mikis (2009): »Grußwort«. In: *Programmheft Festival Musik und Politik*. S. 3.

Walter, Birgit (2000): »Glückliche Tage. Das Berliner Festival des politischen Liedes wird wiederbelebt«. In: *Berliner Zeitung* vom 26./27.02.2000.

Wecker, Konstantin (2009): »Lieder für stürmische Zeiten«. In: *Programmheft Festival Musik und Politik 2009*. Berlin. S. 3.

Wenzel, Hans-Eckardt (2003): »›Guthries Blick stimmt‹. Auszug aus einem Interview der jungen Welt mit Hans-Eckardt Wenzel vom 21. Februar 2003«. Interview: Gerd Schumann. In: *Festival Musik und Politik 20.–23.02.2003. Protokolle*. S. 39–40.

Volker Klotzsche
Die *Bundesvolkstanztreffen* von 1956 bis 2008[1]

Vorläufer der 16 *Bundesvolkstanztreffen*, die im Zeitraum von 1956 bis 2008 stattfanden, waren die Zusammenkünfte des Verbandes *Deutscher Tanzkreise* 1931 in Dresden und 1933 in Hannover. Im Zuge der nationalsozialistischen *Gleichschaltung* wurde der Verband 1933 in den *Reichsbund Volkstum und Heimat* überführt.

Nach dem Krieg gab es vielerorts regionale Treffen: in Ost- und West-Berlin, in Hamburg, Leipzig etc. Besonders erwähnenswert erscheinen mir fünf große gesamtdeutsche Tanzfeste, die von Erich Janietz initiiert wurden und in den Jahren 1955 bis 1960 in Rudolstadt/Thüringen stattfanden (vgl. Klotzsche 2001). An deren Abläufen und Inhalten orientierten sich die ersten, 1956 einsetzenden bundesrepublikanischen Tanztreffen: Es gab Offenes Tanzen, Polonaisen, die auf Sportplätzen oder in Hallen durchgeführt wurden, Umzüge zum Tanzplatz sowie Fachvorträge.

Initiatorin dieser Tanztreffen, die damals noch nicht den späteren Titel *Bundesvolkstanztreffen* trugen, war die *Arbeitsgemeinschaft der Berliner Tanzkreise*, die vom *Landesjugendring Berlin* unterstützt wurde. In den Jahren bis 1966 gab es unterschiedliche Veranstalter. Erst 1971 wurde die *Deutsche Gesellschaft für Volkstanz*, seitdem Organisatorin der Treffen, gegründet. Der Titel *Bundesvolkstanztreffen* wurde erstmals in Dortmund verwendet, wo 1960 die Veranstaltung stattfand. Er hat sich seitdem durchgesetzt.

Im Zeitraum von 1956 bis 2008 fanden – wie die folgende Tabelle zeigt – die Tanztreffen insgesamt 16 Mal statt.[2]

---

[1] Dank sagen möchte ich Volkhard Jähnert (Berlin), dem Chef-Organisator der ersten Treffen und vieler weiterer Berliner Volkstanztreffen, für seine Auskünfte und die mir überlassenen Unterlagen; ebenso Arnold Bökel (Hamburg), der mir zahlreiche Fakten mitteilte. Für weitere Auskünfte und Informationen gilt mein Dank Prof. Dr. Hermann Bokranz sowie dem Tanzarchiv Leipzig.

[2] Vgl. Deutsche Gesellschaft für Volkstanz e. V. (2008: 32).

Jahr	Ort	Autor und Thema des Festvortrags[3]
1956	Berlin	Heinrich Dieckelmann: Die Entwicklung des deutschen Volkstanzes
1958	Berlin	Walter Bröschky: Der Jugendtanz in der Gegenwart
1960	Dortmund	Carl Strässer: Der Volkstanz in unserer Zeit
1962	Salzgitter	Franz Vogel: Zeitgemäße Volkstanzpflege
1964	Berlin	Herbert Lager: Die Pflege des Volkstanzes
1966	Wesel	Capkova[4]/František Bonus: Die Bedeutung der Musik- und Tanzfolklore in der musischen Erziehung
1975	Hannover	Herbert Lager: Überlieferter Tanz in unserer Zeit
1977	Stuttgart	Richard Wolfram: Der überlieferte Tanz in Europa – seine gemeinsamen Wurzeln und Besonderheiten
1979	Oldenburg	Herbert Oetke: Die historische Basis deutscher Volkstanzformen
1983	Kempten	Karl Horak: Wesen und Entwicklung des deutschen Volkstanzes
1987	Aachen	Erich Sepp: Volkstanz heute – Tanzpflege oder Breitenarbeit?
1990	Münster	Volker Klotzsche: Tanzmeister, -lehrer, -leiter und der deutsche Volkstanz
1992	Kiel	Günther Noll: Tanz als Forschungsgegenstand der Musikalischen Volkskunde
1997	Erfurt	Peter Fauser: Die Volkstanzentwicklung in Deutschland in den letzten 50 Jahren
2000	Braunschweig	Jadwiga Nowaczek: Was heißt Deutscher Tanz – eine historische Studie
2008	Offenburg	Wulf Wager: Die Sünden der Trachten- und Volkstanzbewegung

Besonders eindrucksvoll waren die Treffen 1990 in Münster und 1992 in Kiel, zu denen Tänzer aus der ehemaligen DDR anreisten: darunter Tanzinteressierte sowie Gruppen aus Thüringen, die in ihrer Tracht auftraten.

[3] Die Namen der Autoren der Festvorträge und ihre Themen finden sich größtenteils in den Unterlagen der DGV. Einige Texte sind allerdings nicht mehr auffindbar.
[4] Der Name von Frau Prof. Capkova taucht im Programm ohne Vornamen auf. Weitere Informationen zur Identität der Referentin ließen sich nicht ermitteln. Auch Nachfragen beim Tanzarchiv Leipzig blieben erfolglos.

Die *Bundesvolkstanztreffen* von 1956 bis 2008

Abb. 1: Programm des *Bundesvolkstanztreffens* 1992

Zu »Zweck und Ziel« der *Deutschen Gesellschaft für Volkstanz* heißt es in der Satzung des Vereins von 1971 u. a.:

»Die Gesellschaft will
1. a) den deutschen Volkstanz und seine verwandten Formen erforschen, erhalten, pflegen und vor allem in der Jugend verbreiten;

    b) die Volkskunst und Folklore im weitesten Sinne pflegen und mit den Gemeinschaften der anderen Volkskunstbereiche enge Zusammenarbeit suchen;

    c) das Verständnis für die Kultur des eigenen Volkes und anderer Völker fördern, sowie damit zu Achtung und Frieden zwischen den Völkern und zur Freundschaft unter der Jugend der Welt beitragen.«[5]

[5] Satzung des Vereins vom 17. Oktober 1971; geänderte Version vom 5. Mai 2009.

Volker Klotzsche

In Heft 2 des Jahrgangs 1975, Seite 6 der Zeitschrift *Volkstanz* wird das Anliegen der *Bundesvolkstanztreffen* folgendermaßen beschrieben.

»Sinn und inneres Ziel der Organisation eines Bundesvolkstanztreffens ist entsprechend der grundsätzlichen Motivation der immer wieder herzustellende und zu pflegende Kontakt aller interessierten Volkstänzer und Volkstanzgruppen untereinander und damit der permanente Austausch der in diesem Sinne angesprochenen Menschen. –
Es wird dabei angestrebt, ein dem Volkstanz wirklich entsprechendes Image aufzubauen, um damit in der Öffentlichkeit jenes Wohlwollen zu erreichen, welches der Volkstanz aufgrund seiner gemeinschaftsfördernden, völkerverbindenden und persönlichkeitsfördernden Faktoren heute noch verdient. Dabei handelt es sich durchaus um Menschen, die in der Gegenwart leben und den Volkstanz nicht nur zur Pflege einer Vergangenheit betreiben, sondern darin auch ein Mittel der Kommunikation innerhalb einer nach außen offenen Gemeinschaft sehen.«

In den Anfangsjahren wechselte der Termin des Tanztreffens im Zeitraum zwischen Ostern und den Sommer-Schulferien. Später wurde er festgelegt auf das einzige verlängerte Wochenende, in dem alle Bundesländer noch bzw. schon Schulferien haben. Häufig verlief die Veranstaltung nach folgendem Programmschema:

Das Treffen beginnt nach der feierlichen Begrüßung der Anwesenden mit Präsentationen von Tänzen verschiedener Bundesländer und Landschaften. Danach folgt ein *Offenes Tanzen*.

An einem der folgenden Tage finden u. a. Workshops zu diversen Tänzen aus dem nationalen wie internationalen Repertoire statt, ebenso für die ausländischen Gruppen ein Schnellkurs zu den Tänzen des Volkstanzballs, die zum Pflichtrepertoire gehören. Einen Höhepunkt dieses Tages stellt der Festvortrag dar, der meistens ein tanzhistorisches Thema behandelt. Hier dominierten bei den ersten *Bundesvolkstanztreffen* – wie die obige Tabelle zeigt – Experten aus Österreich (Franz Vogel, Herbert Lager, Richard Wolfram, Karl Horak) und aus Deutschland (Ernst Klusen, Günther Noll, Peter Fauser, Volker Klotzsche). Nur einmal exponierte sich bisher eine Frau als Referentin: Beim Bundesvolkstanztreffen 2000 behandelte Jadwiga Nowaczek das Thema »Was heißt Deutscher Tanz – eine historische Studie«. Höhepunkt eines jeden Bundesvolkstanztreffens ist der *Große Volkstanzball* bzw. das *Große Volkstanzfest*.

Beim Volkstanzball warten die Tänzer schon ungeduldig in der Halle, wo gleich die Polonaise anfängt. Sobald die Musik zu spielen beginnt, formieren

Die *Bundesvolkstanztreffen* von 1956 bis 2008

---

5. Bundesvolkstanztreffen e. V.   Berlin 52   Nordlichtstraße 69   Telefon: 49 06 04

Einladung

Pfingsten 1964 in Berlin

Liebe Volkstanzfreunde!

Das 5. Bundesvolkstanztreffen findet in der Zeit vom 7.—10. Mai 1964 in Berlin statt.

Der Verein 5. Bundesvolkstanztreffen e. V. wird in Zusammenarbeit mit der Arbeitsgemeinschaft für Volks- und Jugendtanz, dem Arbeitskreis für Tanz im Bundesgebiet - Fachgruppe Volkstanz und dem Arbeitskreis Tanz im Kulturring der Berliner Jugend, mit Unterstützung des Senators für Jugend und Sport Berlin, dieses Treffen durchführen.

Wir laden alle Volkstanzgruppen des Bundesgebietes und unsere Freunde im Ausland herzlich dazu ein.

Als Unterkünfte stehen uns Quartiere in Jugendheimen und Gästehäusern des Senators für Jugend und Sport zur Verfügung.

Die Teilnehmergebühr beträgt 35,— DM pro Person.

Wir bitten bis spätestens 31. Dezember 1963 um Mitteilung, mit wieviel Personen Ihr am Treffen teilnehmen werdet.

Nachstehend geben wir Euch die voraussichtliche Veranstaltungsfolge bekannt:

6. Mai 1964
Anreise und Stadtbesichtigung

7. Mai 1964 (Himmelfahrt)
Vormittag:
Eröffnung des Treffens im Sommergarten am Funkturm
Nachmittag:
Einzelveranstaltungen in verschiedenen Stadtbezirken mit den Berliner Tanzkreisen

8. Mai 1964
Vormittag:
Offenes Tanzen und Tanzgutaustausch auf verschiedenen Plätzen
Nachmittag: Stadtbesichtigungen
Abend:
„Tänze deutscher Landschaften" - Darbietungen in der Kongreßhalle

9. Mai 1964
Vormittag: Festvortrag im Auditorium der Kongreßhalle
Nachmittag: Hauptveranstaltung
und Abend: Großes Volkstanzfest in der Deutschlandhalle

10. Mai 1964
Vormittag: Offenes Singen
Nachmittag: Besprechungen und Abschlußtanz

11. Mai 1964
Abreise der Gruppen

J. Hofschläger   5. Bundesvolkstanztreffen e. V.   A. Bolle
V. Jähnert, Arbeitsgemeinschaft für Volks- und Jugendtanz im Kulturring der Berliner Jugend

Abb. 2: Programm des Bundesvolkstanztreffens 1964

Volker Klotzsche

sich die Paare zum Auftanz. Sofort danach beginnen die Tänze nach dem folgenden Programmschema:

- zehn Tänze aus der Region des Veranstaltungsortes
- zehn Tänze aus dem Norden Deutschlands
- zehn Tänze aus dem Süden Deutschlands
- Einige Tänze aus dem internationalen Tanzrepertoire.[6]

Eine Auswertung von drei Veranstaltungen (Aachen 1987, Münster 1990, Kiel 1992) ergab folgende Zusammensetzung des Tanzrepertoires:

- Ca. ein Drittel Vierpaartänze/Quadrillen
- Ca. zwei Drittel Paartänze
- Sonderformen, wie 2-, 3-, 8-Paar-Tänze, Kegel und ein Tänzer mit zwei Tänzerinnen

Abb. 3: Festschrift des *Bundesvolkstanztreffens* 2008

Die Tanz-Festtage werden mit einem Ökumenischen Gottesdienst in einer Kirche oder auf dem Marktplatz sowie mit einigen Abschlusstänzen beendet.

Die Bundesvolkstanztreffen fanden in der Vergangenheit in unterschiedlichen Zeitabständen statt, zum letzten Mal 2008. Das nächste Treffen wurde noch nicht terminiert, es soll in leicht veränderter Form stattfinden.

Literatur

Brenner, Hans-Jörg (1990): »Die Tanzprogramme zu den Bundesvolkstanztreffen«. In: *Festschrift 12. Bundes-Volkstanz-Treffen 1990 in Münster*. S. 20–21.

Deutsche Gesellschaft für Volkstanz e.V. (2008): »16. Bundesvolkstanztreffen in

---

[6] Vgl. Brenner (1990: 20).

Offenburg: Vom 31. Juli bis 3. August 2008«. (= Festschrift Deutsche Gesellschaft für Volkstanz e. V.). Offenburg: Verlag Deutsche Gesellschaft für Volkstanz e. V.

Klotzsche, Volker (1988): »Tanzen seit 1945«. In: *Tanzhistorische Studien VI*, Heft 15. Hg. vom Deutschen Bundesverband Tanz e. V. Remscheid.

Klotzsche, Volker (1994): »Der Tanz in der ersten Hälfte des 20. Jahrhunderts«. In: *Tanzhistorische Studien IX*, Heft 22. Hg. vom Deutschen Bundesverband Tanz e. V. Remscheid.

Klotzsche, Volker (2001): »Erich Janietz: Volkstanz unter den Bedingungen der Weimarer Republik, des Dritten Reiches und der DDR«. In: *MUSIK KENNT keine GRENZEN. Musikalische Volkskultur im Spannungsfeld von Fremdem und Eigenem. Tagungsbericht Wien 1998 der Kommission für Lied-, Musik- und Tanzforschung in der Deutschen Gesellschaft für Volkskunde* e. V. Hg. Gisela Probst-Effah. Essen: Die Blaue Eule. S. 163–178.

Wolf Dietrich
Festivalkultur beim Schwäbischen Albverein am Beispiel des Festivals *Sackpfeifen in Schwaben*

Was vor 100 Jahren als Volksmusik aus mündlicher Tradition galt, hat heute nur wenige Chancen zu überleben. In der Bevölkerung schwindet die Kenntnis solcher Dinge rapide. Was bleibt, sind die bekannten Shows im Fernsehen – und sonst nur wenige andere Gelegenheiten, sich mit seinem Können zu präsentieren. Dazu gehören lokale Bräuche und Veranstaltungen, aber auch manche der vielerorts stattfindenden Festivals.

Der »organisierte Rahmen« ist fast die einzige Form, in der solche Traditionen noch einen Platz haben. Festivals sind solche Formen. Das Erscheinungsbild von Festivals fällt jedoch recht unterschiedlich aus, und es findet sich Positives neben Negativem. Den Musiker, der nur in der Umgebung seines Dorfes bekannt ist und zu Veranstaltungen eingeladen wird, den sucht man hier allerdings fast vergeblich.

Festivals gibt es heute zahlreich und in recht verschiedener Art, man hat sogar direkt von einer »Festivalisierung« der sogenannten *World Music* gesprochen (Bohlman 2002: 149). Festivals existieren in unterschiedlicher Form, z.B.:

- Festivals mit Wettbewerbscharakter: In bestimmten Disziplinen werden erste Preise und Sieger ermittelt und prämiert – so etwa bei den Fiedler-Wettbewerben in Norwegen.

- Festivals als Treffen eines bestimmten Meisters oder Instrumentenbauers, im Wesentlichen ein Austausch innerhalb der Schüler und Fortgeschrittenen einer »Schule«, z.B. die Treffen der Drehleiermusiker in Lißberg/Hessen bei Kurt Reichmann.

- Themen-Festivals mit oft internationalem Charakter, z.B. *Sackpfeifen in Schwaben*, das alle drei Jahre in Balingen/Württemberg stattfindet.

Bleiben wir konkret beim Festival *Sackpfeifen in Schwaben*. Es entstand aus den internationalen Kontakten der Volkstanzgruppe Frommern, einem Ortsteil von Balingen, und dem gleichzeitig erwachten Interesse am Dudelsack. Die Volkstanzgruppe Frommern gehört zum Schwäbischen Albverein. Sie hatte

Mitte der 1970er-Jahre erste Auftritte in Frankreich, den USA, in Schweden und Japan bei internationalen Tanzveranstaltungen und dabei freundschaftliche Kontakte geknüpft, die Gegenbesuche von Tanzgruppen aus den besuchten Ländern auslösten. Ein sehr vorteilhafter Veranstaltungsort fand sich in Balingen-Dürrwangen, wo ein altes Gebäude, einst das lokale Rathaus, zu einem Vereinstreffpunkt ausgebaut werden konnte. Das riesige, stark renovierungsbedürftige Gebäude aus dem Jahr 1796 wurde in weitgehender Eigenleistung der Tanzgruppe umgebaut und erneuert und zu einem *Haus der Volkskunst* umgestaltet. Dadurch standen Räumlichkeiten für Tanzveranstaltungen, für Übernachtungen von Aktiven und für ein Folklore-Archiv zur Verfügung. In diesem Haus wurde 1996 offiziell auch das *Schwäbische Kulturarchiv* gegründet.[1]

Im Jahre 1984 entstand zudem in Balingen eine neue Stadthalle, ein für Großveranstaltungen wie Tanzfestivals hervorragend geeigneter Ort. Parallel dazu entwickelte sich in der Umgebung Balingens wie auch andernorts in Deutschland ein deutliches Interesse an Borduninstrumenten. Lokale Nachforschungen ergaben, dass in Schwaben bis weit ins 18. Jahrhundert Dudelsäcke durchaus gebräuchlich waren, zahlreiche Bilddokumente wurden neu entdeckt und gesammelt. Das wachsende Interesse resultierte in einer für das Dudelsack-Festival wichtigen Publikation: Ernst Eugen Schmidt, *Sackpfeifen in Schwaben*. Balingen: Schwäbischer Kulturverein, 1997, ein Buch mit erstaunlichen Abbildungen.

Bereits in den späten 1980er-Jahren experimentierte man in Balingen mit Nachbauten historischer lokaler Dudelsäcke; besonders der Dudelsackbauer Helmut Moßmann aus Schuttertal half bei den ersten Schritten. Heute gibt es in Balingen Lehrgänge für mehrere Dudelsackformen: für die einst in Deutschland verbreiteten Sackpfeifen, also die Schäferpfeife, das *Hümmelchen* und den im Egerland und in Böhmen üblichen *Bock*.[2]

Im *Haus der Volkskunst* ist man nicht auf Dudelsackbau und -spiel beschränkt. Jedes Jahr werden dort etwa 40 Kurse und Seminare in traditionellen schwäbischen Künsten angeboten, die für jedermann zugänglich sind: Kurse in Musik, Tanz, Kunsthandwerk, Musikinstrumentenbau, Dialektliteratur, sogar Kochkurse für schwäbische Spezialitäten. Im Haus gibt es verschiedene Werkstätten: die Tibor-Ehlers-Werkstatt für Instrumentenbau, eine Webwerkstatt, eine Trachtennähstube, eine Töpferwerkstatt. Das Haus beher-

---

[1] Ebinger Str. 52–56, 72336 Balingen; siehe info@schwaben-kultur.de.
[2] *Hümmelchen* wird eine mundgeblasene, kleine Sackpfeife mit einem oder zwei Bordunen genannt; *Bock* eine meist mit Blasebalg gespielte Sackpfeife mit einem Bordun, die im Egerland, in Böhmen und Mähren sowie bei den Sorben bekannt ist.

bergt auch einen eigenen Verlag, in dem Bücher, Notenhefte, CDs, DVDs und Liederbücher erschienen sind, z. B.:
- Schmidt, Ernst Eugen (1997): *Sackpfeifen in Schwaben.*
- Schmidt, Ernst Eugen (2005): *Vom singenden Dudelsack.*
- Balling, Georg (1997): *Die Sackpfyf schön macht siss gethön. 43 Volkstänze und Schäferlieder aus Schwaben.*
- Zeidler, Hatto (2002): *Tibor. Sachliches und Poetisches über Gamben und Tibor Ehlers.*
- Stingel, Manfred/Zimmermann, Hans Georg (Hg.) (2003): *Leier, Gambe, Dudelsack. Der Instrumentenbauer Tibor Ehlers.*

Ausgewählte CDs beinhalten schwäbisches Liedgut und Instrumentalweisen:
- CD T045 »Ich bin ein Musikante und komm aus Schwabenland«, Haus der Volkskunst 2004.
- CD T047 »Seht ihr auf den grünen Fluren«, ebd. 2007.

Der Musikinstrumentenbauer Tibor Ehlers (1917–2001) stand den musikalischen Aktivitäten im *Haus der Volkskunst* immer nahe, sein Nachlass und Erbe werden heute hier bewahrt. Ehlers war insbesondere Gamben- und Dudelsackbauer, nach dem Zweiten Weltkrieg war er weithin bekannt für seine Aktivitäten beim Revival alter Musikinstrumente.

Insgesamt sind das *Haus der Volkskunst*, das *Schwäbische Kulturarchiv* und alle damit verbundenen Aktivitäten heute durchaus ein nennenswerter Arbeitgeber: Es gibt derzeit sieben Arbeitsplätze (eine Volltagsstelle, drei Halbtagsstellen, zwei Jobs auf 400-Euro-Basis, eine Zivildienststelle). Die Internetseiten des Schwäbischen Kulturarchivs (schwaben-kultur.de) werden jährlich rund 220 000 Mal abgefragt. Neben den eigenen Aktivitäten wie Seminaren und Kursen werden auch Fremdveranstaltungen wie Hochzeiten oder Blaskapellentreffen gegen Gebühren organisiert.

Im Jahre 2003 wurde das direkt benachbarte sog. *Jetterhaus* neu erworben und mit gleicher Zielrichtung von der Volkstanzgruppe Frommern und Freunden renoviert. In beiden Häusern zusammen sind heute rund 100 Gästebetten verfügbar, die auch extern – außerhalb von eigenen Veranstaltungen – vermietet werden können, z. B. für Hochzeiten und andere Feste von Gruppen.

1997 entschloss man sich, ein internationales Dudelsackfestival durchzuführen. Das Interesse am Dudelsack war nicht zuletzt durch die 1997 erschienene Buchveröffentlichung *Sackpfeifen in Schwaben* von Ernst Eugen Schmidt gewachsen. Ein Ziel des Festivals war es, die enorme Typenvielfalt der Sackpfeifen in Europa und den nordafrikanischen und asiatischen Nachbargebieten vorzuführen. Schottland dagegen, das noch immer von der Mehrheit der Deutschen fälschlicherweise als das Ursprungsland des Dudelsacks angesehen wird, war nicht immer vertreten, z. B. im Jahr 2000 überhaupt nicht.

Bis heute gültige Kriterien für das Festival wurden festgelegt:

- Es soll die internationale Vielfalt aller bekannten Dudelsacktypen aufgezeigt werden.
- Möglichst »gute« Spieler und Gruppen sollen Vorbildwirkung für den einheimischen Nachwuchs haben, besonders die Jugend soll angesprochen und einbezogen werden.
- Keinerlei elektrische Verstärker, Hall- oder Effektgeräte sind zugelassen.

Das erste Dudelsack-Festival *Sackpfeifen in Schwaben* fand vom 7. bis 9. November 1997 statt, es wird seither alle drei Jahre erneut durchgeführt, und zwar an einem Wochenende Mitte Oktober.

Von Anfang an wurde das *Sackpfeifen-Festival* dokumentiert, von allen Festivals gibt es CDs, teilweise auch DVDs. Diese erschienen zwar nicht im Handel, können aber beim *Haus der Volkskunst* (und zwar nur dort) erworben werden.

Für die CD-Veröffentlichungen, aufgenommen und kommentiert vom Autor dieses Beitrags, gelten folgende Kriterien:

- Jede Gruppe ist mit mindestens einem Stück repräsentiert, auch dann, wenn es kein perfekt gelungenes Stück gab.
- In jedem Falle wird auch der Nachwuchs präsentiert, gleichgültig, ob er schon reife Leistungen bieten kann oder noch nicht. Nachwuchsförderung ist von elementarer Bedeutung, wenn die Bemühungen zur Wiederbelebung dauerhaft sein sollen.
- Es ist stets schwierig, von den Gruppen beim Festival präzise Auskünfte zu erhalten, doch wird immer versucht, eine möglichst genaue Dokumentation zur Musik auf den CDs zu erstellen, um Interesse an Details zu fördern.

Von Anfang an wurden zwei Hauptziele verfolgt: eine breite internationale Streuung und die Einbindung der Jugendarbeit. Bei jedem Festival spielten nicht nur die »alten Hasen« als die großen Vorbilder, sondern es wurde nach Möglichkeit auch immer die Schulung junger Musikanten im Schulalter vorgestellt, dies im Allgemeinen durch den Auftritt einer Gruppe von Anfängern auf dem Dudelsack, die von älteren Mitgliedern der Volkstanzgruppe Balingen unterrichtet wurden. Im Falle einer am Festival teilnehmenden bulgarischen Musikgruppe der Anton-Strašimirov-Musikschule in Varna wurde auch die Jugendarbeit in Bulgarien vorgestellt. Dinjo Marinov, Leiter und Lehrer der Gruppe, bzw. sein Nachfolger präsentierte seine jugendlichen Schüler, von denen der jüngste seinerzeit gerade zehn Jahre alt war.

Schulungen, Vermietungen und interne Veranstaltungen helfen, zu einem erheblichen Teil die Kosten des Festivals zu decken, wenn dies auch nicht vollständig gelingt. Neben den alljährlichen Tanzfesten gilt es die Festivals *Sackpfeifen in Schwaben* zu finanzieren, dazu Veranstaltungen wie *Harfen in Schwaben 2008* u. a. m.

Die Zusammenarbeit mit Rundfunk und Fernsehen erwies sich selten als erfolgreich. Wie sehr mancher Redakteur dabei alte Vorurteile festschreibt, zeigt ein Beispiel, das der Autor beim Festival *Sackpfeifen in Schwaben 2000* beobachtet hat: Ein Redakteur vom SWR kommt in den Saal im *Haus der Volkskunst* gestürzt und ruft: »Wo sind hier die Schotten?« Wen wundert es, dass er von den Musikanten ignoriert wird und kurz darauf beleidigt abzieht?

Wer sich nun fragt, was solch ein Dudelsack-Festival denn an Fassbarem wirklich bringt, dem kann mit Zahlen aus der Buchhaltung leider wenig gedient werden. Ein Festival wie dieses fungiert als »Wegbereiter für die friedliche Idee, über die Erfahrung der interkulturellen Differenz neue, kreative Umgangsformen der gegenseitigen Achtung zu entwickeln und kulturell bedingte Vorurteile abzubauen« (Baumann 2006: 123).

Dazu als Ergänzung eine kleine Geschichte, die den Aspekt der internationalen Begegnung und des Austauschs anspricht: Beim ersten Festival war ein Dudelsackspieler aus Aridea in Nord-Griechenland dabei. Den hat der Autor dieses Beitrags in den Folgejahren zu hause besucht. Jener Dudelsackspieler äußerte beim letzten Besuch den Wunsch, es doch auch mal – wie Tschechen, Iren oder Franzosen, die er in Balingen gehört hatte – mit einem Blasebalg an seiner mundgeblasenen »gajda« zu probieren. Damit könne man doch wunderbar zum Dudelsackspiel singen. Der Autor und Herbert Grünwald, der dem Festival ebenfalls nahesteht und dort aufgetreten ist, beschafften ihm den Blasebalg eines böhmischen Bocks. Der Erfolg war, dass es jetzt in Griechisch-Makedonien mindestens einen mit Blasebalg geblasenen Dudelsack gibt. Diese Technik war früher dort nicht bekannt.

Man kann jetzt vielleicht einwenden, hier sei eine Tradition des Balkans »verunreinigt« worden. Aber sind nicht alle spieltechnischen Neuerungen im Laufe der Musikgeschichte auf ähnlichem Weg entstanden? Wer stößt sich daran, dass wir seit gut eintausend Jahren Lauten auch mit einem Streichbogen als Fideln zum Klingen bringen, dass wir Aliquot-Saiten an der Hardanger-Fidel kennen, dass wir Klappen an Holzblasinstrumenten anbringen oder dass wir seit knapp 200 Jahren Ventile statt Klappen beim Blech favorisieren?

Ein wenig offen bleibt die Frage, welche musikalischen Veränderungen die Festivalkultur – auch die in Balingen – gegenüber den Darbietungen früherer Generationen von Musikanten bewirkt. Nach Meinung des Autors hat sich generell vor allem die Ästhetik der Musikanten grundlegend durch die Festivals verändert. Nicht mehr die ungesteuerte Emotionalität (z. B. Leidenschaft, Trauer, Tanzwut) darf gezeigt werden, sondern alles muss klar, sauber und ein Stück weit auch virtuos, dafür aber emotional eher »glatt« präsentiert werden. Die aufnahmetechnischen Standards von Rundfunk oder CDs gelten uneingeschränkt als Vorbilder. Wie bei allem Musizieren und Singen von Laien heutzutage werden diese Ideale von vielen angestrebt.

Das Festival als »organisierter Rahmen« für Musikanten ist heute eine ausgezeichnete Möglichkeit, um die Aktiven und vielfach auch die Zuschauer miteinander ins Gespräch zu bringen und das gegenseitige Verständnis zu fördern. Es ist manchmal erstaunlich zu beobachten, was sprachlich untereinander alles möglich ist, wenn man aus Interesse miteinander reden *will*, aber keine gemeinsame Fremdsprache kennt.

Literatur

Baumann, Max Peter (2006): *Musik im interkulturellen Kontext*. Nordhausen: T. Bautz.

Baudin, Marin (Hg.) (2010): *De Bouche à Oreille. Édition du 24ème festival de Bouche à Oreille.* Parthenay 26/31 juillet 2010. Parthenay.

Bohlman, Philip V. (2002): *World Music. A Very Short Introduction.* Oxford: Oxford Univ. Press.

Choffel, Florent (Hg.) (2010): *Luthiers et Maîtres Sonneurs. Rencontres internationales. 35ème Édition.* La Châtre: Comité George Sand.

Goertzen, Chris (1997): *Fiddling for Norway.* Chicago & London: Chicago Univ. Press.

Livingston, Tamara E. (1999): »Music Revivals: Towards a General Theory«. In: *Ethnomusicology 43/1.* S. 66–85.

Meier-Ude, Sabine (1998): *25 Jahre Drehleier- und Dudelsackfestival Lißberg.* Eigenverlag.

Schmidt, Ernst Eugen (1997): *Sackpfeifen in Schwaben.* Balingen: Schwäbisches Kulturarchiv des Schwäbischen Albvereins.

Schmidt, Ernst Eugen (2005): *Vom singenden Dudelsack.* Balingen: Schwäbisches Kulturarchiv des Schwäbischen Albvereins.

Ernst Kiehl
Die Traditionen der Jodlerwettstreite im Harz und in der Schweiz

Wettbewerbe, Wettstreite, Meisterschaften – ob nun auf dem Gebiet des Sports oder der Kultur – finden stets ein interessiertes Publikum. Sie sind identitätsstiftend und gemeinschaftsbildend und avancieren oft zu Großveranstaltungen.

1 Zum Funktionswandel des Jodelns

»Die Wiederbelebung ›ursprünglicher‹ Folklore scheint als Bewegung sich immer dann herauszubilden, wenn verschwindende Lebensgewohnheiten eine Verlusterfahrung bewirken.« (Baumann 1976: 63) Damit geht ein Funktionswandel einher, eine »*Umfunktionalisierung des Jodels* zum ästhetischen Mittel nach ›Verlust‹ oder Aufgabe des primären bäuerlichen Daseins« (Baumann 1976: 82). Mit anderen Worten: Aus dem ursprünglichen freien, oft arbeitsfunktional gebundenen Jodel der Sennen in den Alpen oder der Fuhrleute, Waldarbeiter und Köhler im Harz sind im Rahmen der »Volksmusikpflege« Vortragsjodler auf einer Bühne geworden.

Dabei entspringt die Idee des Wettsingens durchaus noch aus Wurzeln ursprünglicher Funktionalität.

> »Wo das gesellige Beieinander im Wirtshaus oder bei Alpfesten, nach getaner Arbeit […] sich spontan ergibt, wird das Jodeln in Gruppen gepflegt und im Rundgesang zu ganzen Jodelabenden ausgeweitet, an denen die Sänger sich gegenseitig in der Solostimme abwechseln und nicht selten eigentliche Jodelwettgesänge austragen.« (Baumann 1976: 205)

Ähnliche gesellige Runden gab es auch bei den Köhlern im Harz, wenn sie am Feierabend vor der Köte (der Köhlerhütte) beisammen saßen und sich zuweilen beim Jodeln zu überbieten suchten. Winfried Schrammek, Leipzig, konnte in den 1950er-Jahren bei volkskundlichen Exkursionen im Harz von traditionell arbeitenden Köhlern Aufzeichnungen machen, die heute wertvolle Dokumente darüber sind, wann und wie einst im Harz gejodelt wurde (Schrammek 2005: 67–74).

Der Funktionswandel des Jodelns vollzog sich gleichermaßen im Harz wie in der Schweiz.

»Dieses durch Jodeln zum Ausdruck gebrachte ›Wir-Gefühl‹ erfährt, vor allem in patriotischen und nationalen Strömungen, aber auch in der Idee des Heimatschutzes eine zunehmende Intensivierung und Hand in Hand damit eine neue funktionale Bestimmung.« (Baumann 1976: 206)

In beiden Regionen haben sich daraus Jodlerwettstreite entwickelt, die regionale Identität mit überregionaler Ausstrahlung verbinden.

2 Die Teilnahme- und Bewertungsrichtlinien der Jodlerwettstreite

2.1 Im Harz

Drei jährliche Jodlerwettstreite haben sich im Harz etabliert: am ersten Sonntag im Juni auf der Waldbühne in Hesserode (Landkreis Nordhausen, Bundesland Thüringen), am ersten Sonntag im August im Waldkurpark von Clausthal-Zellerfeld (Landkreis Goslar, Bundesland Niedersachsen) und am ersten Sonntag im September auf der Waldbühne in Altenbrak (Harzkreis, Bundesland Sachsen-Anhalt). Man stimmt sich zwar gegenseitig ab, aber jeder organisiert den Wettstreit für sich. Die Teilnahmebedingungen und Wertungskriterien sind heute außer einigen kleinen Unterschieden fast identisch. »Teilnahmeberechtigt sind alle Einzeljodler, Duette, Terzette und größere Jodlergruppen des gesamten Harzes und Harzvorlandes«; ob sie einem Verein angehören oder nicht, spielt dabei keine Rolle.

Gejodelt wird in folgenden Klassen:

Einzeljodler:

- Kinderklasse I (6–8 Jahre)
- Kinderklasse II (9–11 Jahre)
- Kinderklasse III (12–14 Jahre)
- Jugendklasse I (15–16 Jahre)
- Jugendklasse II (17–18 Jahre)
- Erwachsenenklasse Damen (ab 19 Jahre)
- Erwachsenenklasse Herren (ab 19 Jahre)
- Meisterklasse Damen
- Meisterklasse Herren (in Clausthal-Zellerfeld: »Sonderklassen«)

Jodlergruppen:

- Kleine Kindergruppen I (2–6 Personen, 6–10 Jahre)
- Kleine Kindergruppen II (2–6 Personen, 11–14 Jahre)
- Große Kindergruppen (ab 7 Personen, 6–14 Jahre)
- Kleine Jugendgruppen (2–6 Personen, 15–18 Jahre)
- Große Jugendgruppen (ab 7 Personen, 15–18 Jahre)
- Erwachsenen-Duette
- Erwachsenen-Terzette
- Erwachsenen-Quartette
- Erwachsenen-Quintette
- Erwachsenen-Sextette
- Große Erwachsenen-Gruppen (ab 7 Personen, nur in Hesserode und in Altenbrak)

Zum Vortrag gelangt bei den Kindern ein Jodellied mit zwei Strophen. Bei den Solisten der Junioren und Erwachsenen kommt noch ein freier Naturjodler[3] hinzu. Bei den Erwachsenen-Gruppen (Duette bis Gruppen) werden zwei Jodellieder mit zwei Strophen gefordert.

Das Preisgericht besteht aus sieben Juroren. Sie können folgende Punkte vergeben, wobei Zehntelabstufungen möglich sind: 6 = sehr gut; 5 = gut; 4 = befriedigend; 3 = ausreichend; 2 = mangelhaft; 1 = ungenügend. Die höchste und die niedrigste gegebene Punktzahl werden gestrichen, die anderen addiert. Somit können für einen Vortrag im besten Falle 30 Punkte erreicht werden. In der Kinderklasse I wird noch keine Bewertung durchgeführt. Die kleinen Jodler sollen sich erst einmal an das Auftreten gewöhnen und ihre Stimme nicht überbeanspruchen.

Folgende Einzelheiten des Vortrages werden bewertet:

- Sauberer Stimmumschlag
- Stimmhaltung
- Verständlichkeit des Textes
- Schwierigkeitsgrad
- Gesamteindruck (Sicherheit, Natürlichkeit, Ruhe im Vortrag)[4]

---

[3] Ein Naturjodler ist ein freier Jodler ohne Liedstrophen, angelehnt an die Jodelrufe der im Wald arbeitenden Menschen in vergangenen Zeiten.

[4] Der Stimmumschlag ist der schlagartige Wechsel von der Brust- in die Kopfstim-

»Gewertet werden nur Harzer Naturjodler und Harzer Jodellieder. Schlagerjodler oder Jodler anderer Landschaften werden nicht gewertet«, heißt es in den Teilnahmebedingungen. Auf die stilistischen Besonderheiten wird im Kapitel 4 eingegangen.

Auf diese Weise werden in jeder Klasse der 1., 2., und 3. Platz ermittelt. Der Sieger in der Erwachsenenklasse steigt in die Meisterklasse auf. In der Meisterklasse wird der *Harzer Jodlermeister* des betreffenden Jahres und Wettstreites gekürt. Die Sieger der Solisten und Gruppen erhalten Urkunden und der jeweils Erstplatzierte einen Wanderpokal. Wird er in drei Jahren in Folge oder fünfmal in Abständen errungen, darf er behalten werden. Das gilt für jeden der drei Harzer Jodlerwettstreite separat, das heißt, wenn ein Jodler an allen drei Wettbewerben teilnimmt, könnte er bei entsprechender Leistung in einem Jahr drei Pokale gewinnen.

Die Jodlerwettstreite ziehen Tausende von Besuchern in ihren Bann. Die Enthusiasten kommen nicht nur aus dem Harz, sondern auch aus entfernten Regionen. Die Darbietungen beginnen morgens um 9 Uhr und dauern bis 17 oder 18 Uhr am Nachmittag. In der Mittagspause unterhält meist eine Blaskapelle die Gäste. Zwischen den einzelnen Jodelklassen können kleine Programme eingeschoben werden (z. B. Volkstanz, Instrumentalgruppe, Peitschenknallen u. a.).

2.2 In der Schweiz

Die Organisation der Jodlerwettstreite in der Schweiz liegt fest in den Händen des *Eidgenössischen Jodlerverbandes* (EJV) bzw. der betreffenden Unterverbände. Alle drei Jahre wird an wechselnden Orten ein großes *Eidgenössisches Jodlerfest* durchgeführt, das Wettkämpfe im Jodeln, im Alphornblasen und im Fahnenschwingen umfasst. In den Jahren dazwischen veranstalten die regionalen Jodlerverbände Jodlerfeste, wobei dann die besten Interpreten zum *Eidgenössischen* delegiert werden. Teilnahmeberechtigt sind nur Mitglieder des EJV. Dem EJV gehören folgende regionale Jodlerverbände an:

- Bernisch Kantonaler Jodlerverband
- Nordostschweizerischer Jodlerverband
- Nordwestschweizerischer Jodlerverband
- Westschweizerischer Jodlerverband
- Zentralschweizerischer Jodlerverband

me und umgekehrt. Es ist ein Charakteristikum der Harzer Jodeltechnik, dass dies sauber und exakt gebracht wird. Bei der Stimmhaltung wird darauf geachtet, dass der Vortragende beim Jodeln die Stimmhöhe hält; wenn er z. B. in As-Dur beginnt, dann darf er nicht in G-Dur enden.

Gejodelt wird gegenwärtig in folgenden Kategorien:
- Jodlerinnen Einzel
- Jodler Einzel
- Jodler-Duette (Damen und Herren)
- Jodler-Terzette
- Jodler-Quartette
- Jodler-Gruppen
- Jodler-Nachwuchsgruppen

Dazu ist anzumerken, dass in der Schweiz nur Erwachsene ab 18 Jahren beim Wettstreit zugelassen sind. Schon 1914 wurde beschlossen, »dass Kindergruppen oder Klubs mit Minderjährigen an keiner Konkurrenz teilnehmen dürfen« (Eidgenössischer Jodlerverband 1960: 16). Das galt noch beim *Eidgenössischen Jodlerfest* 1999 in Frauenfeld. Beim Jodlerwettstreit 2008 in Luzern waren auch Nachwuchsgruppen zugelassen. 14 *Kinderjodelchörli* boten herzerfrischende Vorträge.

Zum Vortrag gelangt jeweils ein Jodellied mit drei Strophen oder ein Naturjodel, der auch chorisch gesetzt sein kann. Wegen der großen Teilnehmerzahlen wird in mehreren Wettkampflokalen parallel gejodelt; bevorzugt in Kirchen, aber auch in der Aula einer Schule, in einer Turnhalle oder im Festsaal eines Hotels. 2008 waren es in Luzern zwölf *Jodellokale*.

Beim »Jodler-Wettkampf [...] dürfen nur Schweizerlieder und -jodel zugelassen werden«, heißt es schon in den ersten Statuten von 1912 (Eidgenössischer Jodlerverband 1960: 57). Jeweils drei Wertungsrichter (bis 2005 noch »Kampfrichter« genannt) bewerten:
- Tonbildung und Aussprache
- Reinheit und Intonation
- Rhythmik und Dynamik
- Gesamteindruck

Dafür wird zwar ein Punktesystem zur Hilfe genommen; Plätze, Preise und Pokale gibt es jedoch in der Schweiz nicht. Dafür erscheint am Ende des Jodlerfestes eine *Klassierungsliste*:
- Klasse 1 (sehr gut)
- Klasse 2 (gut)
- Klasse 3 (befriedigend)
- Klasse 4 (unbefriedigend)

So wurden z. B. beim *Eidgenössischen Jodlerfest* 1996 in Thun von 273 Vorträgen der Duette 138 in die Klasse 1, 117 in die Klasse 2 und 18 in die Klasse 3 eingestuft.

Die Wettvorträge im Jodeln beginnen meist an einem Freitag um 18 Uhr und dauern bis gegen 21 Uhr. Am darauffolgenden Samstag wird dann von 9:30 Uhr bis ca. 19 Uhr um die Wette gejodelt. In einem ausführlichen *Festführer* ist aufgeführt, wer wo und wann jodelt. Neben den Wettkämpfen der Alphornbläser und Fahnenschwinger gibt es bei solch einem *Eidgenössischen* weitere Programmhöhepunkte (vgl. auch Kiehl 1996b).

Bereits am Donnerstagabend veranstaltet der Schweizerische Rundfunk einen Nachwuchswettbewerb für junge Sänger und Musikanten. Am Sonntag gibt es dann einen Festakt und einen Festgottesdienst (meist ökumenisch) und am Sonntagnachmittag einen großen Festumzug. Auch die Unterhaltungskunst kommt nicht zu kurz. In den *Jodler-Beizli*[5] treten Musikanten auf. Unter dem Motto »Das Seebecken jodelt« wurde z.B. 2008 in Luzern in der Dunkelheit am Vierwaldstättersee »eine einzigartige Musik-, Licht-, Feuer- und Sternenshow« inszeniert.

Das Schönste sind aber wohl die langen Jodelnächte – eine unvergleichliche Atmosphäre, die es nur in der Schweiz gibt und auf die im Kapitel 3.1 näher eingegangen wird. Das Publikumsinteresse ist außerordentlich groß. Wurden beim *Eidgenössischen Jodlerfest* 1993 in Sarnen 80 000 Gäste registriert, so sind inzwischen die 100 000 überschritten – Tendenz steigend.

3 Zur Geschichte der Jodlerwettstreite

3.1 Das *Eidgenössische Jodlerfest*

Am 8. Mai 1910 wurde in Bern die *Schweizerische Jodlervereinigung* (SJV) gegründet. Die Delegiertenversammlung in Olten stimmte am 13. April 1924 für die Umbenennung in »Schweizerischer Jodlerverband« (SJV), der dann 1932 in *Eidgenössischer Jodlerverband* (EJV) umgetauft wurde.

Nach und nach kamen auch die Unterverbände hinzu: 1917 der *Bernisch Kantonale Jodlerverband* (BKJV), 1922 der *Zentralschweizerische Jodlerband* (ZSJV), 1932 der *Nordostschweizerische Jodlerverband* (NOSJV), 1933 der *Nordwestschweizerische Jodlerverband* (NWSJV) und 1937 der *Westschweizerische Jodlerverband* (WSJV).

Das Verbandsziel wurde im ersten Statut von 1912 folgendermaßen formuliert: »Die Institution stellt sich zur Aufgabe, das altschweizerische Jodeln im einzeln und im Liede sowie auch das Alphornblasen zu heben und zu schützen in den Grenzen unseres Vaterlandes.« (Eidgenössischer Jodlerverband 1960: 56) Im Jahre 1935 konstatierte Ernst Nievergelt aus Zürich – und dies ganz im nationalsozi-

---

[5] Zelte, in denen gesessen und getrunken werden kann.

alistischen Jargon seiner Zeit, die, wie wir sehen, auch an der Schweiz nicht spurlos vorübergegangen war:

> »So kämpfte seit der Gründung unsere Jodlergemeinde für unsere Volksbräuche und mit ihnen gegen die Überfremdung durch fremdes Gut und fremdes Gewächs. Dieser Kampf ist erst heute in ein entscheidendes Stadium getreten, wo sich von außen her eine ›Musik‹ breitmacht, die in ihrem Aufbau wohl mit Technik, in ihrer Auswirkung wohl mit Sinnesbetäubung, aber nichts mit wahrer Erbauung, Erholung der Seele, mit jener Sehnsucht unseres Volkes nach Liedern seines Herzens und Gemütes, zu schaffen hat.« (zitiert nach: Eidgenössischer Jodlerverband 1960: 9)

Abb. 1: Titelseite des Festführers zum 23. *Eidgenössischen Jodlerfest* 1996 in Thun

Die Jodlerwettstreite fanden zunächst im Rahmen der *Schwing- und Aelplerfeste* statt. Erst 1924 entschloss man sich zu einem eigenen Verbandsfest. Am 23. und 24. August 1924 konnte in Basel das erste *Schweizerische Jodler-Verbandsfest* mit »Konkurrenzen« – wie man den Wettstreit damals nannte – im Jodeln, Alphornblasen und Fahnenschwingen starten. Es beteiligten sich damals 31 Jodlerklubs, 48 Einzeljodler, 2 Einzeljodlerinnen, 16 Alphornbläser und 17 Fahnenschwinger. Die Jodler traten in zwei Kategorien auf:

- Kategorie A: Naturjodel ohne Noten
- Kategorie B: Kultivierter Jodel nach Noten

Fortan wurden alle drei Jahre solche Feste durchgeführt, die seit 1933 den Namen *Eidgenössisches Jodlerfest* tragen. Die im Kapitel 2.2 dargelegten Bewertungsgrundsätze haben sich erst im Laufe der Zeit so entwickelt. Ein wichtiger Schritt wurde beim *Eidgenössischen Jodlerfest* 1946 in Luzern vollzogen: die Einführung der bis heute geltenden Klassierung der Jodelvorträge. Zuvor hatte man, ähnlich wie im Harz, auch die Rangbesten in jeder Kategorie ermittelt. Der Eidgenössische Jodlerverband musste sich sogar wiederholt gegen die Titel *Jodlerkönig* und *Jodlerkönigin* verwahren, die bei den Berichterstattungen in den Medien gebraucht wurden (Eidgenössischer Jodlerverband 1960: 25 u.

39). Bei der großen Teilnehmerzahl wäre es heute gar nicht mehr möglich, nur *einen* Besten zu ermitteln.

Fester Bestandteil beim *Eidgenössischen Jodlerfest* sind die zwei *Freinächte* vom Freitag zum Samstag und vom Samstag zum Sonntag. Am Abend, wenn der Stress der Wettkämpfe vorbei ist, geht es erst richtig los. Es singt und klingt auf allen Straßen und Plätzen: Hier eine Gruppe Alphornbläser, dort ein Jodlerduett, wenige Meter weiter ein Jodlerklub, und wo Jodler am Biertisch beisammen sitzen, klingt es: »Jetzt wemmer noch eis jödele.« Neben den beim Wettstreit gesungenen Liedern hört man da auch andere, z. B. »Meiteli, kumm, ja kumm, hab di nit so dumm« oder »Anneli, tue d' Hüehner i« (Gassmann 1961: 168). Es bedarf schon einer späten Stunde, wenn im Liede auch mal ein »Gamsbock geschossen wird« oder eine alte Ballade gesungen wird. Beim *Eidgenössischen Jodlerfest* 1996 in Thun hörte ich zu mitternächtlicher Stunde auf der Straße das selten aufgezeichnete »Gefangen in maurischer Wüste« (z. B. in: Nützel 1995: Nr. 311); oder Sänger aus Schwarzenburg (südlich von Bern) verrieten: »Wir han im Dörfle a Schniederli« mit dem Refrain »Schenk frisch i, fein luschti woll'n wir hiet si!«. – Es gibt sie also noch, die mündlich tradierten Volkslieder. Aber ich habe den Eindruck gewonnen, dass sie durch neu komponierte Heimatlieder (*Schweizerlieder*) weitgehend verschüttet sind (vgl. auch das Kapitel 4).

3.2 Der *Harzer Jodlerwettstreit Clausthal-Zellerfeld*

Abb. 2: Titelblatt der Broschüre zum 50. *Harzer Jodlerwettstreit Clausthal-Zellerfeld* 1995

Die Initiative hierzu ist dem Lehrer, Maler und Schriftsteller Karl Reinecke aus Altenau (1885 bis 1943) zu verdanken. Auf einem Heimatfest in Altenau am 16. August 1930 stellte er in einem begeistert aufgenommenen Vortrag die Frage: »Welche Dinge der Heimat sind es nun, die der Pflege bedürfen?« Dies seien die Mundart, die Volksbräuche, die Volkslieder, der Schutz der Natur und des Landschaftsbildes (Reinecke-Altenau 1930).

Am 23. Mai 1933 wurde dann mit diesen Zielen der *Heimothbund Ewerharz* (*Heimatbund Oberharz*) aus der Taufe gehoben (Meuskens 1985: 134 ff.; Humm 1987). In musikalischer Hinsicht konnte sich Reinecke-Altenau auf die *Bruchbergsänger* in Altenau stützen, die auch über hervorragende Jodler verfügten. So geriet das erste große Treffen des Oberharzer Heimatbundes am Pfingstmontag, dem 6. Juni 1933 am Polsterberg mit Singen,

Jodeln, Musizieren, Tanzen und Mundartvorträgen zu einer Manifestation des Oberharzer »Volkstums«. Das Polsterbergtreffen ist bis heute eine publikumswirksame Veranstaltung im Oberharz (Kiehl 2008).

Hier muss für die Nichtharzer Leser eingefügt werden, dass sich der *Heimatbund Oberharz* mit seinen Aktivitäten ursprünglich nur auf die montanhistorisch geprägte Region der sieben Oberharzer Bergstädte bezog: Altenau, Clausthal, Grund, Lautenthal, St. Andreasberg, Wildemann und Zellerfeld. Später kamen noch Orts- und Jodlergruppen in Buntenbock, Lerbach und Riefensbeeck-Kamschlacken hinzu. Durch Zuzug von Bergleuten im Mittelalter, vor allem aus dem Erzgebirge, hatte sich hier eine eigenständige Mundart entwickelt.

Diese regionale Eingrenzung galt auch für die ersten Jodelwettbewerbe im Oberharz. In den *Öffentlichen Anzeigen für den Harz*, Clausthal-Zellerfeld, erschien am 24. August 1934 folgender Aufruf:

Erster Jodelwettbewerb

des „Heimothbund Ewerharz".

Um unsere gemeinsamen Zusammenkünfte immer inhaltvoller zu gestalten, anderenteils zur Hebung und Belebung der oberharzischen Jodlerkunst, schreibt der „Heimothbund Ewerharz" einen Jodelwettbewerb aus. Dieser Wettbewerb wird ausgetragen auf unserem nächsten Oberharzer Thing, dessen Tag und Ort noch bekanntgegeben wird, und der voraussichtlich Anfang Oktober stattfindet.

Die Bedingungen des Wettbewerbs sind folgende:

1. Beteiligen kann sich jeder jodelkundige geborene Oberharzer und jede Oberharzerin, auch aus den Orten, wo bisher noch keine Ortsgruppe des „Heimothbundes" besteht.

2. Jeder sich am Wettbewerb beteiligende Landsmann hat vorzubringen: a) irgendeinen bekannten Jodler oder irgendein bekanntes Jodlerlied, b) ein Pflichtjodellied, dessen Melodie jeder selbst erfinden und dem folgender Text zu grunde gelegt werden soll:

1. Hinner Zallerfall
of dr Ringer Hall
Schtieht ne griene Bank,
Schien de Sunn su blank.

2. Of dr Ringer Hall
Hinner Zallerfall
Hot änn Zessighahn
Uns wos zugesahn.

3. Doch dr Zessighahn
Schpricht: Wos giehts mich [ahn
Wos die bäden tuhn,
Bin kän Schnatterhuhn!

4. Immer gäng es ju
Alle Jarsch su zu
Of dr Ringer Hall
Hinner Zallerfall.

Diese Verse müssen natürlich jodelmäßig gesungen werden, jeder soll sie aber gänzlich nach seinem Belieben mit eigentlichen Jodlern am Schluß der Strophe oder jeder Reihe ausschmücken, wie wir es von andern Jodelliedern kennen.

3. Bewertet wird bei a) die Güte des Vortrages, bei b) neben dem Vortrag die Erfindungsgabe, das melodiöse Gefühl, das Verständnis für das Echtjodelmäßige usw. Bekannte Melodien sind bei b) ausgeschlossen und werden nicht bewertet.

4. Das Preisgericht wird vom „Heimothbund Ewerharz" bestimmt und zu gegebener Zeit namhaft gemacht werden.

5. Der Entscheidung des Preisgerichts hat sich jeder Beteiligte zu fügen.

6. Als Preise werden gestaffelte Geldpreise in einer Gesamthöhe von RM. 50 ausgesetzt. Die preisgekrönten Jodellieder zu dem Pflichtliede werden notenmäßig aufgeschrieben, so daß wir mit der Zeit eine Sammlung rein oberharzischer Jodellieder besitzen und damit unseren Sangesschatz wertvoll bereichern.

7. Jeder, der sich am Wettbewerb beteiligen möchte, melde sich sofort persönlich oder mittels Postkarte beim Landsmann H. Böhm, Altenau.

Und nun, jodelkundige oberharzische Landsleute, mit frischem Mut ans Ueben gegangen, zeigt was ihr könnt. Unser Wettbewerb wird nicht nur eine fröhliche, sondern bestimmt auch eine schöne Veranstaltung, die nicht die letzte ihrer Art sein soll. Glück auf!

Ortsgrupp Altenah
gez. H. Böhm

Für den „Heimothbund Ewerharz"
gez. Reinecke-Altenau

Abb. 3: Aufruf zum Jodelwettbewerb 1934

Der Jodelwettbewerb fand dann am Sonntag, dem 21. Oktober 1934, im Kurhaus Voigtslust bei Clausthal-Zellerfeld statt. »Der Besuch des Jodelwettbewerbes im Kurhaus ›Voigtslust‹ war so stark, daß die großen Räumlichkeiten die Besucher nicht fassen konnten«, berichteten die *Öffentlichen Anzeigen für den Harz*, Clausthal-Zellerfeld, am 22. Oktober 1934. Besonders hervorgehoben wurde, »daß die Jugend bei den Jodlern nicht fehlte«. Offiziell am Start waren damals Jodler aus Altenau, Clausthal-Zellerfeld, Bad Grund und Wildemann. Jodler aus anderen Harzregionen, z. B. Karl von Hoff (1883–1962) aus Ilsenburg, durften nur im Rahmenprogramm auftreten, erhielten jedoch in der Tagespresse höchstes Lob (Kiehl 2010). 1935 und 1936 gab es in Clausthal-Zellerfeld weitere Jodlerwettstreite.

Nach 1945 ergab sich durch die Zonengrenze, die mitten durch den Harz führte und die zur Staatsgrenze zwischen der BRD und der DDR wurde, eine neue Situation (Kiehl 2000). In der englischen Besatzungszone war es die *Oberharzer Zunft* unter August Lamprecht, die am 26. Mai 1949 die Tradition wieder aufnahm. Ab 1963 waren die *Oberharzer Bergsänger*, Clausthal-Zellerfeld, die Ausrichter der alljährlichen Jodlerwettstreite (Astheimer 1970). Da es für einen einzelnen Verein in marktwirtschaftlicher Zeit immer schwieriger wird, hat im Jahre 2006 wieder der *Heimatbund Oberharz* die Organisation übernommen.

3.3 Der *Harzer Jodlerwettstreit Altenbrak*

Angesichts der Aktivitäten des Oberharzer Heimatbundes wollte der 1886 gegründete Harzklub nicht abseits stehen. 1935 wurde in mehreren Harzer Zeitungen von Louis Wille (1898–1982), Benneckenstein, ebenfalls zum »ersten Jodler-Wettbewerb im Harz« aufgerufen. Die folgende Anzeige wird nach der *Ilsezeitung*, Osterwieck, vom 18. Juli 1935 wiedergegeben:

Abb. 4 (links): Eintrittsplakette zum 56. *Harzer Jodlerwettstreit Altenbrak* 2008
Abb. 5 (rechts): Aufruf zum Jodler-Wettbewerb 1935

Über den erfolgreichen Verlauf berichtete die Harzklubzeitschrift *Der Harz* im August-Heft 1935 auf den Seiten V und VI. Jodler aus Benneckenstein, Hohegeiß, Ilsenburg, Quedlinburg, Bad Suderode und Tanne jodelten um die Plätze, darunter auch drei Duette, zwei Terzette und ein Quartett. Karl von Hoff, Ilsenburg, wurde mit einem Sonderpreis geehrt.

Es war von dieser Seite aus der einzige Jodlerwettstreit vor dem Kriege. Nach 1945 war es wieder Louis Wille, der die Tradition auf der nun östlichen Seite der Innerharzer Grenze fortführte und bereits am 31. August 1947 das erste *Wettsingen der Harzer Trachtengruppen* in Benneckenstein organisierte. Im Juni 1948 gab es dann beim Waldschlößchen Benneckenstein einen *Jodelwettstreit der Harzer Trachtengruppen*. Diese Tradition mündete 1952 in dem *Harzer Jodlerwettstreit Altenbrak* (Kiehl 2002a).

Am 30. Juni 1951 wurde die mit großem Engagement der Altenbraker errichtete Waldbühne eingeweiht (Mros 1959). Die Organisation lag nun in den Händen vom *Dorfklub Altenbrak*. Am Sonntag, dem 3. August 1952, startete hier mit neuer Zählung der erste *Harzer Jodlerwettstreit*, der damals schon 2.900 Besucher anzog. Das steigerte sich bis 1959 auf 15 000 Jodelbegeisterte aus allen Teilen der DDR. Dann pendelte es sich auf 8000 bis 9000 ein. Nach der Grenzöffnung im Jahre 1989 sank die Besucherzahl dramatisch, 2002 waren es aber immerhin wieder 1211 (Archiv Rita Hinze, Altenbrak). Die Organisation lag nach 1990 zunächst bei der Kurverwaltung und ist heute in den Händen der Trachtengruppe Altenbrak.

3.4 Der *Südharzer Jodlerwettstreit Hesserode*

Hesserode ist ein kleines Dorf, ca. vier Kilometer westlich von Nordhausen gelegen, heute in diese Stadt eingemeindet. In vielen freiwilligen Arbeitsstunden haben sich hier die Bewohner im nahen Hölzchen, einem kleinen Waldstück, eine Freilichtbühne geschaffen, die mit einem Dorffest zu Pfingsten 1956 eingeweiht werden konnte. Im Jahre 1960 wurde der *Dorfklub Hesserode* gegründet, der von nun an die kulturellen Aktivitäten koordinierte.

Da zu dieser Zeit in Altenbrak der Jodlerwettstreit florierte, wollte man auch in Hesserode auf diese Weise das Kulturleben bereichern. Am Pfingstsonntag, dem 21. Mai 1962, startete das erste *Harzer Jodlertreffen* – wie man es bescheiden nannte. Der *Südharzer Jodlerwettstreit* war damit geboren.

Die jodelnden Vorbilder im Harz bewirkten, dass auch Kinder aus Hesserode und den umliegenden Orten das Jodeln erlernen wollten. So entstand im Oktober 1969 die *Kulturgruppe Hesserode*, die heutige *Folkloregruppe Hesserode*, die mit ihren Jodeltalenten auch bald beim Wettstreit in Hesserode und in Altenbrak erfolgreich auftrat. Es ist im Harz ähnlich wie in der

Schweiz: Das Jodeln wandert von den Bergen ins Vorland und in die Städte. Hesserode und Nordhausen gehören ebensowenig zu den traditionellen Jodelgebieten wie z. B. Zürich oder St. Gallen.

In Hesserode nahmen bald auch Jodler aus Altenbrak und dem Nordharz teil. Im Jahre 1978 wurden für beide Wettstreite gemeinsame Teilnahmebedingungen geschaffen. Es gab also jedes Jahr einen *Harzer Jodlermeister Altenbrak* und einen *Südharzer Jodlermeister Hesserode*.

Im Herbst 1989 geschah das Unvorstellbare: Die friedliche Revolution in der DDR fegte den Eisernen Vorhang hinweg. Hesserode, bis dahin nahe des Sperrgebietes der innerdeutschen Grenze gelegen, war wieder mitten in Deutschland! Auch Ursel Müller, die Leiterin der Folkloregruppe Hesserode, knüpfte neue Kontakte. Den Heimatfreunden im südlichen Ost- und Westharz war es ein besonderes Bedürfnis, dass der 29. *Südharzer Jodlerwettstreit* ein gesamtharzerischer werden sollte. So jodelten am 27. Mai 1990 auf der Waldbühne in Hesserode zum ersten Mal nach dem »Fall der Mauer« Jodler aus Ost und West gemeinsam. Es kamen »von drüben« die *Sösespatzen* aus Riefensbeek-Kamschlacken, die Heimatgruppe des Harzklubzweigvereins Bad Sachsa und Walkenried sowie Jodlerinnen und Jodler aus Clausthal-Zellerfeld, Bad Grund, Osterode, Pöhlde und Seesen. Die Nordhäuser Zeitung HARZ-Kurier berichtete am 29. Mai 1990 enthusiastisch:

> »Weit über 2.000 Besucher waren gekommen, um das Treffen der Folkloristen des südlichen Ostharzes mit den Freunden des Westharzes zu erleben. Trotz Trennung ist die Harzer Gemeinsamkeit geblieben.«

Nun, diese Euphorie ist inzwischen etwas gedämpft. Die Organisation der Südharzer Wettstreite liegt seit 1992 bei der Folkloregruppe Hesserode selbst. 1992 wurde auch in Hesserode die bis heute geltende Klasseneinteilung übernommen. Am 17. Juni 2001 ging der *40. Südharzer Jodlerwettstreit* erfolgreich über die Bühne (Kiehl 2001). Hesserode hat immer seine Selbstständigkeit ge-

Abb. 6: Plakat zum 18. *Harzer Jodlertreffen* 1979 in Hesserode

wahrt, auch wenn Jodler aus anderen Harzregionen regelmäßig teilnehmen. Die Veranstaltung gerät zwar immer etwas kleiner als in Altenbrak, dafür aber beschaulicher, gemütlicher und ebenso traditionell.

3.5 Der *Gesamtharzer Jodlerwettstreit*

Abb. 7: Einladung zum 1. Teil des *Gesamtharzer Jodlerwettstreites* 1990

Durch die Teilung Deutschlands nach dem Zweiten Weltkrieg konnten die Wettstreittraditionen – wie bereits geschildert – im Ost- und im Westharz nur getrennt wieder aufgenommen werden. Auf Initiative der Volkskundlerin Ursula Vollbrecht (1922–2004), Goslar, gelang es, dass in den Jahren 1957 bis 1964 auch Jodler aus dem Oberharz in Altenbrak und von 1959 bis 1961 auch einige Jodler aus dem Kreis Wernigerode beim Wettstreit in Clausthal-Zellerfeld starten durften (Vollbrecht 1993). Die dabei zu überwindenden Hürden seitens der DDR-Behörden waren groß, und nach dem »Mauerbau« 1961 wurde der Eiserne Vorhang völlig zugezogen (Kiehl 1999).

Am 11. November 1989, zwei Tage nach Öffnung der Grenze, schrieb Fritz Schmidt vom Dorfklub Altenbrak einen Brief an Kurt Astheimer von den Oberharzer Bergsängern in Clausthal-Zellerfeld und regte ein Treffen an. Beide kannten sich noch vom Ende der 1950er-Jahre. Die Heimatfreunde aus Altenbrak und Clausthal-Zellerfeld wurden sich schnell einig, künftig wieder gemeinsam zu jodeln. Da beide traditionellen Veranstaltungsorte erhalten bleiben sollten, einigte man sich auf *einen* Wettstreit in *zwei* Teilen. Hier folgt der Anfang der neuen, gemeinsam ausgearbeiteten Teilnahmebedingungen:

> **HARZER JODLERWETTSTREIT**
> in der Bergstadt Clausthal-Zellerfeld
> und im Luftkurort Altenbrak
>
> **Teilnahmebedingungen**
> (gültig ab Jodlerwettstreit 1990)
>
> 1. **Austragung und Austragungsorte**
> Der Harzer Jodlerwettstreit in Clausthal-Zellerfeld und Altenbrak gewinnt wieder an Bedeutung durch die Teilnahme der Jodler aus beiden Teilen des Harzes.
> 1,1 Der erste Teil des Jodlerwettstreites wird in Clausthal-Zellerfeld in jedem Jahr am 1. Sonntag im August durchgeführt. Veranstalter sind die „Oberharzer Bergsänger aus der Bergstadt Clausthal-Zellerfeld e.V. im Heimatbund Oberharz".
> 1.2 Der zweite Teil des Jodlerwettstreites wird in Altenbrak in jedem Jahr am 1. Sonntag im September auf der Waldbühne durchgeführt. Veranstalter sind der Dorfklub (ehemaliger Kulturbund) und der Rat der Gemeinde Altenbrak.
> 1.3 Die Klassen werden nach dem Ergebnis der Meldungen auf die beiden Veranstaltungsorte aufgeteilt.
>
> 2. **Teilnahmeberechtigte**
> Teilnahmeberechtigt sind alle Einzeljodler, Duette, Terzette und Jodlergruppen des gesamten Harzes und Harzvorlandes, auch wenn sie nicht einer Folkloregruppe oder einem Heimatverein angehören [...].

Abb. 8: Von Altenbrak und Clausthal-Zellerfeld im Jahre 1990 ausgearbeitete Wettstreitbedingungen

Von Clausthal-Zellerfeld wurde die differenziertere Klasseneinteilung übernommen, von Altenbrak – nach anfänglichem Sträuben der Oberharzer – die Punktewertung. Die Aufteilung der Klassen auf die beiden Veranstaltungsorte funktionierte folgendermaßen: Jodelten z. B. die Erwachsenen-Duette 1990 in Altenbrak und die Terzette in Clausthal-Zellerfeld, wurden 1990 in Altenbrak der *Harzer Jodlermeister* und in Clausthal-Zellerfeld die *Harzer Jodlermeisterin* gekürt, so war es im nächsten Jahr umgekehrt. Beim zweiten Gesamtharzer Jodlerwettstreit 1991 waren z. B. 189 Vorträge gemeldet, davon entfielen 91 auf den ersten Teil in Clausthal-Zellerfeld und 98 auf den zweiten Teil in Altenbrak.

So genial diese Einigung auch auf den ersten Blick erscheinen mag, kam es in der Praxis doch immer wieder zu Differenzen. Die Festlegung des jährlich wechselnden Auftrittsortes nach Punkt 1.3 für die teilnehmenden Klassen werteten einige Jodler als Eingriff in ihre persönliche Freiheit. Andere störte es, dass an einem Ort nicht mehr das »gesamte Programm« aller Jodelklassen zu erleben war. Außerdem hatte sich in den Jahren der Trennung auf beiden Seiten die Jodelkunst in zum Teil unterschiedlicher Weise weiterentwickelt, was manche Jodler nicht akzeptieren wollten; sie pochten stattdessen auf ihren gewohnten Jodelstil. »Entwicklung mit Toleranz akzeptieren!« – Damit versuchte das Preisrichterkollegium schon im Herbst 1997 in verschiedenen Harzer Zeitungen Klarheit zu schaffen und für »Einheit in der Vielfalt« zu werben. Unterschiedliche Auffassungen gab es auch beim Unterhaltungsprogramm in der Mittagspause, das die Altenbraker touristenwirksamer gestalteten.

In zunehmendem Maße blieben Jodler vom Wettstreit fern. Das Ende vom Lied war das Auseinanderbrechen der Einheit. Seit 2005 jodelt man wieder getrennt, jeder für sich »das volle Programm«. Aufschlussreich ist ein Artikel in der Goslarschen Zeitung, Seite *Oberharz* vom 2. April 2005 unter der Überschrift: »Traditionelles Gegenstück zur Show. Heimatgruppen berieten über Zukunft des Harzer Jodlerwettstreites – Meister und Meisterin wieder jährlich«.

3.6 Der *Allgäuer Lieder- und Jodlertag*

Der *Allgäuer Lieder- und Jodlertag* wird seit 1948 jährlich an wechselnden Orten des Allgäus ausgetragen. Obwohl die Veranstalter darin keinen Jodlerwettstreit sehen, muss er doch der Vollständigkeit halber hier aufgeführt werden.

> »Nicht ein Wettstreit um einen Preis ist das alljährliche Zusammentreffen der Allgäuer Jodlergruppen, sondern ein Wettstreit für das Allgäuer heimatliche Volkslied. Dieses wertvolle Kulturgut einer Landschaft zu erhalten und neu zu bereichern, war die Idee bei der Gründung vor 50 Jahren.« (Festschrift 1997: 13)

Die vier Juroren bedienen sich eines Punktesystems, mit dem Aussprache, Stimmung, Stimmausgleich, Rhythmik und Tempo bewertet werden. Am Ende stehen dann die Prädikate: »mit ausgezeichnetem Erfolg«, »mit sehr gutem Erfolg«, »mit gutem Erfolg« oder »mit Erfolg teilgenommen«. Für jeden Vortrag wird eine schriftliche Beurteilung ausgearbeitet, die nach dem Jodlertag den betreffenden Jodlern oder Jodlergruppen übergeben wird.

Stilistisch orientiert man sich im Allgäu an der gegenwärtigen Schweizer Jodelpraxis, wobei auch Lieder der prominenten Schweizer Jodelkomponisten, wie Adolf Stähli oder Marie-Luise Marti, übernommen werden. »Wir sind keine Bajuwaren, wir sind Alemannen!«, ist die selbstbewusste Begründung.

Als ich beim 55. *Allgäuer Lieder- und Jodlertag* am 15. September 2002 in Nesselwang einige Jodler fragte: »Wie wurde denn früher im Allgäu gejodelt, als es noch keine Jodlergruppen gab?« – da wussten sie keine Antwort. Dagmar Held vom *Archiv für Volksmusik in Schwaben* (Krumbach) stieß bei ihren Forschungen »auf ganz einfache zweistimmige nach dem alpenländischen Modell gebaute Jodler. [...] Sie werden fast ausschließlich im privaten Bereich gesungen« (Held 1989: 41). Beim *Allgäuer Lieder- und Jodlertag* haben diese schlichten Jodlrufe und -weisen keine Chance (vgl. Held 1989: 47).

Abb. 9: Plakat zum 55. *Allgäuer Lieder- und Jodlertag* 2002 in Nesselwang

Unter den 29 Vorträgen 2002 in Nesselwang war nur ein *Naturjodel* dabei, vorgetragen vom *Jodlerduo Hellengerst*: der Titel *Hirtenjodel*, wunderschön harmonisch, jodeltechnisch höchst anspruchsvoll, komponiert von Adolf Stähli in der Schweiz. Dennoch stand der ganze Allgäuer Jodlertag unter dem Motto: »Treu dem guten alten Brauch!« (Kiehl 2003)

4 Stilistische Aspekte

Die Jodlerwettstreite werden zwar mit dem Anspruch veranstaltet, Bewahrer volksmusikalischer Traditionen zu sein, sind aber sowohl im Harz als auch in der Schweiz ein Ansporn zum Schaffen neuer Jodellieder. Der Funktionswandel und die Bewertungskriterien wirken sich dabei hörbar auf Inhalt und Form aus. Jeder Teilnehmer am Wettstreit strebt nach größter Perfektion, nach höherem Schwierigkeitsgrad, nach einer möglichst guten Bewertung.

Zunächst ein Beispiel aus der Schweiz, der *Wäggiser Jodel* vom Vierwaldstättersee, als Chorjodel gesetzt von Alfred Leonz Gassmann (1876–1962):

Abb. 10: Der *Wäggiser Jodel* (aus Gassmann 1928: 3)

»Aus neuerer Zeit«, schreibt Gassmann darüber und er fügt hinzu: »Wäggiser Jodlerinnen singen die Weise an schönen Sommerabenden übers Dorf hinweg. Die Kurgäste, gondelnd am Ufer entlang, horchen den aelplerischen Klängen. Sie klingen ja so wundersam in die werdende Nacht hinaus.« (Gassmann 1928: Nr. 3)

Die Schweizer Chorjodel, wie sie von den *Jodlerklubs* (Männerchören mit 24 Sängern plus einem oder maximal drei Jodlern oder heute auch Jodlerinnen) und den *Jodlerchörli* (Frauen- oder gemischten Chören, wobei die Anzahl der Sänger nicht begrenzt ist) vorgetragen werden, sind im Jodelteil meist zweistimmig, da die Chöre meist nur über zwei, maximal drei Solojodler verfügen. Die Jodelstimmen werden vom Chor vierstimmig harmonisch untermalt, so auch bei den *Klubliedern*, den speziell für die Jodlerklubs meist von deren Dirigenten geschaffenen neuen *Schweizerliedern*. Diese Praxis gibt es im Harz nicht. Hier verfügen die Jodlergruppen meist über eine größere Anzahl von Jodlern und Jodlerinnen, sodass auch im Chorlied drei- oder vierstimmig gejodelt werden kann.

Die Schweiz ist keine einheitliche Jodellandschaft. Es gibt – und dies auch bei modernen Jodelkomponisten – regionale stilistische Unterschiede (Sichardt 1937: 120–136; Leuthold 1981: 78–111). Ebenso existieren im Harz, sowohl in der Überlieferung als auch in der Weiterentwicklung, verschiedene Jodelstile (Kiehl 1992b; Pilz 1994; Kiehl 1996a). Außerdem gilt für beide Jodelregionen: »Neben allen regionalen und zeitgebundenen Eigenheiten darf die Individualität des Schaffenden nicht übersehen werden. Jeder Tonschöpfer prägt seinen eigenen Stil.« (Leuthold 1981: 111)

Hier muss eine terminologische Erläuterung eingeflochten werden. In der Schweiz ist der *Jodler* die jodelnde Person, das, was er vorträgt, wird der *Jodel* genannt. Im Harz wird dieser Unterschied nicht gemacht. Ein *Naturjodler* oder ein *freier Jodler* ist hier also kein Naturbursche, sondern ein freier Jodelvortrag, der nicht dem Refrain eines Liedes entspricht.

Als melodischen *Urtyp* bezeichnet Alfred Leonz Gassmann folgenden *Volksruf*:

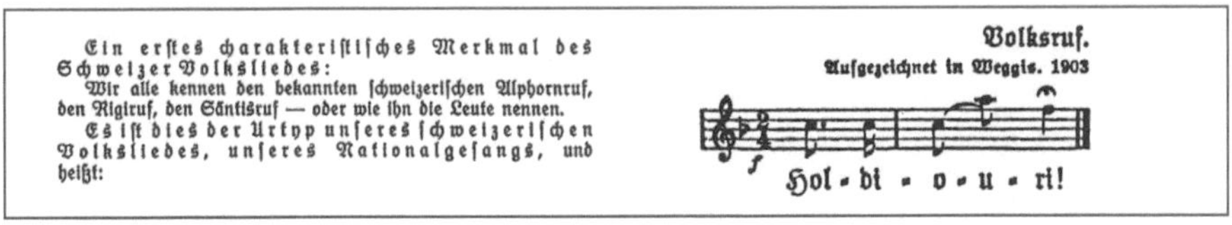

Abb. 11: Der *Ur-Jodelruf* (aus Gassmann 1936: 15)

»Hier spricht sich der Volksgeist melodisch charakteristisch aus«, fügt Gassmann hinzu, und: »Tiefgefühlte Bilder der Volkspsyche treten uns in ihm entgegen und heben und schwellen die Schweizerbrust.« (Gassmann 1936: 15)

Hier lässt der Nationalstolz dem Verfasser die Schweizerbrust allerdings zu sehr schwellen. Ein *Urtyp* ist dieser Jodelruf schon, aber nicht nur für den schweizerischen Nationalgesang, sondern überall in der Welt, wo gejodelt wird (einige Beispiele in Kiehl 1997).

Im Harz – und nicht nur hier – entwickelte sich daraus folgende Jodelkadenz:

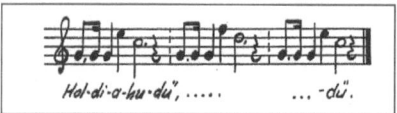

Abb. 12: Aufgezeichnet am 24.03.1993 von Ernst Kiehl, vorgetragen von Martin Hund, Benneckenstein

Der Aufschlag erfolgt zunächst mit einer Sexte und fällt zur Tonika ab (Quartsextakkord), dann folgt ein Septimaufschlag, der in der Dominante mündet (Dominantseptakkord), und schließlich folgt wieder die Tonika. Dieser Jodelruf, der im Harz bei Fuhrleuten, Köhlern, Hirten und Waldarbeitern traditionell war, wird heute in mehr oder weniger ausgeschmückter Form als Einleitung zu einem Naturjodler oder zu einem Jodellied verwendet.

Auch beim *Altenauer Naturjodler* ist dies der Fall:

Abb. 13: Aufzeichnung H: gejodelt von Heinz Hirschhausen, Altenau, beim 30. *Harzer Jodlerwettstreit* am 03.08.1975 in Clausthal-Zellerfeld. Aufzeichnung B: gejodelt von Otto Bruns, Altenau, beim 49. *Harzer Jodlerwettstreit* am 07.08.1994 in Clausthal-Zellerfeld (beide Transkriptionen von Ernst Kiehl).

Zwischen beiden Vorträgen liegt ein Zeitraum von 19 Jahren. Während sich Heinz Hirschhausen mit Doppelschlägen[6] begnügt, schmückt Otto Bruns die Kadenzen mit längeren *Harzer-Roller*-Passagen[7] aus. Im ersten Teil nimmt der Altenauer Naturjodler die schon oben besprochene Kadenz Tonika – Dominante – Tonika auf. Der zweite Teil entspricht der Kadenz Subdominante – Tonika – Dominante – Tonika.

Das Jodeln in Kadenzen ist besonders im Oberharz traditionell. Mehr melodisch geprägte Naturjodler und Jodellieder sind z.B. in Ilsenburg und im Unterharz anzutreffen. Stets charakterisiert aber ein klarer sauberer Umschlag zwischen Brust- und Kopfstimme das Jodeln im Harzgebirge.

Die zwei in Altenau aufgezeichneten Varianten gewähren auch einen kleinen Einblick in die Variabilität beim Jodeln im Harz. Es sind Momentaufnahmen. Beim nächsten Mal würde es Otto Bruns wieder etwas anders gestalten. Hinzu kommt noch eine rhythmische Dynamik, die nur in einer protokollarischen Transkription oder noch deutlicher in einem Ton-Zeit-Diagramm sichtbar gemacht werden kann (Kiehl 1996c; Kiehl 2002b).

Es muss angefügt werden, dass die Bezeichnung von Naturjodlern nach den Orten ihrer Aufzeichnung im Harz nicht üblich ist. In der Praxis stellen sich die Jodlerinnen und Jodler hier ihren *freien Jodler* gemäß ihren Fähigkeiten selber zusammen, wobei, wie schon beschrieben, ein gehöriges Maß an Improvisation und rhythmisch freier Gestaltung dazu gehört. Solche Freiheiten sind auch beim Jodlerwettstreit im Harz durchaus erwünscht. Selbst beim Jodelrefrain neuerer Lieder können Abweichungen vorkommen. Damit hat sich im Harz ein Grundzug volksmusikalischen Lebens bis heute erhalten!

Dies wäre beim Jodlerwettstreit in der Schweiz völlig unmöglich. Den Juroren müssen die Noten der zuvor gemeldeten Titel vorgelegt werden. Jede Abweichung wird mit Punkteabzug geahndet. Damit sind die Jodelweisen erstarrt, lebendige Variabilität wird ausgeschlossen. Den Fachleuten in der Schweiz ist dieses Dilemma durchaus bewusst. Schon der Musikpädagoge Max Lienert (1903–1964) forderte:

> »Die Freiheit der Gestaltung mit leichten Stegreifzutaten, die aus persönlicher Neigung [...] oder als jodeltechnische Spezialitäten hervorgehen kön-

---

[6] Unter einem *Doppelschlag* versteht der Harzer Musikethnologe den zweimaligen schnellen Umschlag von der Brust- in die Kopfstimme (siehe die Sechzehntelnoten im Beispiel »H«).

[7] Ein *Harzer Roller* ist ein fortwährender schneller, gleichsam rollender Registerwechsel wie im Beispiel »B«. Er ist ebenfalls ein charakteristisches Element beim Harzjodler (Kiehl 1992b).

nen, soll weiterhin erlaubt, ja gefördert werden, weil das musikalische Urkräfte im Volk hegen und pflegen hilft.« (Zitiert nach Leuthold 1981: 79)

Und Heinrich Leuthold führt auf der gleichen Seite weiter aus:

> »Damit hat Lienert das wesentliche Merkmal des echten Naturjodels berührt: Freiheit in Gestaltung und Improvisation. Diese muss jedem Jodler zugestanden werden. Jede Notierung einer Jodelmelodie, sei sie altüberliefert, oder neu komponiert, stellt dieser Forderung von Max Lienert ein fast unüberwindliches Hindernis in den Weg. Immer wieder wird die Melodie nach der schriftlichen Fixierung ausgerichtet. Jedes Kampfgericht wacht darüber, dass im Vortrag ja kein Ton auf ein anderes Geleise überspringt, sondern notengetreu wiedergegeben wird!« (Leuthold 1981: 79)

Obwohl der Pädagoge Heinrich Leuthold selber bei mehreren Eidgenössischen Jodlerfesten beim Jodelgesang in der Jury mitgearbeitet hat, ist es ihm nicht gelungen, die Starrheit in dem für jeden Wertungsrichter verbindlichen *Regulativ für Jodelgesang* aufzuweichen.

Dies gilt auch für die tradierten Naturjodel, die zudem meist sorgfältig zweistimmig oder als Chorjodel gesetzt und damit ein für allemal festgeschrieben sind. Die meisten *Naturjodel*, die bei den *Eidgenössischen Jodlerwettstreiten* zu hören sind, haben jedoch Chorleiter und Komponisten neu erfunden, wie z. B. der *Bärgchilbi-Jutz. Naturjutz von Adolf Stähli* (Stähli 1973: 6–7).

Die Texte der vorgetragenen Jodellieder im Harz und in der Schweiz bewegen sich auf gleicher inhaltlicher Ebene, nur dass in der Schweiz die Berge höher sind. Es handelt sich um Topoi, mit denen in allen Berglandschaften die Liebe zur Heimat besungen wird. Die Schweizer Titel im folgenden Vergleich sind den Festführern entnommen:

HARZ	SCHWEIZ
Mein Harzerland, wie bist du schön	Schöni Heimat
Wenn früh der Tau die Wiesen tränkt, dann wird's ein schöner Tag	Bärgmorge
Wir wandern im dämmernden Morgen in die Bergwelt des Harzes hinein	De Bärge zue
Muntre Wellen plätschern leise, rinnen über Moos und Stein	Am Wildbach
Es blüht der Fingerhut im Harz zur Sommerzeit	Bärgblueme
Wenn im Harzerland wieder Sommer ist,	Alp-Summer

dann ist doch die schönste Zeit	
Der Wald und die Berge,	In der Bergwält
das ist meine Welt	
Es singt eine Amsel so schön im Wald	Es Amseli singt
Wenn die Finken schlagen in Berg und Wald	s' Finkli
Vögelein im Walde singen wunderschön	Frühlingskonzert
Klingt von den Bergen ein Jodler so schön	Jetzt wemmer eis jutze[8]
Ich sing aus frohem Herzen heut	Mis Jodellied[9]
ein kleines Jodellied	
Wo des Morgens in der Früh	Senneglück
der Kuhhirt seine Küh' austreibt	
Ein Dörfchen klein hoch drob'n im Harz	Mis Bärgdörfli
Kleines Echo, schalle weiter	Echo vom Waldegg
Wo der Wind singt sein Lied in den Wäldern	Föhn i der Urschwyz

Ein traditionelles Volkslied sucht man beim Jodlerwettstreit in der Schweiz vergeblich (vgl. auch Kap. 3.1). Das ist schade, da doch in der Schweiz wesentlich mehr Jodelvolkslieder überliefert sind als im Harz. Im Harz sieht es nicht besser aus. Lieder wie das aus dem 19. Jahrhundert überlieferte Köhlerlied »In den grünen Monat Mai treckt der Kehlder in den Hai«[10], von dem verschiedene Varianten existieren (Kiehl 1992a: 213–231), werden nur noch von Kindern gejodelt.

In einem Punkt ist man jedoch in der Schweiz traditionsbewusster als im Harz: Die Lieder werden alle in der jeweiligen regionalen Sprache, der Mundart, vorgetragen. Aus der Westschweiz sind sogar zuweilen Jodellieder in Französisch zu hören. Die italienische Schweiz, das Tessin, kennt das Jodeln nicht. Hier ist italienische Folklore traditionell. Mundartlieder im Harz sind eher die Seltenheit.

5 Resümee

Nur in der Schweiz (einschließlich dem angrenzenden Allgäu) und im Harz haben sich im Rahmen der Folklorepflege Jodlerwettstreite etabliert. Gemeinsamkeiten, Unterschiede und die historische Entwicklung werden in der vor-

---

[8] *Jutzen* oder *juitzen* sind mundartliche Ausdrücke in der Schweiz für das Jodeln, ebenso auch *jödele*.
[9] *Mein Jodellied.*
[10] Der *Kehlder* ist in der ostfälischen Harzmundart der *Köhler*. Er zieht im Frühjahr »in den Hai«: in ein Waldstück, in dem die alten Bäume bis auf wenige gefällt sind und die jungen schon heranwachsen. Hier übt er den Sommer über mit seinen Gesellen seinen Beruf aus.

liegenden Arbeit untersucht. Obwohl vom *Oberbayerischen Preissingen* 1930 eine gewisse Vorbildwirkung auf den Harz ausging, ist es in Bayern und auch in den österreichischen Alpen zu keiner Jodlerwettstreittradition gekommen.

In den Vogesen, im Schwarzwald, im Odenwald, im Egerland, in Unterfranken, im Frankenwald, im Riesengebirge, im Erzgebirge, im Vogtland und in der Rhön, wo das Jodeln ebenfalls traditionell war, ist es heute verklungen (Pilz 1998; Kiehl 2002b; Kiehl 2004). Nur im südlichen Thüringer Wald, der Gegend um Lauscha und Neuhaus am Rennweg, wird die Jodelkunst heute noch gepflegt. Der Pädagoge und Volksmusikforscher Horst Traut (1935–2010), Cursdorf, hat die traditionellen Grundlagen und die alpenländischen Einflüsse des Thüringer Jodlers erforscht und zur Darstellung gebracht (Traut 2007).

Bei der Pflege der musikalischen Volkskultur im Harz kommt der Demarkationslinie und Staatsgrenze nach 1945 eine entschieden negative Rolle zu. Bis zur Wiedervereinigung Deutschlands im Jahre 1990 war das Harzgebirge quasi in eine amerikanische (BRD) und in eine sowjetische Interessensphäre (DDR) geteilt. Die Folgen sind auch auf volkskünstlerischem Gebiet noch nicht überwunden, wie u. a. das Auseinanderbrechen des *Gesamtharzer Jodlerwettstreites* zeigt.

Der Funktionswandel im Volksgesang und damit einhergehend die Jodlerwettstreite haben einerseits zum Erhalt der Jodeltraditionen beigetragen, andererseits jedoch Inhalt und Form verändert. Der regional traditionelle Grundcharakter ist dabei jedoch gewahrt worden.

Literatur

Astheimer, Kurt (1970): »25. Harzer Jodlerwettstreit in Clausthal-Zellerfeld«. In: *Unser Harz. Zeitschrift für Heimatgeschichte, Brauchtum und Natur 18* (1970) 7. S. 124–127.

Baumann, Max Peter (1976): *Musikfolklore und Musikfolklorismus. Eine ethnomusikologische Untersuchung zum Funktionswandel des Jodels*. Winterthur/Schweiz.

Eidgenössischer Jodlerverband (Hg.) (1960): *50 Jahre Eidgenössischer Jodlerverband 1910–1960*. Bern: Eigenverlag.

Festschrift (1997): »Festschrift zum 50. Allgäuer Lieder- und Jodlertag am 7. September 1997 in Hindelang«.

Gassmann, Alfred Leonz (1928): »*Vo Wäggis obe-n-appe*«. *12 heimelige Jodelliedli. Aus dem Volksmund aufgezeichnet und für Jodelchor gesetzt*. Op. 59. Zürich und Leipzig.

Gassmann, Alfred Leonz (1936): *Zur Tonpsychologie des Schweizer Volksliedes*. Zürich.

Gassmann, Alfred Leonz (1961): *Was unsere Väter sangen. Volkslieder und Volksmusik vom Vierwaldstättersee, aus der Urschweiz und dem Entlebuch.* Basel.

Held, Dagmar (1989): »Alte und neue Singformen des Jodlers im Allgäu«. In: *Volksmusik in Bayern 6* (1989) 4. S. 41–49.

Humm, Albert (²1987): »Die Gründung des Oberharzer Heimatbundes«. In: *Aus längst vergangenen Tagen, Band 2.* Hg. Albert Humm. Clausthal-Zellerfeld. S. 219–222.

Kiehl, Ernst (1992a): *Die Volksmusik im Harz und im Harzvorland. Band II: Volksmusikalischer Teil.* Clausthal-Zellerfeld.

Kiehl, Ernst (1992b): »Der ›Harzer Roller‹ – Forschungen und Fragen«. In: *Unser Harz 40 (1992) 5.* S. 111–113.

Kiehl, Ernst (1996a): »Der Harzer Naturjodler – einige Aspekte seiner heutigen Lebensform«. In: *Allgemeiner Harz-Berg-Kalender.* S. 41–44.

Kiehl, Ernst (1996b): »Impressionen vom 23. Eidgenössischen Jodlerfest«. In: *Unser Harz 44* (1996) 11. S. 210–211.

Kiehl, Ernst (1996c): »Rhythmus-Untersuchungen beim Jodler des Harzes«. In: *Jahrbuch für Volksliedforschung. Im Auftrag des Deutschen Volksliedarchivs hg. v. Otto Holzapfel, Hartmut Braun u. Jürgen Dittmar.* 41. Jg. S. 97–99.

Kiehl, Ernst (1997): »Der Altenauer Naturjodler und das Ur-Jodel-Motiv«. In: *Allgemeiner Harz-Berg-Kalender.* S. 79–81.

Kiehl, Ernst (1999): »Zehn Jahre Gesamtharzer Jodlerwettstreit, ein historischer Rückblick«. In: *Unser Harz 47* (1999) 12. S. 231–235. 48 (2000) 1. S. 17.

Kiehl, Ernst (2000): »›Wo unser Brocken grüßt ins Land hinein, darf keine Grenze wieder sein!‹« In: *Allgemeiner Harz-Berg-Kalender.* S. 135–141.

Kiehl, Ernst (2001): »Der Südharzer Jodlerwettstreit in Hesserode – Eine Würdigung zum 40jährigen Jubiläum«. In: *Unser Harz 49* (2001) 4. S. 66–70.

Kiehl, Ernst (2002a): »Die Harzer Jodlerwettstreite«. In: *Auf den Spuren der musikalischen Volkskultur im Harz.* Hg. Otto Holzapfel, Ernst Kiehl und Ernst Schusser. München: Bezirk Oberbayern. S. 174–184.

Kiehl, Ernst (2002b): »Vergleichende Jodelforschung«. In: *Auf den Spuren der musikalischen Volkskultur im Harz.* Hg. Otto Holzapfel, Ernst Kiehl und Ernst Schusser. München: Bezirk Oberbayern. S. 244–280.

Kiehl, Ernst (2003): »›Treu dem guten alten Brauch!‹ – Beobachtungen beim 55. Allgäuer Lieder- und Jodlertag«. In: *Unser Harz 51* (2003) 7. S. 136–138.

Kiehl, Ernst (2004): »Die Mittelgebirgsjodler – Gestalt und Wandel im 20. Jahrhundert«. In: Marianne Bröcker (Hg.). *Das 20. Jahrhundert im Spiegel seiner Lieder. Tagungsbericht Erlbach/Vogtland 2002 der Kommission für Lied-, Musik- und Tanzforschung in der Deutschen Gesellschaft für Volkskunde e.V.* Bamberg. S. 77–84.

Kiehl, Ernst (2008): »75 Jahre Oberharzer Heimatbund – ein Rückblick auf das Polsterbergtreffen 2008«. In: *Unser Harz 56* (2008) 11. S. 209–212.

Kiehl, Ernst (2010): »›Mein Harzerland, wie bist du schön!‹ Karl von Hoff aus Ilsenburg und sein Lied«. In: *Allgemeiner Harz-Berg-Kalender.* S. 157–160.

Leuthold, Heinrich J. (1981): *Der Naturjodel in der Schweiz, Wesen, Entstehung, Charakteristik, Verbreitung.* Altdorf: Fellmann.

Meuskens, Wolfgang (1985): *Karl Reinecke-Altenau, Leben und Wirken.* Clausthal-Zellerfeld.

Mros, Emil (1959): »Die Waldbühne Altenbrak – Die Stätte des Harzer Jodler-Wettstreites«. In: *Heimatzeitschrift des Kreises Wernigerode, 3* (1959) 8. S. 241–246.

Nützel, Christian (1995): *Die Liedersammlung des Christian Nützel.* 2. Band. Franz Josef Schramm und Franziska Zachmeier (Hg.). München.

Pilz, Wolfgang (1994): »Das traditionelle Harzer Jodellied. Ein Beitrag zu seiner Herkunft und Geschichte«. In: Marianne Bröcker (Hg.). *Berichte aus dem ICTM-Nationalkomitee Deutschland III.* Bamberg. S. 157–186.

Pilz, Wolfgang (1998): »Dr. Johann Karl Eduard Hoser. Sein Beitrag zur Erforschung der Volkskultur und Volksmusik im Riesengebirge an der Wende zum 20. Jahrhundert«. In: Marianne Bröcker (Hg.): *Berichte aus dem ICTM-Nationalkomitee Deutschland VI/VII.* Bamberg. S. 301–337.

Reinecke-Altenau, Karl (1930): »Heimatpflege«. In: *Der Harz, Monatsschrift des Harzklubs.* Heft 9, September. S. IX–XIII.

Schrammek, Winfried (2005): *Über das Jodeln im Harz. Eine Studie zur musikalischen Volkskunde der Gegenwart.* Hg. v. Zentrum HarzKultur. Wernigerode.

Sichardt, Wolfgang (1937): *Der alpenländische Jodler und der Ursprung des Jodelns.* Jena.

Stähli, Adolf (1973): *»liedli sälb zwöit«. 16 Lieder und Jodel für Solo oder Duett.* Heft 1. Oberhofen am Thunersee.

Traut, Horst (2007): *Der Hallodri. Liedersammlung aus mündlicher und schriftlicher Überlieferung Ende des 20. Jahrhunderts im Thüringer Wald.* Jena.

Vollbrecht, Ursula (1993): »Vom ›Ledauzen‹ im Harz«. In: *Allgemeiner Harz-Berg-Kalender.* S. 77–83.

Gisela Probst-Effah
Remembering Woodstock

Planung und Ablauf des *Woodstock-Festivals*

Vom 15. bis in die Morgenstunden des 18. August des Jahres 1969 fand in der hügeligen Landschaft der Catskill Mountains in der Nähe von New York City ein Festival statt, das als das bis dahin größte Popfestival gilt: das *Woodstock-Festival 3 Days of Peace & Music*.

Es wurde in der Folgezeit weltberühmt und galt bald als *der* Ursprung aller Open-Air-Festivals, obgleich es in den damaligen Jahren keine singuläre Erscheinung war: 1967 hatte in den USA mit dem *Monterey Pop Festival* eine Serie von Rock- und Open-Air-Festivals begonnen. Vor allem das Jahr 1969 war durch eine »Festivalmania« gekennzeichnet (Tilgner 1988: 99 ff.): Zwischen April und August fand in den USA monatlich mindestens ein großes Musikfestival statt.

Einer der Initiatoren des *Woodstock-Festivals* war Michael Lang, damals 22 Jahre alt. Er war schon längere Zeit in der Hippie-Szene aktiv und hatte einige Konzerte organisiert. Lang und sein gleichaltriger Bekannter Artie Kornfeld, der bereits als Songschreiber, Musikproduzent und Manager von *Capitol Records* hervorgetreten war, suchten Sponsoren, um ein Plattenstudio in dem Ort Woodstock einzurichten. Sie nahmen Kontakt auf mit den zwei New Yorker Anwälten John Roberts und Joel Rosenman, die beide vermögend waren und nach Anlageobjekten für ihr Kapital Ausschau hielten. Lang und Kornfeld konnten sie von ihrem Projekt überzeugen. Um das Interesse einer breiteren Öffentlichkeit und der Musikwelt für das Aufnahmestudio zu wecken und um dieses zu finanzieren, entstand schließlich der Plan für ein mehrtägiges Festival. Zu seiner Realisierung gründeten Lang, Kornfeld, Roberts und Rosenman die Firma *Woodstock Ventures*.

Der Titel der Veranstaltung stand bald fest: *3 Days of Peace & Music*. Als Veranstaltungsort wurde Saugerties in unmittelbarer Nähe von Woodstock auserkoren, denn Woodstock war schon vor dem gleichnamigen Festival ein magischer Name: Bob Dylan lebte dort. Doch lehnten der überwiegende Teil der Bevölkerung und Kommunalpolitiker von Saugerties ein Rockkonzert aus Angst vor Randale ab. Auf der Suche nach einer Alternative stieß *Woodstock*

Ventures auf einen leeren Industriepark in dem Ort Wallkill südlich von Woodstock, der über eine gute Verkehrsanbindung und ausreichende Strom- und Wasserversorgung verfügte. Die Stadt zeigte sich zunächst aufgeschlossen, aber auch die Bewohner Wallkills waren gegenüber langhaarigen Jugendlichen und Rockkonzerten misstrauisch, sodass sie ihre Zustimmung zurückzogen, als in szenewichtigen Publikationen sowie in den Medien längst für die Veranstaltung geworben wurde und der landesweite Kartenvorverkauf bereits begonnen hatte.

Knapp vier Wochen vor dem Festivaltermin erklärte sich Max Yasgur, ein Farmer aus White Lake in der Nähe der ca. 80 Kilometer von Wallkill entfernten Stadt Bethel, bereit, gegen Bezahlung einen Teil seines Landes für das Festival zur Verfügung zu stellen. Auch die Bürger von White Lake protestierten lautstark und zum Teil sehr aggressiv gegen die drohende Hippie-Invasion. Einige riefen dazu auf, Yasgurs Milchprodukte, von deren Verkauf er lebte, zu boykottieren. Eine Minderheit begrüßte die Veranstaltung, von der sie sich den notwendigen wirtschaftlichen Aufschwung ihrer tristen Region erhoffte.

Die Organisatoren rechneten zunächst mit etwa 30 000 Besuchern, Anfang August, kurz vor Festivalbeginn, jedoch bereits mit 100 000. Schätzungsweise 400 000 bis 500 000 kamen schließlich – die genaue Zahl kennt niemand. Die negativen Schlagzeilen in der Presse hatten anscheinend nicht abschreckend gewirkt, sondern im Gegenteil die Neugierde und das Interesse der Jugendlichen angestachelt. Aus den Städten der Ostküste setzte sich eine riesige Blechlawine in Bewegung. Der Straßenverkehr kollabierte, es bildeten sich endlose Staus, die eine Weiterfahrt völlig ausschlossen. Viele ließen ihre Autos mitten auf den Straßen und Highways einfach stehen und marschierten kilometerweit durch Regen und Matsch, oft ohne die Möglichkeit und Hoffnung, das Geschehen auf der Hauptbühne jemals zu Gesicht und Gehör zu bekommen. Viele schlugen ihre Lager am Rand oder auf dem Mittelstreifen des Highways auf, schlossen Freundschaften mit Zufallsnachbarn, spielten Gitarre und tanzten zur Musik der Autoradios. Da die Stars für viele in unerreichbarer Ferne blieben, entstanden Nebenschauplätze, wo sich jeder, der Lust hatte, präsentieren konnte. Der Schlamm auf den zertretenen und vom Regen aufgeweichten Wiesen und Feldern lud zu ausgelassenen Rutschpartien ein, der nahe gelegene See zum Nacktbaden – zum Entsetzen der Ortsansässigen, ja geradezu eine Unerhörtheit im damaligen prüden Amerika.

Auf dem Festivalgelände trampelten die Menschenmassen Zäune nieder und ignorierten die viel zu wenigen Kassenhäuschen, wo Eintrittskarten verkauft werden sollten. Um ein noch größeres Chaos zu vermeiden, verzichteten die Veranstalter schließlich auf Eintrittsgelder und verkündeten von der Hauptbühne: »It's a free concert from now on!« Sie hofften, dass sich das Defizit durch die Einkünfte aus dem geplanten Dokumentarfilm kompensieren lasse. Tatsächlich wurde der später mit einem Oscar preisgekrönte ca. dreistündige Film *3 Days of Peace & Music* des damals 28-jährigen Dokumentarfilmers Michael Wadleigh von Warner Brothers erfolgreich vermarktet und spielte innerhalb von nur 18 Wochen die ersten fünf Millionen Dollar ein.

Ca. 30 Bands und Solisten traten bei dem Festival auf, darunter einige der damals bedeutendsten: u. a. Jefferson Airplane, John Sebastian, Janis Joplin, Santana, The Who, Ravi Shankar, Jimi Hendrix, Sly Stone, Joan Baez, The Grateful Dead, The Band, Blood, Sweat and Tears, Crosby, Stills, Nash and Young, Arlo Guthrie, Joe Cocker. Einige Musiker wurden erst in Woodstock bekannt, so Melanie und Tim Hardin. Bob Dylan, der begehrte Star, dessen Teilnahme sich die Veranstalter als Höhepunkt ausgedacht hatten, erschien nicht, obwohl er nur wenige Kilometer entfernt wohnte. Vermutlich scheute er den Trubel in der Nähe seines Wohnortes.

Da die Straßen durch den Massenansturm hoffnungslos verstopft waren, blieben auch die Künstler im Verkehrschaos stecken, verspäteten sich und wurden zum Teil per Hubschrauber eingeflogen. Der Programmablauf geriet völlig durcheinander, und so galt es zu improvisieren. Damit das Publikum nicht ungeduldig wurde, mussten sogar Musiker, deren Auftritt gar nicht eingeplant war, einspringen. Einige Künstler – unter ihnen Janis Joplin – empfanden ihre Darbietung als missglückt – was vom Publikum, das sich unter regennassen Decken und tropfenden Plastikplanen amüsierte, anscheinend oft gar nicht bemerkt wurde.

Die drei Tage im August 1969, an denen das Festival stattfand, waren extrem regnerisch und stürmisch. Durch Unwetter wurden Mikrophone beschädigt, Gitarristen von Stromschlägen geplagt, wenn sie die Saiten ihrer E-Gitarren berührten. Jimi Hendrix, der den Höhepunkt des Festivals markieren sollte und eine höhere Gage als die anderen erhielt, trat erst ganz am Schluss des Konzerts auf, dessen Beginn sich bis in die Morgenstunden des Montags verzögerte. Da hatten bereits viele Zuhörer das Gelände verlassen, um in die Schule oder zum Arbeitplatz zurückzukehren. Eindrucksvoller Schlusspunkt des Festivals war der in Filmaufnahmen überlieferte Auftritt Hendrix' auf einem teils schon leergefegten Festivalgelände, das einer Müllhalde glich.

Trotz aller düsteren Prophezeiungen und widrigen Umstände verlief das *Woodstock-Festival* überwiegend friedlich. Zwar gab es eine Menge Zwischenfälle: zerbrochene Wasserleitungen, Auseinandersetzungen mit den Musikern, Diebstähle von Geräten etc. Ein Todesopfer war zu beklagen: Der 17-jährige Raymond Mizak hatte sich vor einem Traktor schlafen gelegt und wurde versehentlich überrollt (Schäfer 2009: 84). Zwei Personen starben an einer Überdosis Heroin (Gülden 2009: 169). Andererseits heißt es, dass während des Festivals zwei Kinder geboren worden seien.

Dass ein solch gigantisches Ereignis relativ friedlich verlief, war keineswegs garantiert. Obgleich man in einigen Bereichen vorgesorgt hatte, hätte die Stimmung leicht kippen können. Zur Bewältigung der Probleme wurde u. a. eine Hippie-Kommune engagiert, die Leute mit Drogenproblemen betreute und Essen zur Verfügung stellte. Diese Vorsorgemaßnahmen waren jedoch nicht ausreichend. So wurde die Kommune schließlich durch Militärhubschrauber unterstützt, die Lunchpakete und Medikamente abwarfen und Ärzte und Kranke transportierten.

Die meisten Festivalteilnehmer ahnten nichts von einer drohenden Katastrophe. Die Veranstalter hingegen kamen sich wie auf einem schlafenden Vulkan vor. Elliot Tiber, einer der Organisatoren, erinnert sich: »Keiner von uns ahnte, was passieren würde. Und um die Wahrheit zu sagen: Wir alle schlotterten vor Angst.« (Tiber/Monte 2009: 201) Nicht erst das Festival von Altamont im Dezember 1969 zeigte, wie schnell der Traum von *Love and Peace* zum Albtraum werden konnte. Dort wüteten als Ordnungsmacht angeheuerte Rocker, die *Hell's Angels*, gegen Festivalbesucher und ermordeten vor laufender Kamera den 18-jährigen Schwarzen Meredith Hunter. Bereits vor *Woodstock* erregten bei zahlreichen Rock-Festivals Exzesse, Ausschreitungen und blutige Auseinandersetzungen zwischen Jugendlichen und Ordnungskräften Aufsehen. Beim *Los Angeles Free Festival* in Venice im April 1969 wurden 177 Besucher in Gewahrsam genommen und das Festival abgebrochen. Beim *Newport Festival* im Juni 1969 kam es zu heftigen Kämpfen zwischen Fans und der Polizei, in deren Verlauf es 300 Verletzte sowie 75 Festnahmen gab (Schäfer 2009: 145; Tilgner 1988: 99 ff.).

Die Entstehung des Mythos von *Woodstock*

In der Gegenwart wird das *Woodstock-Festival* meist als ein großartiges Event und darüber hinaus als Symbol für eine Gegenkultur gefeiert, die sich durch Toleranz und Offenheit auszeichne. 1989, anlässlich des 20-jährigen Jubiläums, schwärmte ein Journalist: Es war ein

> »[…] Fest der Unschuld auf einer Wiese der Träume, war ein Protest gegen den Vietnam-Krieg und ein Love-in für den Frieden, vereinte junge Flüchtlinge aus dem Alltag mit ihren Ängsten, ihren Hoffnungen, ihrer Musik und ihren ›Joints‹. Das Konzert war der Katalysator für das Gefühl der Zusammengehörigkeit« (Koar 1989: 37).

Trotz des chaotischen Verlaufs der Veranstaltung begann der Mythos von *Woodstock* schon kurz nach dem Festival Konturen zu gewinnen: Medienberichte und Erzählungen derer, die angeblich oder tatsächlich dort waren, formten ihn. Eigene negative Erinnerungen wurden bald von begeisterten Darstellungen der Medien überlagert. So wird von einer jungen Frau berichtet, die die Veranstaltung unmittelbar danach eine Tortur nannte: »Es war dreckig. Man konnte nichts von der Musik hören. Alle waren total stoned. Ich fand es schrecklich.« Nachdem sie jedoch Zeitungsberichte gelesen hatte, erzählte sie eine völlig andere, ins Positive gewendete Version (zit. nach Schäfer 2009: 188). Selbst beteiligte Künstler ließen sich im Nachhinein von der »Strahlkraft des Nachruhms blenden«. Von Janis Joplin wird kolportiert, stimmlich indisponiert und von den Menschenmassen eingeschüchtert, sei sie von ihrem Auftritt tief enttäuscht gewesen; später habe sie jedoch wie viele andere von der kulturellen Bedeutung der Veranstaltung geschwärmt (Schäfer 2009: 117).

Die Legenden, die sich allmählich um das Festival rankten, fanden u. a. Anknüpfungspunkte in einer weiter zurückliegenden historischen Vergangenheit des Ortes Woodstock: In der ca. 150 Kilometer nördlich von New York City gelegenen idyllischen Kleinstadt, dem Namensgeber eines Festivals, das dort gar nicht stattfand, war seit Anfang des 20. Jahrhunderts eine Kolonie beheimatet, in der Künstler und Intellektuelle fernab von den modernen Großstädten ein naturnahes, freieres Leben ersehnten. Hier wurden schon lange vor der Hippiebewegung der 1960er-Jahre alternative Lebensformen erprobt und versucht, Vorstellungen von einer besseren Gesellschaft umzusetzen (vgl. Kekulé 2009). Später, nachdem Bob Dylan 1964 nach Woodstock gezogen war, kamen in großer Zahl Prominente der Folk- und Rockszene, um dort den Sommer zu verbringen oder sich ganz niederzulassen: u. a. Joan Baez, Mimi und Richard Fariña, die Mothers of Invention, Van Morrison, die Mitglieder der Gruppe The Band, Tim Hardin, Janis Joplin und der Musikmanager Albert Grossman.

In ihrem 2009 erschienenen Buch *Die Woodstock Story. Entstehung eines Mythos (1854[1]–1969)*, einer Mischform von geschichtlicher Dokumentation und Roman, konstruiert Sylvia Kekulé eine ideelle Kontinuität von den Anfängen der Kolonie Woodstock bis zum gleichnamigen Festival. Sie deutet den Ort als ein geistiges Zentrum und einen Hort der Weisheit. Das Festival – interpretiert als Kulminationspunkt einer langen Entwicklung – verklärt die Autorin zu einem Erweckungserlebnis, bei dem Teilnehmer – an die biblischen

---

[1] 1854 war das Geburtsjahr von Ralph Radcliffe Whitehead, einem der Gründer der Künstlerkolonie.

Vorbilder der christlichen Apostel erinnernd – sich in Verkünder einer frohen Botschaft verwandelten: »Im Innersten verändert berichteten sie anderen davon und gaben ihr Wissen darüber weiter und dienten dabei als Vorreiter für all jene, die sich ein Leben in Selbstbestimmung wünschten.« (Kekulé 2009: 9) Kekulé setzt die Mythenbildung um Woodstock nicht nur fort, sondern verleiht ihr darüber hinaus eine gewichtige historische Dimension und eine fast religiöse Weihe.

Es wurden aber auch viele kritische Stimmen laut: »Wer es hinterher ganz toll fand, war nicht dabei«, wendet Jan Feddersen in seinen Ausführungen zu Woodstock ein (Feddersen 1999: 10). Für die Bevölkerung White Lakes, die sich mit den Menschenmassen, mit Schmutz, Schlamm und Müllbergen konfrontiert sah, war die Erinnerung an das Festival überwiegend albtraumhaft, sodass der Bürgermeister versprach: »No more Woodstock«, und in der Folge ein Gesetz auf den Weg brachte, das jedes Revival und Erinnerungstreffen am Originalschauplatz untersagte. Erst 1984 wurde dort ein Gedenkstein mit den Namen der Interpreten, die damals auftraten, nebst dem Wahrzeichen des Konzerts errichtet: einem blauen Gitarrenhals, den eine Hand umgreift und auf dem sich eine Friedenstaube niedergelassen hat.

Vor allem mit wachsendem zeitlichem Abstand ist nicht immer unterscheidbar, ob sich die Vorstellungen und Schilderungen vom Festival aus den Erinnerungen von Zeitzeugen, aus Berichten anderer, aus glorifizierenden Songs oder Filmbildern speisen, die sich ins kollektive Gedächtnis eingegraben haben und allmählich die Realität überstrahlen. Woodstock avancierte für viele zu einem symbolischen Begriff ohne einen konkreten lokalen Bezug. Abbie Hoffman (1936–1989), Mitgründer der Youth International Party (Yippies), Symbol der Jugendrebellion der 1960er-Jahre und bekennender Gegner des Vietnamkrieges, schwärmte: Woodstock »ist kein Ort in der Welt, Woodstock ist in deinem Kopf.« (Feddersen 1999: 153)

Seine eigenen Erfahrungen beim Festival schien Hoffman dabei zu verdrängen: Er hatte versucht, die Teilnehmer zu politischer Aktion zu motivieren. Als er jedoch die Aufführung der britischen Rockband The Who unterbrach, um eine Protestrede gegen die Gefangennahme von John Sinclair von der White Panther Party zu halten, drängte ihn der Gitarrist Pete Townshend mit Brachialgewalt von der Bühne. Trotz dieses Zwischenfalls veröffentlichte Hoffman sehr bald im Anschluss an das Festival ein Buch mit dem Titel Woodstock Nation, das den Mythos von Woodstock als einem politischen und gar revolutionären Ereignis mit begründete und festigte. Hoffman, der der Hippiebewegung der 1960er-Jahre nahe stand, deutete die Woodstock Nation als ein Gegenmodell zur amerikanischen Gesellschaft, das während des Festivals

Konturen zu gewinnen schien, und als einen Vorgriff auf eine befreite Gesellschaft.

Die Organisatoren des Festivals hatten die Nähe zur Glaubenswelt der Hippiebewegung betont, indem sie auf dem Plakat, das für die Veranstaltung warb, außer *3 Days of Peace & Music* eine Ausstellung für Kunst und Kunsthandwerk im Zeichen des Wassermanns – *an Aquarian Exposition* – ankündigten. Das zukünftige goldene Zeitalter des Wassermanns würde nach Überzeugung von Astrologen und Esoterikern die gegenwärtige durch Krieg, Gewalt und gesellschaftliche Hierarchien geprägte Ära ablösen.

Die Beziehung des Festivals zur Vorstellungswelt der Hippies betont auch der Song *Woodstock* – komponiert von der 1943 geborenen kanadischen Liedermacherin und Sängerin Joni Mitchell –, der zur Glorifizierung des Ereignisses beitrug. Mitchell verfasste ihn nicht vor Ort, sondern fernab von dessen Realität, und vermutlich begünstigte die räumliche Distanz die metaphysische Überhöhung des Geschehens im Liedtext. Mitchell schrieb ihn – so will es jedenfalls die Legende – weinend vor dem Fernsehgerät ihres New Yorker Hotelzimmers, weil sie – wie viele andere – wegen der gewaltigen Autoschlangen den Festivalort nicht erreichen konnte (Schäfer 2009: 181; Feddersen 1999: 24).

Der Text der ersten Strophe sowie des Refrains lautet:

> I came upon a child of God
> He was walking along the road
> And I asked him where are you going
> And this he told me: he said
> I'm going on down to Yasgur's farm
> I'm going to join in a rock'n'roll band
> I'm going get back to the land
> And get my soul free ...
> I'm going to camp out on the land
> I'm going to try and get my soul free
>
> Refrain:
> We are stardust
> We are golden
> And we've got to get ourselves
> Back to the garden

Die Traumwelt dieses Songs, die bis auf die Erwähnung von Yasgur's Farm weit entfernt ist von den Woodstock-Realien, fügt sich in die esoterische Denkweise der Hippies, die ihr Leben in einen übergreifenden, kosmischen Zusammenhang eingebettet sahen und sich in einer Phase des Aufbruchs in ein gelobtes Land wähnten. Zweifellos war die Hippiebewegung mit ihrem Motto *Make love, not war* politisch motiviert, sie richtete sich gegen den Vietnamkrieg. Ihre Opposition und ihr Engagement für Frieden scheuten jedoch die Berührung mit der Sphäre der Realpolitik und äußerten sich bevorzugt – wie in der letzten Strophe von Mitchells Song – in fantastischen, versöhnlichen Bildern:

> And I dreamed I saw the bombers
> Riding shotgun in the sky
> And they were turning into butterflies
> Above our nation

Der Dokumentarfilm *Woodstock – Three Days of Peace & Music*

In der Version der Gruppe *Crosby, Stills, Nash and Young* erklingt Mitchells Song im Vor- und Abspann eines Films, der in besonderem Maße zur Mythenbildung von Woodstock beitrug: des 1970 uraufgeführten Dokumentarfilms *Woodstock – Three Days of Peace & Music* von Michael Wadleigh.[2] Er stellt eine Auswahl der Bühnenauftritte dar. Dazwischen schieben sich Interviews mit jugendlichen Zuschauern, Ortsansässigen, Polizisten und Mitarbeitern sowie reportagehafte Schilderungen der sich heranwälzenden Autoschlangen, des Aufbaus der Bühne, der Unwetter etc.

Zu seinen faszinierendsten, intensivsten Augenblicken gehört Jimi Hendrix' Auftritt – dessen Eindringlichkeit durch den frühen, plötzlichen Tod des jungen Gitarristen nur ein Jahr später im Zuschauer noch gesteigert wird und zugleich von einer melancholischen Aura umgeben ist. Hendrix trägt hier u. a. seine verfremdende Fassung der US-Nationalhymne vor. Er hatte sie zwar bereits seit einem Jahr im Programm (Schäfer 2009: 175), aber durch die Filmaufnahmen wurde sie ein integrierender Bestandteil des Woodstock-Mythos. In seiner Instrumentalversion von *Star-Spangled Banner* demontiert Hendrix die Melodie der Hymne durch kakophone Einschübe, in denen er die besonderen klanglichen und spieltechnischen Möglichkeiten der E-Gitarre nutzt. Sie rufen Assoziationen an Gewehrsalven und Bombenabwürfe hervor, die oft als kritische Stellungnahme des Musikers gegen die Politik der USA und insbesondere den Vietnamkrieg gedeutet wurden – eine Interpretation, die keineswegs unumstritten ist, sich aber durchgesetzt hat.

---

[2] 25 Jahre nach dem *Woodstock-Festival* legte Wadleigh eine weitere, 40 Minuten längere Version dieses Films auf Video vor.

Sie schien die verbreitete Überzeugung, dem *Woodstock-Festival* sei eine wichtige politische Bedeutung im Protest gegen den Vietnamkrieg zugekommen, zu bestätigen, zudem der Film zahlreiche kritische Äußerungen zum aktuellen Kriegsgeschehen enthält. Eine weitere Szene unterstreicht die vermeintliche politische Brisanz der Veranstaltung: Es ist der Auftritt des Farmers Max Yasgur, der zur Zuschauermenge spricht: »Dies ist die größte Gruppe von Menschen, die jemals an einem Ort zusammengekommen ist.«[3] Im geschichtlichen Kontext der politisch bewegten Endsechzigerjahre ruft diese Äußerung die Assoziation an machtvolle Großdemonstrationen hervor, die damals stattfanden: z.B. an eine Friedensdemonstration in New York City mit 400 000 Teilnehmern im April 1966; an den *Marsch nach Washington* im Oktober 1967, der von Martin Luther King angeführt wurde und an dem 100 000 Menschen teilnahmen. Es erschien naheliegend, das Festival mit seinen Publikumsmassen als ein künstlerisches Pendant zu diesen Großdemonstrationen zu verstehen.

In späteren Jahren trug auch Michael Wadleigh, der Regisseur des Woodstock-Films, zu einer politischen Überhöhung des Festivals bei. In einem Interview aus dem Jahr 1994, anlässlich des Silberjubiläums, nannte er Woodstock einen Ort »für radikale, politische und intellektuelle Ansichten«. Entschieden grenzte er sich ab gegen die Versuche Jüngerer, das Festival zu imitieren: Was man inzwischen *Woodstock* nenne, sei nicht mehr als eine »Musikveranstaltung ohne jede Idee« (Kölner Stadt-Anzeiger 1994). Natürlich geht es ihm, dem alt gewordenen Repräsentanten einer verflossenen Bewegung, hier auch darum, die eigene Vergangenheit zu verherrlichen und seine Autorität gegen die jüngeren Generationen auszuspielen – vielleicht auch, weil längst Stimmen laut geworden waren, die den Mythos von Woodstock anzweifelten.

So bot das Silberjubiläum etwa für die englische Schriftstellerin und Journalistin Julie Burchill Anlass zur Polemik:

> »Mit Woodstock bewiesen die Hippies nicht, daß sie eine eigene Nation waren, sondern daß sie für das amerikanische Establishment etwa ebenso bedrohlich waren wie eine halbe Million Babys in einem riesigen Laufstall. [...] Während Black Panther und weiße Studenten von Polizisten getötet wurden, saßen die Hippies im Schlamm und schwenkten die weiße Fahne.« (Burchill 1994: 90)

---

[3] Im Film überlagern die deutschsprachigen Kommentare und Übersetzungen die englischsprachige Originalversion so sehr, dass Letztere nicht verständlich ist. Daher wird hier die deutsche Übersetzung von Yasgurs Ansprache zitiert.

Der Strahlkraft von Woodstock haben solche Kritiken bisher wenig geschadet. Dies beweisen u. a. die zahlreichen Erinnerungsbücher, Gedenkfeiern, -festivals, Woodstock-Partys etc. im Jubiläumsjahr 2009. Wahrscheinlich bestätigen nicht nur die Glorifizierungen, sondern auch Destruktionsversuche wie der oben zitierte das Fortwirken des Mythos Woodstock. Wäre er in Vergessenheit geraten, dann würde er sich nach einem so langen Zeitraum nicht mehr als Angriffsfläche eignen.

Taking Woodstock

Unter einem bislang unbekannten Aspekt stellt ein weiterer Film das Festival von 1969 dar: der im Jubiläumsjahr 2009 produzierte Spielfilm *Taking Woodstock* des aus Taiwan gebürtigen Regisseurs und Drehbuchautors Ang Lee. Er erzählt die Geschichte des damals 34-jährigen Elliot Tiber, dessen Eltern in der Kleinstadt White Lake nahe Bethel ein schäbiges Motel betrieben. Als Tiber erfuhr, dass die Firma *Woodstock Ventures* händeringend ein Gelände für ein großes Musikfestival suchte, vermittelte er den Kontakt zu dem Farmer Max Yasgur, der seine Weiden dafür zur Verfügung stellte. Im Motel von Elliots Eltern wurde das Organisationsteam untergebracht, sodass deren drohender finanzieller Ruin zeitweilig abgewendet werden konnte.

Der Handlungsschwerpunkt des Films, der auf dem als Buch erschienenen autobiografischen Bericht von Elliot Tiber basiert (Tiber/Monte 2009), liegt nicht auf dem Festival als Musikereignis, sondern auf dem persönlichen Schicksal eines Akteurs, der wie viele andere in das Geschehen involviert war, jedoch in der Woodstock-Geschichtsschreibung bisher nicht in den Vordergrund getreten war. Die Filmhandlung fokussiert den Kontext der Veranstaltung aus subjektiver Sicht: die Vorbereitungen und vor allem die menschlichen Kontakte Tibers mit Festivalorganisatoren und -besuchern. Aus dieser besonderen Perspektive verwandelt sich das musikalische Zentrum des Festivals, die Hauptbühne, in einen Nebenschauplatz. Sie wird nur episodisch sichtbar, und die auf ihr dargebotene Musik erklingt nur von ferne. Während eines LSD-Trips – des ersten in seinem Leben – nimmt Elliot die Bühne als einen fantastischen, mystisch erleuchteten Ort wahr. Er erreicht sie erst, als das Festival bereits zu Ende ist. Da hat er sich dazu entschlossen, den miefigen, engstirnigen Wohnort, wo er krampfhaft seine Homosexualität verbirgt, zu verlassen und nach Kalifornien zu ziehen, um dort als Künstler zu arbeiten. In seinem Bericht stellt Tiber das Festival als den entscheidenden Wendepunkt in seiner Biografie dar. Die Konfrontation mit einer für ihn bisher unbekannten freien Gesellschaft löste seinen bisherigen Zustand der Erstarrung und Angst und öffnete ihm die Augen für ein neues, freizügiges und unbeschwertes Leben. »Dieses Konzert hatte vielleicht nicht die Welt verändert«, schreibt er, »mein Leben dafür umso mehr.« (Tiber/Monte 2009: 244) So setzt der Bericht den Woodstock-Mythos zwar fort, modifiziert ihn aber insofern, als er ihm eine individuelle, auf die persönliche Biographie bezogene Bedeutung verleiht.

Remembering Woodstock

Es scheint, dass das *Woodstock-Festival* seit 1969 niemals aus der kollektiven Erinnerung verschwand. Der Mythos, der sich darum rankte, weckte schon bald das Bedürfnis, die vergangenen Ereignisse zu reproduzieren und in die Gegenwart zu holen. 1979 wurde im New Yorker Madison Square Garden ein *Woodstock '79* veranstaltet (Gülden 2009: 225), und 1989 fanden in den USA Jubiläumsveranstaltungen statt, bei denen der Fernsehsender MTV und zahlreiche Zeitungen der Augusttage von damals gedachten. Auf dem ursprünglichen Gelände in White Lake wurde ein *Woodstock Memorial* errichtet, zu dem aber »nur« 30 000 Besucher und viele unbekannte Bands erschienen (Gülden 2009: 225 f.).

Im August 1994 – aus Anlass des Silberjubiläums – gab der Ort Woodstock seinen langjährigen Widerstand gegen das nach ihm benannte Festival auf, an dessen Ruhm er nun doch ein Stück teilhaben wollte. Erstmals wurde *Woodstock* – auch *Woodstock II* genannt – unter dem Motto *2 More Days of Peace & Music* in der Nähe dieses Ortes zelebriert (vgl. Groß 1999: 154–166). Die Besucherzahl lag bei ungefähr 350 000. Es traten Künstler von damals auf, aber auch viele Musiker der jüngeren Generation. Diesmal verweigerte sich Bob Dylan nicht. Sein Erscheinen wurde mit den Worten »We have waited 25 years to hear this ...« gefeiert (Gülden 2009: 226). Doch trotz aller Bemühungen, das Vorbild von 1969 wiederzubeleben, um den »Geist von Woodstock« möglichst originalgetreu auferstehen zu lassen, gab es erhebliche Veränderungen: z. B. eine straffe Organisation, ein Drogenverbot und den stolzen Eintrittspreis von 135 Dollar. Einige Gemeinsamkeiten mit dem Original ergaben sich eher unbeabsichtigt: Das Festival versank – sehr authentisch – in Regen und Schlamm, was – wie damals – zu Rutschpartien auf Matschbahnen animierte. Dies setzte wiederum das Gerücht in Umlauf, der Sender MTV habe Schlamm herankarren lassen, um zu ein paar effektvollen Filmszenen zu gelangen (Groß 1999: 159 f.). Ein Kritiker, der die Metaphysik von damals vermisste, meinte: »Der Wassermann war fern, der Spaß zum Greifen.« (Groß 1999: 161)

30 Jahre nach *Woodstock*, im Juli 1999, fand eine weitere Neuauflage des Festivals statt, organisiert von Michael Lang, der inzwischen über 50 Jahre

alt war und aus den für ihn negativen Erfahrungen der Vergangenheit Konsequenzen gezogen hatte. So wurde das Konzert nicht auf einer Farm, sondern auf einem stillgelegten Flughafen der US-Luftwaffe am Ortsrand von Rome im Staat New York veranstaltet – eine Location, die für die Hippies von 1969 auf einem fremden Planeten zu liegen schien. Der Ortswechsel signalisiert ein entspannteres Verhältnis zum Militär als am Ende der 60er-Jahre. Da das Gelände von einem Zaun umgeben war, konnte sich niemand mehr an der Kasse vorbeischleichen. Das Mitbringen von Videokameras und Kassettenrekordern war strengstens verboten, weil sich Lang die Alleinvermarktung sichern wollte (Knüpfer 1999). Musikalisch war das Revival von 1999 auf die Jugendlichen der Gegenwart zugeschnitten: So traten u. a. der afroamerikanische Rap-Musiker Ice Cube und das Horrorcore-Rap-Duo *Insane Clown Posse* (ICP) aus Detroit auf. Das Festival wurde von gewalttätigen Auseinandersetzungen überschattet (Knüpfer 1999).

Bei einigen Vertretern der älteren Generation, die sich als Sachwalter des »wahren« Woodstock betrachteten, ernteten solche versuchten Neuauflagen des Festivals Kritik. So bemängelte Michael Wadleigh, Regisseur des Woodstock-Dokumentarfilms, in euphemistischer Deutung der Ereignisse von 1969:

> »Wir nannten das Festival Woodstock, um die radikale Idee zum Ausdruck zu bringen. Das ganze Festival war ein Zeichen des Widerstandes gegen Materialismus und das Establishment.« (Kölner Stadt-Anzeiger 1994)

Ein Rezept gegen die Kommerzialisierung sah Wadleigh darin, dass Woodstock von der jüngeren Generation organisiert wird, sodass auch der Anschluss an die jeweils progressive Musik garantiert sei (Kölner Stadt-Anzeiger 1994). Fraglich ist jedoch, ob der »Geist von Woodstock« kompatibel war mit Jugendkulturen, die illusionsloser, aggressiver oder mehr vordergründig am Partyspaß interessiert waren als die Hippiebewegung. Der Punk beispielsweise lehnte die naiven Vorstellungen der Hippies von *Love and Peace* ab und kehrte anstelle eines messianischen Optimismus eine *No-future*-Haltung hervor. Das beschwörende, pathetische *Love and Peace* der Hippies wurde in späteren Jahren abgelöst von anspruchsloseren Slogans wie *Friede, Freude, Eierkuchen*, dem Motto der ersten *Loveparade* von 1989, das eine oberflächlich intakte, friedlich-sorglose Fassade innerhalb einer Gesellschaft charakterisiert.

Es hatte sich ja auch längst erwiesen, dass der Ruf *Love and Peace* nicht die magische Wirkung hatte, die man ihm zuschrieb: Ungefähr ein Jahr nach dem *Woodstock-Festival*, im September 1970, fand ein Open-Air-Festival auf der Ostseeinsel Fehmarn statt, das als europäische Antwort auf den amerikanischen Mythos gedacht war und in enger Anlehnung an das Original ebenfalls unter dem Motto *Love and Peace* stand. Höhepunkt sollte die Darbietung von Jimi Hendrix sein; es wurde sein letzter großer Auftritt, nur wenige Tage danach starb er. Das *Fehmarn-Festival*, das überwiegend bei Regen und Sturm – sicherlich ungewollt »authentisch« – stattfand, endete als Desaster. Dafür sorgten u. a. Rocker, die die Veranstalter als Schutztruppe bestellt hatten. Sie prügelten Besucher, und ihre Brutalität steigerte sich, als sie vergebens auf ihr Honorar warteten, denn die Veranstalter waren mitsamt der Tageskasse verschwunden. Zu den Klängen von *Macht kaputt, was euch kaputt macht* der Gruppe *Ton Steine Scherben* ging das Organisationsbüro in Flammen auf. In einem ähnlichen Chaos versanken 1977 das Festival in dem norddeutschen Scheeßel und 1978 das Festival auf der Loreley.

Große Faszination übte Woodstock auf die Jugendlichen in den Ländern des (ehemaligen) Ostblocks aus. So fand 1989 im Moskauer Luschniki-Stadion ein zweitägiges *Moskauer Musik-Friedensfestival* statt, an dem ca. 80 000 Zuschauer und Gruppen aus Ost und West teilnahmen. Veranstalter waren ein sowjetischer Musikmanager und der amerikanische Musik-Fernsehsender MTV. Die Medien hatten im Vorfeld über das Konzert und dessen Zielsetzung berichtet, Anti-Drogenorganisationen in den USA und der UdSSR zu unterstützen (Kölner Stadt-Anzeiger 1989). Trotz des Vorbildes soll das Festival in vieler Hinsicht das Gegenteil des originalen *Woodstock* gewesen sein: straff organisiert und von viel Polizei bewacht (Schnibben 1989).

Seit 1995 findet in Polen alljährlich unter dem Motto *Liebe, Freundschaft und Musik* drei Tage lang das Sommer-Rockfestival *Przystanek Woodstock* (*Haltestelle Woodstock*) mit einigen 100 000 Besuchern statt. Seit 2004 ist die westpolnische Grenzstadt Kostrzyn nad Odrą (Küstrin) Veranstaltungsort. Das Festival wird von einer karitativen Stiftung organisiert, die auch die Kosten übernimmt. Nach Angaben der Veranstalter ist *Przystanek Woodstock* das größte nicht-kommerzielle Festival Europas. Zum Programm gehören außer musikalischen Darbietungen u. a. Filmvorführungen, Diskussionen mit Schriftstellern und Politikern sowie Sportveranstaltungen. Als Vorbild gilt auch hier das *Woodstock-Festival* von 1969, dessen inzwischen gealterter Initiator Michael Lang 2009 nach Kostrzyn eingeladen wurde.[4]

2009 – aus Anlass des 40-jährigen Jubiläums – wurde mit zahlreichen Veranstaltungen des Festivals von 1969 gedacht. Viele Bücher thematisierten Woodstock, es fanden zahlreiche Gedenkfeiern und -festivals statt, Woodstock-Par-

---

[4]   URL: http://www.haltestelle-woodstock.de/[Zugriff vom 10.01.2012]; »Haltestelle Woodstock«. URL: http://de.wikipedia.org/wiki/Haltestelle_Woodstock [Zugriff vom 09.01.2012].

tys wurden organisiert. Zu den Skurrilitäten gehörte eine »Schlamm-Party«: In Erinnerung an die durch den Dauerregen bedingten Schlammmassen in Woodstock wurde im Internet zur Teilnahme an einem *ultimativen Woodstock Memorial Schlamm Contest* (»Wer rutscht am weitesten?«) aufgefordert, bei dem für die besten »Schlamm-Videos« Preise verliehen wurden.

Die genannten Beispiele verdeutlichen, dass das Etikett *Woodstock* für vielerlei unterschiedliche Veranstaltungen verwendet wird, deren Bezug zum Ursprungsfestival zwar betont wird, aber dennoch oft vage bleibt. Das Label *Woodstock* eignet sich u. a. zu Werbezwecken, vermag die Attraktivität eines Festivals zu steigern und selbst Unscheinbares aufzuwerten. Da *Woodstock* von Anfang an die konkrete Bindung an den gleichnamigen realen Ort Woodstock fehlte, schien es leichter in verschiedene Zusammenhänge transferierbar. Der Terminus *Woodstock* bezeichnet inzwischen einen nicht eindeutig zu definierenden Festival*typus*, der beabsichtigte oder zufällige Übereinstimmungen mit dem Ursprungsfestival, aber auch unübersehbare Abweichungen davon aufweist.

Durch die Glorifizierung der Ereignisse von 1969 avancierte *Woodstock* bald zu einem symbolischen Begriff, der Ideale wie Freiheit und Selbstbestimmung assoziieren ließ. Diese Ideale dienen vor allem einigen Veteranen der Pop-Szene – in teilweiser Verkennung und Verdrängung vergangener Realität – als Abwehrschild gegenüber »verfälschenden« Einflüssen der Gegenwart. Jüngere Generationen scheinen gegen solcherlei Idealisierungen weitgehend immun zu sein. Der erhabene »Geist von Woodstock« und seine oftmals naiven Illusionen von *Love and Peace* blieben einigen Jugendkulturen, die auf die Hippiebewegung folgten, fremd.

Doch vermag Woodstock anscheinend ebenso auf »Ungläubige« ohne esoterische Neigungen genügend Anziehungskraft auszuüben, denn es bietet auch banalere Anknüpfungspunkte, sodass das legitime Bedürfnis nach Partyspaß und Unterhaltung nicht zu kurz kommen muss. Die fröhlichen Rutschpartien auf vom Regen aufgeweichten, schlammigen Wiesen und Feldern, an die nicht zuletzt die beiden Woodstock-Filme die Erinnerung wach halten, stellen evtl. für diejenigen, für die die oft mit erhobenem Zeigefinger propagierten Ideale der Älteren suspekt geworden sind, die Hauptattraktion gegenwärtiger Revivals dar. Manchmal scheint es sogar, als sei der gemeinsame Nenner einiger Woodstock-Imitationen kaum mehr als die durch »Sauwetter« begünstigten Schlammbäder und Wasserschlachten.

Literatur

Bischof, Jürgen (1989): »Woodstock. Ein Mythos mit Profit«. In: Rundschau am Sonntag. Wochenend-Journal vom 13. August 1989. [Institut für Europäische Musikethnologie der Universität zu Köln, Archiv-Nr. 2630].

Burchill, Julie (1994): »Pop ist ein scheues Tier. Julie Burchill über die Woodstock-Generation, Rebellion und goldene Riemchensandalen«. In: *Der Spiegel* 32/1994. S. 86–91.

Donner, Wolf (1970): »Der Mythos von Woodstock«. In: *ZEIT* vom 11. September 1970. S. 14.

Evans, Mike/Kingsbury, Paul (2010): *Woodstock*. München: Collection Rolf Heyne.

Feddersen, Jan (1999): *Woodstock. Ein Festival überlebt seine Jünger*. Berlin: Ullstein.

Groß, Thomas (1999): »Woodstock II. Aufgewärmte Mythen bringen's nicht«. In: Feddersen, Jan: *Woodstock. Ein Festival überlebt seine Jünger*. Berlin: Ullstein. S. 154–166.

Gülden, Jörg (2009): *Woodstock – Wunder oder Waterloo? (oder: Wie ich zum Glück leider mal nicht in Woodstock war). Eine Abrechnung*. Höfen: Hannibal Verlag.

Kekulé, Sylvia (2009): *Die Woodstock Story. Entstehung eines Mythos (1854–1969)*. München: Allitera.

Knüpfer, Uwe (1999): »Dreißig Jahre nach Woodstock. Die alten Bomber stehen neben der Bühne. Andere Zeiten, andere Kids, andere Bands: die Neuauflage des Festivals auf einem ehemaligen Militärgelände«. In: *Kölner Stadt-Anzeiger* vom 23. Juli 1999. [Institut für Europäische Musikethnologie der Universität zu Köln, Archiv-Nr. 2630].

Koar, Jürgen (1989): »Musik als Zuflucht. Ein dreitägiges Friedensfest mit den Stars der Szene«. In: *Kölner Stadt-Anzeiger* vom 12./13. August 1989. S. 37.

Kölner Stadt-Anzeiger (1989). »Gitarre flog in die Massen. 80.000 kamen zum Musik-Friedensfestival gegen den Drogenmissbrauch«. In: *Kölner Stadt-Anzeiger* vom 14. August 1989. [Institut für Europäische Musikethnologie der Universität zu Köln, Archiv-Nr. 2630].

Kölner Stadt-Anzeiger (1994). »Kommerz statt Revolte«. In: *Kölner Stadt-Anzeiger* vom 13./14. August 1994. S. 37.

Landy, Elliott (1984): *Woodstock Vision*. Reinbek: Rowohlt.

Schäfer, Frank (2009): *Woodstock '69. Die Legende*. St. Pölten, Salzburg: Residenz.

Schnibben, Cordt (1989): »Welcome to Wladiwoodstock«. In: *Der Spiegel* 33/1989. S. 154–162.

Tiber, Elliot/Monte, Tom (2009): *Taking Woodstock: Befreiung, Aufruhr und ein Festival*. Aus dem Amerikanischen übersetzt von Franca Fritz und Heinrich Koop. Hamburg: Edel.

Tilgner, Wolfgang (1988): *Open Air – Monterey, Woodstock, Altamont*. Berlin (Ost): VEB Lied der Zeit, Musikverlag.

AV-Medien

Dokumentarfilm *Woodstock – Three Days of Peace & Music*. Regisseur: Michael Wadleigh. 1970.

Spielfilm *Taking Woodstock*. 2009. Regisseur: Ang Lee.

Manuel Trummer
»Ein Blick auf das Völkchen der Metaller«.
Zur Konstruktion der »fremden Welt« Rockfestival in populären Informationsmedien

»Busen, Weltkrieg, irre Gitarren: In das kleine schleswig-holsteinische Dorf Wacken kommen einmal im Jahr die Schwermetaller aller Welt zusammen, um mit dem Krach eins zu werden.« (Kittlitz 2010) Mit diesem Aufmacher in der *Frankfurter Allgemeinen Zeitung* vom 8. August 2010 erfolgt der Einstieg in einen Bericht über das mit inoffiziellen Besucherzahlen von über 100 000 Menschen größte Heavy-Metal-Festival der Welt, das *Wacken Open Air* in Schleswig-Holstein. Dieses »Bayreuth des Nordens«, so die *Frankfurter Allgemeine* weiter, sei nicht nur ein Festival, sondern ein »Metal-Mekka, eine eigene Welt« (Kittlitz 2010). Die Verweise auf kriegerische Gewalt, explizite, freizügige Sexualität, musikalischen Wahnwitz und die Annahme, dass es unsere Kultur bei Festivals wie dem *Wacken Open Air* mit einem eigenen »Erlebensraum« (Küchle 2010) mit eigenen Regeln und Gesetzmäßigkeiten zu tun habe, scheint dabei charakteristisch für eine narrative Darstellung von Rockfestivals in den großen Informationsmedien, wie sie seit etwa zehn Jahren jeden Sommer in erstaunlich konstanter Weise zu beobachten ist.

Die Berichterstattung über die »fremde Welt« Rockfestival greift hierfür auf ein stetig wiederkehrendes Repertoire von Bildern, Verweisen und Erzählstrategien zurück, die sich in der letzten Dekade zu einem weitgehend stereotypisierten Arsenal von narrativen Strukturen formiert haben. Die Vorstellung der breiten Bevölkerung von Rockfestivals und deren Mythos wird in unseren gegenwärtigen Alltagskulturen maßgeblich von diesen standardisierten Reportagen über »Blanke Busen, viel Bier und Heavy Metal!« (Wacken Festival 2010) geprägt. Die Berichterstattung der bürgerlichen Informationsmedien über Rockfestivals, in der sich der Clash der Kulturen artikuliert, verwendet dabei nicht selten traditionelle Erzählmotive. Neben dem Interesse, die Auflagen mit Sex and Crime zu steigern, eröffnet sich ein Horizont unterschiedlicher Wertigkeiten, in dem Exotismus, Faszination, Neugier und Xenophobie nur einige wenige Koordinaten bilden.

Im Folgenden gilt es, diese Leitmotive im modernen Erzählen über Rockfestivals offenzulegen und auf ihre Einbettung in spezifische kulturelle Wertesysteme hin zu überprüfen. Die Frage, wo die historischen Vorbilder dieser neuen »wilden Festivalethnographie« zu verorten sind, wird dabei neben der Frage nach den soziokulturellen Bedürfnissen hinter den narrativen Strukturen der großen Informationsmedien in Bezug auf Rockfestivals den Kern dieser Untersuchung bilden.

Wenn sehr unpräzise der Begriff »große Informationsmedien« verwendet wird, ist damit das Quellenmaterial für die vorliegende Untersuchung gemeint. Es wurden gezielt Berichte über Festivals aus folgenden Quellengruppen gesammelt, gesichtet und ausgewertet:

- überregionalen Tages- und Wochenzeitungen, etwa der *Süddeutschen Zeitung*, der *Frankfurter Allgemeinen Zeitung*, der *Zeit*, dem *Spiegel* oder dem *Focus*.
- Boulevardblättern, vor allem der *Bild-Zeitung*,
- populären TV-Boulevardshows, etwa *taff* auf *ProSieben* oder *Explosiv* auf *RTL*.

Der überwiegende Teil des Materials handelt vom *Wacken Open Air*[1], das den häufigsten Gegenstand in der Berichterstattung bildet. Der zeitliche Rahmen des Materials umfasst etwa die letzten zehn Jahre mit dem Schwerpunkt auf der Zeit von 2007 bis 2010. Die szeneeigene Berichterstattung über Rockfestivals, etwa in einschlägigen Magazinen wie *Metal Hammer* oder *Rock Hard*, wurde bewusst ausgeklammert, da nicht die szeneinterne Perspektive auf Festivals, sondern die Außenperspektive mit ihren stereotypisierten Bildern von primärem Interesse waren. Die wichtigsten narrativen Strukturen und Medien sowie die ihnen zugrunde liegenden Wertvorstellungen möchte ich im Folgenden anhand dreier typischer, sich jährlich wiederholender Beispiele darstellen.

»Vom Schützengraben ins Sternenzelt« – Rockfestivals als Kriegsszenario

In dem bereits zu Beginn zitierten Bericht der *Frankfurter Allgemeinen Zeitung* belässt es der Verfasser Alard von Kittlitz keineswegs bei einer reißerischen Überschrift. Gezielt führt er den Bildvergleich *Weltkrieg* und *Rockfes-*

[1] Das *Wacken Open Air* im schleswig-holsteinischen Wacken entwickelte sich seit seiner Gründung im Jahr 1990 zum weltweit bekanntesten Heavy-Metal-Festival. Konservative Szeneteile kritisieren die stark kommerzielle Ausrichtung des Festes. Besondere Bekanntheit erlangte das Wacken Open Air unter anderem durch die Kino-Dokumentation »Full Metal Village« der südkoreanischen Regisseurin Sung-Hyung Cho aus dem Jahr 2006 oder »Headbanger's Journey« von Sam Dunn (2005).

tival ein, indem er sich nach einem ersten Rundgang über das Festivalgelände von Wacken mit seinen Zelten und Schlammflächen auf Ernst Jünger beruft. Um seinen ersten Beobachtungen Form und Richtung zu geben, zeichnet er das Bild eines Schlachtfelds, das er mit Vorsicht und Abscheu durchschreitet:

> »Der erste Weg auf das Festivalgelände weckt im Besucher Erinnerungen an die Somme-Passagen in Ernst Jüngers ›Stahlgewittern‹. Durch die belaubten Alleen scheint die Sonne, während man sich mit pochendem Herzen dem Getöse des Kampfplatzes nähert, das auch aus weiter Ferne zu hören ist. [...] Man lernt schnell, dass man in Wacken schauen muss, wo man hintritt, zwischen Schnapsleichen und deren Auswurf gilt es, sich einen Weg zu bahnen.« (Kittlitz 2010)

Die Kriegsassoziationen ziehen sich durch den gesamten Artikel und werden leitmotivisch zur Beschreibung einzelner Bands und ihrer Auftritte eingesetzt. Über die Show der französischen Band *Gojira* entwickelt von Kittlitz unter der Zwischenüberschrift »Vom Schützengraben ins Sternenzelt« ein metaphorisches Schlachtengemälde:

> »Als die Band die Bühne betritt, bricht Gebrüll aus im Publikum. [...] Man versteht die Verehrung der Menge erst, als Sänger Joe Duplantier das Mikrofon in die Hände nimmt. Ohne Ansatz weicht das Lächeln von seinen Lippen. Dann bellt er [...] so etwas wie: ›Rah!!‹, sehr kurz, ein Feuerbefehl, die Musik bricht über das Publikum herein, als würden die Klippen vor Bayonne unter schweren Haubitzenbeschuss gelegt. Das Zelt explodiert sofort. [...] Im Flackerlicht des Stroboskops reißt der Bassist an seinem Instrument, als werde er von ihm angefallen, das Publikum spritzt in einer Staubwolke durcheinander, wackersteinschwere Double-Bass-Drum-Geschosse verursachen instantane Herzrhythmusstörungen. Am Zeltrand erkennt man zwischen Licht und Schatten einen Mann, der unter Räude zu leiden scheint, er wälzt sich im Dreck. Gojira beherrschen auch stimmungsvolle Brüche, bisweilen gibt es Ambient-Passagen aus Keyboard-Astralwellen, die so etwas suggerieren wie den Blick des Soldaten hinauf vom Schützengraben ins Sternenzelt, bevor der Gegner erneut die Artillerie auf die eigenen Linien richtet. Die Herren über solche akustische Gewalt werden zu Recht vergöttert. Sie bilden einen würdigen Abschluss des Abends.« (Kittlitz 2010)

Auch der Gruppe, der amerikanischen Thrash-Metal-Band *Slayer*, bescheinigt von Kittlitz militärische Eigenschaften. Sie böten »ein Trommelfeuer auf die Ohren«, würden dabei aber anders zu Werke gehen als die oben beschriebenen *Gojira*. Ihr Sound enthielt »keine schweren Geschütze«, sondern sei »eher ein feinmaschiger Wind aus Maschinengewehrkugeln und Schrapnellsplittern« (Kittlitz 2010). Mit den makaber anmutenden, drastisch überzogenen Assoziationen bis hin zu mit Leichen übersäten Schlachtfeldern stellt der Bericht in der *Frankfurter Allgemeinen* keine Ausnahme dar. Krieg, militärische Gewalt und Zerstörung sind Bilder, die eine ganze narrative Gruppe von Berichten über Heavy-Metal-Festivals prägen. So berichtete auch die *Frankfurter Allgemeine Zeitung* bereits 2008 unter der Überschrift »Soundtrack zum Weltuntergang« über eine andere Show der Band *Slayer* und sie zeigte sich beeindruckt von »einem brachialen Soundgewitter«, das die Band entfachte, und glaubte, darin eine »Kampfansage an das überkünstelte Spiel manches Rockgitarren-Virtuosen« zu erkennen (Mattes 2008).

Die *Süddeutsche Zeitung* bezieht nicht nur die Bands in die charakteristische Kriegsmetaphorik mit ein, sondern rückt unter der Überschrift »Hölle, Hölle, Hölle« auch die Festivalbesucher des *Wacken Open Air* in die Nähe marodierender Krieger: »Dosenbier, Dauerregen und Death Metal: 75 000 Heavy-Metal-Fans überfallen gerade wieder das beschauliche Dörfchen Wacken.« (Schneeberger 2010b) Ähnlich berichtet *Die Welt* am 28. Juli 2009, eingeleitet unter der Überschrift »Wie ein Dorf im Heavy-Metal-Sturm Ruhe bewahrt«: »Einmal im Jahr fallen 75 000 Musikfans in das 1.800-Einwohner-Dorf Wacken in Schleswig-Holstein ein.«

Die Metaphorik von Krieg in den angeführten Texten wird auf verschiedene Weise eingesetzt, um Rockfestivals zu beschreiben. Die zentrale Gemeinsamkeit findet sich dabei im Ansatz, sowohl Krieg als auch Rockfestivals als Ausnahmezustände des menschlichen Daseins zu deuten (Behrens 2000: 9). Die Erfahrungen der – oftmals überforderten – Redakteure gutbürgerlicher Tageszeitungen artikulieren sich in einem Vokabular, das die Außeralltäglichkeit, die außergewöhnliche Intensität der Erfahrungen eines Festivals in metaphorischer Weise auszudrücken versucht. Das Festivalgelände wird zum Schlachtfeld, die Bands zu Anführern, die Drumbeats zu »Kanonensalven« oder »Bass-Drum-Geschossen« und die Fans zu marodierenden, betrunkenen Horden zwischen frenetischem Siegesgeheul und ekstatischem Körpereinsatz auf den Kampforten vor den Bühnen.

Die Affinität zu einer verselbstständigten, rein ästhetischen Kriegsrhetorik in Festivalberichten erklärt sich dabei aus den ohnehin traditionell sehr stark mit Kriegsästhetik spielenden Ikonografien der Rockmusik, insbesondere der Heavy-Metal-Kultur. Nicht nur die Stilbezeichnung *Heavy Metal* leitet sich etymologisch aus der englischen umgangssprachlichen Bezeichnung für schweres Kriegsgerät her, auch die stets um verschiedene Aspekte von Stärke kreisende Bildsprache von Albumcovers und Songtexten der Szene adaptiert auf mannigfaltige Weise militärisches Instrumentarium und Kriegsästhetik, um die Macht der Musik schlüssig zu ergänzen und zu visualisieren.[2] Der Krieg als ästhetisches Reservoir der Heavy-Metal-Szene zur Verbalisierung von Emotionen liefert damit den leicht zugänglichen Steinbruch, aus dem sich die Zeitungen ihre Bruchstücke schlagen und auf bereits vorhandene Stereotypen über Rockfestivals aufbauen können.

Das enthemmte Völkchen der Festivalbesucher

Dennoch bleibt der Blick auf das »Völkchen der Metaller« (Eder 2009), wie es die *Süddeutsche Zeitung* formuliert, überwiegend oberflächlich. Die narrativen Strategien gestalten sich dabei ähnlich plakativ wie die militärische Metaphorik der »Festival-Kriegsberichterstatter«. Der differenzierte Blick weicht einer gleichermaßen faszinierten wie sensationslüsternen Fokussierung der exotischsten Aspekte des Rockfestivals. Es dominiert die Perspektive des zivilisierten Entdeckers auf die triebhaften Stämme eines unbekannten Raums. So schreibt etwa die *Frankfurter Allgemeine*:

> »Wacken beginnt, sich über alle Sinne zu legen wie eine rauschhafte Vision, Lärm, Fettdämpfe, nackte tanzende Weiber, überall Schwarz, Bart, Haare, am Boden zahlreiche Opfer des Überangebots, am anziehendsten bleiben aber die großen Bühnen, auch wenn jede Annäherung mit unnachgiebigem Trommelfeuer beantwortet wird. Gerade spielen Endstille[3], sie haben Stacheldraht auf der Bühne aufgebaut, der Sänger schreit, als werde er gerädert, der Bass trommelt einem das Hirn zu Mus, die Musiker sind Waldmenschen mit Bärten und schmutzigen Leinenwämsern.« (Kittlitz 2010)

Nicht nur die »nackten tanzenden Weiber«, welche von der *FAZ* in den Mittelpunkt der Darstellung gerückt werden, deuten einen Rekurs auf traditionelle Motive des Berichtens über das Fremde an. Auch die Titulierung der Musiker als »Waldmenschen mit Bärten« artikuliert eine Bruchlinie zwischen Zivilisation und natürlicher Ungezügeltheit in einer Form, die nicht neu ist. Gerade das Motiv des Waldmenschen oder »Wilden Mannes«, das zum Vergleich mit den langhaarigen Musikern und ihren enthemmt tanzenden nackten weiblichen Begleiterinnen bemüht wird, steht in einer langen Tradition von Wildheitsmotiven in der europäischen Erzählkultur.

[2] Vgl. Chaker (2006); Helsper (1998); Roccor (1997: 94). – Zu Funktionen und Erscheinungsformen von »Kriegs-Ästhetik« in der Popkultur allgemein siehe Behrens (2000).
[3] Eine kommerziell erfolgreiche deutsche Black-Metal-Band.

»Ein Blick auf das Völkchen der Metaller«

Abb. 1: »Waldmenschen mit Bärten« und »wilde Weibsbilder«. Bilder des Unzivilisierten aus Wacken. (Foto: Spiegel Online)

Bereits seit dem frühen Mittelalter diente die Figur des »Wilden Mannes«, eines »wilden, behaarten, oft mit Lendenschurz bekleideten Menschen« (Barnstein 1940: 54), der Darstellung des Wilden und Unzivilisierten, das meist in kontrastiver Spannung zu den Normen der zivilisierten höfischen oder christlichen Welt stand. Als beliebter Bildgegenstand mittelalterlicher Wandteppiche visualisierten »Wilde Männer« die Ungezähmtheit, die es zu zügeln galt, um ein gottgefälliges Leben führen zu können. Als Brauchfigur in fastnächtlichen Umzügen symbolisieren sie neben anderen außerhalb des göttlichen Heilsplans stehenden Figuren wie Narren oder Teufel das Gottesferne und Lasterhafte. Als Gegenbild zum zivilisatorischen Übermaß verkörperte der Wilde Mann aber auch Natürlichkeit und Ursprünglichkeit.

Auf der Grundlage dieser narrativen Motivik sind es gerade die Fotostrecken auf den Online-Portalen der großen Tageszeitungen, die Jahr für Jahr aufs Neue das Bild des fremdartigen »Völkchens« der Rockmusikfans hervorrufen, bestehend aus betrunkenen, langhaarigen wilden Männern und freizügigen, nicht weniger wilden Frauen. Das Unzivilisierte fokussiert sich in einer Ansammlung nackter Brüste, schlammverkrusteter Männer sowie exotisch gekleideter Fans und Künstler.

Abb. 2: Bemalte »Eingeborene«. Exotismus à la Wacken. (Foto: Spiegel Online)

Wenn die *Süddeutsche Zeitung* ihre Fotostrecke über Wacken 2009 einleitet mit den Worten »Schlamm, Krach, Metall: [...] Ein Blick auf das Völkchen der Metaller in Bildern« (Eder 2009), erinnert das nicht zufällig an die »Wilde Völkerkunde« des 16. und 17. Jahrhunderts mit ihren sensationslüsternen Berichten über Eingeborenenstämme in den Dschungeln Südamerikas (Harbsmeier 1991). Die Art, wie die Bildstrecke ein Panoptikum enthemmter Fans, Betrunkener und Kuriositäten inszeniert, weckt dabei Assoziationen zu den Völkerschauen des späten 19. Jahrhunderts mit ihrer Zurschaustellung von Amazonen, bemalten Kriegern und anderen vermeintlich »primitiven« exotischen Kulturen.[4]

Es muss erwähnt werden, wie hochgradig selektiv die Bildstrecken konstruiert sind. Gemessen an der Besucherzahl der Rockfestivals macht der Anteil von Fans in gewagten Outfits wie den gezeigten oder von weiblichen Besuchern mit dem Drang sich zu entblößen einen verschwindend geringen Bruchteil aus. Bildete man sich hingegen von den Bildstrecken ein Urteil, käme man

[4] Vgl. Dreesbach (2005); Stadler (2003); Zanella (2004).

sicherlich zu dem Schluss, im Mittelpunkt der Rockfestivals stünden nicht die Bands und die Musik, sondern der massenhafte Exzess.

Bildstrecken sind in der Gegenwart fester Bestandteil der Websites nahezu aller großer Informationsmedien von der regionalen Tageszeitung bis zu den Online-Auftritten von Fernsehsendern wie *ProSieben* und *RTL*. Neben dem vorrangigen Sinn, mehr oder weniger aktuelle Themen mit einer Auswahl von Bildern zu illustrieren, stellen Bildstrecken für die Betreiber der Websites ein wirkungsvolles Instrument dar, den Datentraffic auf ihrer Seite zu steigern. Jeder Klick auf das jeweils nächste Bild öffnet eine neue Seite und generiert – dank der großen Bilddateien – einen nicht unerheblichen Datenfluss. Je mehr Datenverkehr und damit indirekt Besucherzahlen nun eine Homepage nachweisen kann, umso attraktiver wird sie als Annoncenfläche für Werbekunden. Kurzum, der Einsatz von Bildstrecken auf ihren Homepages generiert Werbeeinnahmen für die Zeitungen und TV-Sender. An dieser Stelle wird nun deutlich, wieso es gerade die spektakulären Bilder sind, die von den Medien eingesetzt werden, und weniger die repräsentativen. Ebenso wie in den Völkerschauen zu Beginn des 20. Jahrhunderts sind es hochgradig artifiziell geschaffene Einblicke, die jegliche Gemeinsamkeit mit dem Eigenen verdecken und den Fokus nahezu ausschließlich auf das Fremdartige, das Exotische, das Sensationelle richten. Wo diese Wirkung nicht unmittelbar zu verzeichnen ist, wird durch eine Verkürzung von Tatsachen künstlich nachgeholfen: z. B. werden Bilder von für Shows engagierten Stripperinnen kommentarlos neben Fotos von Festivalbesuchern gestellt, um den Eindruck von Hemmungslosigkeit unter den Besuchern zu suggerieren.

Diese Verkürzung findet im Vokabular und Stil der schlagwortartigen Begleittexte und Überschriften der Bildstrecken ihre Entsprechung. Meist sind es dreifache Aufzählungen, oft mit Alliteration, die exakt die Reduktion auf das Stereotyp Sex, Drugs and Rock'n'Roll, das der neugierige Leser erwartet, widerspiegelt. Nur einige wenige Beispiele seien hier genannt: »Blanke Busen, viel Bier und Heavy Metal!« (Wacken Festival 2010); »Busen, Bier und nackte Hintern« (Peschel 2010), »Dosenbier, Dauerregen und Death Metal« (Schneeberger 2010a). Am Ende steht ein rein voyeuristischer Blick auf eine exotische Welt, die trotz all ihrer Reize am Ende meist fremd bleibt. Dennoch: Gerade in den letzten Jahren deutet sich auch hier eine Integration des fremden Kosmos Rockfestival in bekannte Schablonen des Eigenen an, etwa wenn *Der Spiegel* über Wacken schreibt, es sei der »Ballermann der Headbanger« und das »Mallorca der Metal-Szene« (Reißmann 2010). Es herrscht zwar nach wie vor der teils verständnislose Blick von außen auf die fremde Kultur Rockfestival vor, doch die Frage, wo diese fremde Welt in der eigenen anzusiedeln sei, wo Andockpunkte sind, schwingt mit.

Kontaktaufnahmen zum fremden Kosmos Rockfestival

Besonders deutlich wird der Aspekt des Kulturkontakts zwischen den etablierten Informationsmedien und der Welt *Rockfestival* in einer Reihe von TV-Dokumentationen. Im Rahmen von Boulevardmagazinen wie *taff* auf *ProSieben* oder *Explosiv* auf *RTL* wird im Stil moderner Reality-Soaps ein Kontakt zu den Rockfestivalbesuchern hergestellt. Dies geschieht in der Regel, indem ein Kamerateam mehrere Personen ohne Festivalerfahrung auf ein Rockfestival wie das *Wacken Open Air* begleitet und den daraus resultierenden Kulturschock süffisant dokumentiert. Die Berichterstattung ist dabei erneut hochgradig konstruiert und beruht einmal mehr auf narrativen Stereotypen, die dem eigenen Zielpublikum bereits vertraut sind. 2010 begleitete etwa das Boulevardmagazin *taff* auf *ProSieben* zwei junge, bereits optisch deutlich als festivalfremd zu erkennende Damen in den *Wacken Metal Train*, einen Zug, der die Wacken-Besucher aus unterschiedlichen Städten Deutschlands während einer Nachtfahrt zum Festival bringt.[5]

In den Worten der Kommentatorenstimme des Beitrags hört sich das Exposé des Experiments so an:

> »Sie sind laut, sie grölen, trinken ununterbrochen Bier, stinken, sind ungepflegt und aggressiv und beten alle zusammen Satan an. Metaller haben einen denkbar schlechten Ruf, aber sind die bösen Buben wirklich so schlimm wie man denkt? Wir sperren zwei junge Frauen 10 Stunden lang mit 700 Metallern zusammen und lassen sie die Vorurteile überprüfen.«

Die O-Töne der beiden jungen Frauen kommentieren das Experiment: »Ich fühl mich hier wie eine Außerirdische.« »Ich find ja des jetzt nicht so normal, aber für die isses ja normal [...]. Ich bin mit solchen Leuten wie mir befreundet und mit Metallern hatte ich noch nie Kontakt. Das ist mein erstes Mal und die können, glaub ich, auch nett sein.«

Nach der kurzen Einführung in die Expedition zur exotischen Insel Wacken, die im Gegenschnitt und von lauter Musik unterlegt Bilder von bierseligen »wilden Männern und Frauen« sowie die entsetzten Gesichter der beiden jungen Damen zeigt, werden diese schließlich vorgestellt: »Auch für Friseurin Ingrid ist das hier die erste Begegnung mit den wilden Jungs. Für die 24-Jäh-

---

5   taff auf ProSieben: Der Metal Train. Der Beitrag vom August 2010 ist als Video online verfügbar auf der Internetpräsenz von ProSieben. Siehe URL: http://netzwerk.prosieben.de/portal/lizenzgeber/prosieben/Videos/2010/08/taff-der-metal-train.html?itwpub=sowarmeinflug. [Zugriff vom 19.06.2011]. Die folgenden Zitate sind diesem Beitrag entnommen.

»Ein Blick auf das Völkchen der Metaller«

Abb. 3: »Ich fühl mich hier wie eine Außerirdische.« Fremdheitserfahrungen im »Metal-Train«. (Foto: Screenshot ProSieben »Taff«)

rige zählen normal Klamotten, Kosmetik und Schönheit. Ingrid will Moderatorin werden und hat sich dafür sogar schon die Lippen mit Botox aufspritzen lassen.« Ingrid: »Also, ich find Natürlichkeit wunderschön. Aber ich find Unnatürlichkeit noch schöner.«

Damit ist das narrative Konfliktmoment ausreichend exponiert. Auf der einen Seite befinden sich die grölenden »Wilden«, auf der anderen Seite stehen zwei Vertreterinnen einer zivilisatorischen Sphäre, die in ihrer betonten »Künstlichkeit« nicht weniger exotisch wirken. Die Distanz zur vermeintlichen »Natürlichkeit« der »wilden Männer« im Zug erscheint so noch gravierender. Die Erzählstruktur des Beitrages sieht überdies einen Rollenwechsel vor. Nicht die Rockfestivalbesucher sind hier diejenigen, die außerhalb der Norm stehen, sondern die beiden Besucherinnen sind nun die Außenseiter:

> »Doch hier ist eher das Outfit der Mädchen fehl am Platz. Und in der Tat: mit Minikleidchen, Lippenstift und High-Heels passen Mira und Ingrid so gar nicht zum übrigen Publikum des Metal Trains.«

So wird zusammen mit der einleitend gestellten Frage »aber sind die bösen Buben wirklich so schlimm wie man denkt?« ein erster reflexiver Bruch im präsentierten Sammelsurium an Stereotypen geschaffen, der im Fortgang des Beitrags weiter verfolgt wird. Nach Gesprächen mit weiblichen Festivalbesucherinnen stellen die Friseurin Ingrid und die Kosmetikerin Mira z. B. überrascht fest: »Also: nicht alle Metallerinnen sind hässlich.« Auch die Festivalbesucher kommen selbst zu Wort, um den Bruch mit den Klischees weiter zu treiben: »Also wir sind so des Volk, wo immer abgestempelt wird größtenteils. Aber wir sind eigentlich trotz allem die Nettesten.« Oder eine weibliche Metallerin:

> »Ich geh auch selber mal in die Disko, ich hab auch selber 12 cm hohe Pumps daheim stehen. Ich kann mich auch ganz normal anziehen. Es ist aber klar, dass ich auf Wacken nicht mit solchen Hacken rumlauf', sondern eher mit Springerstiefeln. Das ist einfach besser.«

Gerade das letzte Zitat zeigt, wie sich im Laufe des Beitrags ein interessanter Perspektivenwandel entfaltet. Wurden die Festivalbesucher im Vorspann noch als krakeelende Wilde charakterisiert, erscheinen sie nun – vor allem im Vergleich mit den leicht dümmlich inszenierten Außenseiterinnen – als die Vernünftigen. Der vergleichende Blick auf das Fremde wird in traditionell zu nennender Weise zu einem Instrument, um das Vertraute zu hinterfragen. In mehreren kürzeren Episoden werden weitere Kontakte zu den Metallern hergestellt, die durchweg zwar als »wild«, aber freundlich und zuvorkommend charakterisiert werden. So gibt Friseurin und Hobby-Visagistin Mira einem der mitreisenden Metaller Schminktipps, und der Kommentator stellt erfreut fest, dass Kosmetikerin Ingrid zu fortgeschrittener Stunde sogar mit den Festivalbesuchern flirtet: Völkerverständigung. Nachdem der Zug am nächsten Morgen in Wacken eintrifft, ist es Zeit, die gesammelten »ethnografischen Erkenntnisse« in einem Fazit zu bündeln:

> INGRID: »Ich hab schon gedacht, dass die viel trinken und rauchen. Aber ich hätte ehrlich gesagt eher gedacht, dass die die ganze Zeit schreien.«
>
> MIRA: »Viel aggressiver, aber die waren wirklich nett, höflich, total freundlich [...].«
>
> INGRID: »Ja, voll höflich. Die haben uns überall durchgelassen. Also die haben die Mütter gut erzogen, würd ich sagen.«
>
> MIRA: »Ich muss zugeben, ich hatte Vorurteile, aber die sind wirklich lieb und nett und man sollte sie nicht in eine Schublade stecken. Das sind wirklich tolle Menschen.«

Ergebnisse: Der erzählte Kosmos *Rockfestival* als fremde Welt im Eigenen

Gerade die narrative Strategie des letzten Beispiels macht deutlich, dass es für eine kulturwissenschaftliche Auseinandersetzung mit dem Berichten über Rockfestivals zu oberflächlich wäre, von den zur Schau gestellten Exotismen lediglich auf finanzielle Interessen und Sensationstrieb zu schließen. Hinter der kommerziell zugkräftigen Inszenierung der Stereotypen in Medien von der *Frankfurter Allgemeinen Zeitung* bis *taff* auf *ProSieben* artikuliert sich auch noch 42 Jahre nach Woodstock vor allem eine drastische Fremdheitserfahrung im Kontakt mit dem Kosmos *Rockfestival*. Sie äußert sich auf der Grundlage populärer Traditionen des Berichtens in Stereotypen, die den Rezipienten der Artikel vertraut sind. Diese Aktivierung vorhandener Klischeebilder ist der Dreh- und Angelpunkt der komplexen Inszenierung. Die Berichte münden dabei in einen »Stereotypenkreislauf« (Dreesbach 2005: 14): Bestimmte, bereits im Betrachter verankerte Klischees von der fremden Welt *Rockfestival* werden durch die verkürzten und selektiven Darstellungen in den Tageszeitungen und Boulevardmedien aktiviert und gleichzeitig bestätigt. So kreieren *Bild-Zeitung* und Co. in erster Linie keine neuen Bilder vom Fremden, sondern schaffen eine Formierung und Verfestigung stereotyper Vorstellungen über das Fremde.

Bilder von exzessiv feiernden Menschen, Allegorien kriegerischer Extremsituationen und die Inszenierung von Kulturkonflikten definieren die Sphäre Rockfestival zudem als außeralltäglich. Oft verwendete Phrasen wie »Rockfestivals – eine eigene Welt« oder »Wacken – ein Kosmos für sich« weisen darauf hin, dass die Leser der Medien es hier mit einer Sphäre zu tun haben, die nicht ihre eigene ist. Wer sich auf diese Erfahrung einlässt, wird außerhalb der vertrauten Werte und Normen stehen, wie die beiden *Pro-Sieben*-Kandidatinnen, deren »Minikleidchen, Lippenstift und High-Heels« im neuen Umfeld plötzlich so gar nicht mehr »zum übrigen Publikum des Metal Trains passen«.

Dies zeigt, dass es in den Berichten um mehr als eine Zurschaustellung des Fremden geht. Gerade dort, wo der Bezug zum Vertrauten hergestellt wird, deutet sich der Kernpunkt der Berichterstattung an: Die Erfahrung des fremden Kosmos *Rockfestival* führt unweigerlich auch zu der Frage, wo diese fremde Welt zu verorten sei.

In seinem Aufsatz »Andere Räume« sieht Michel Foucault (1926–1984) in diesem Zwang der Verortung fremder Räume ein grundlegendes Problem moderner Gesellschaften (Foucault 1990). Im Vordergrund steht für ihn dabei nicht das Problem der Fremdheit selbst, sondern die Frage, »welche Nachbarschaftsbeziehungen, welche Stapelungen, welche Umläufe, welche Markierungen und Klassierungen [...] in bestimmten Lagen und zu bestimmten Zwecken gewährt werden sollen« (Foucault 1990: 36 f.). Nachbarschaft stellt für ihn dabei eine Beziehung zwischen einzelnen Punkten oder Elementen verschiedener Orte dar. Foucault führt weiter aus, dass es aber auch Räume gebe, die allen derartigen Platzierungen widersprechen. Dies sind Räume, die sich zwar auf andere Räume beziehen, aber deren Eigenschaften umkehren und neutralisieren: zum einen die Utopien, Räume der Perfektionierung der Gesellschaft, allerdings ohne wirklichen Ort; zum anderen, so Foucault, gibt es aber auch derartige Räume der Reflexion und Aufhebung gültiger Normen, die im Gegensatz zu Utopien einen realen Ort in unserer Welt einnehmen. Er bezeichnet diese Räume als *Heterotopien* (Foucault 2005: 11).[6]

Foucault differenziert weiter zwischen *Krisenheterotopien*, die für unser Thema weniger relevant sind, und *Abweichungsheterotopien*, Räumen außerhalb der breiten Gesellschaft, in denen sich utopische Zustände, abweichendes Verhalten, eigene Normen und Regeln realisiert haben. Ein solcher Heterotopos stellt grundsätzlich das Fremde, das isolierte Andere dar, verfügt aber über ein System von Öffnungen, über das er von Außenstehenden betreten werden kann. Dies können ganz konkret eine Eingangspforte (etwa zu einem Gefängnis) sein, aber auch Abstraktes wie Gesten, ein bestimmter Habitus oder Übergangsriten (Foucault 2005: 12 f.).

Für die Frage der kulturellen Verortung von Rockfestivals kann Foucaults Konzept der Heterotopien eine wichtige Hilfestellung leisten. Es bietet die Möglichkeit, den unpräzisen Terminus der *Gegenwelt* Rockfestival, an den meist rein eskapistische Wertigkeiten geknüpft sind, zu überwinden und durch ein Konzept zu ersetzen, das den Blick auf den Raum *Rockfestival* weitaus umfassender zu erklären hilft – vor allem weil auch die Rolle der Medien mitreflektiert wird, die den Verortungsversuch unternehmen. Er hilft uns darüber hinaus auch, unseren eigenen Blick auf Festivals, die Art, wie wir im wissenschaftlichen Diskurs das Fremde verorten, zu reflektieren. *Rockfestivals* werden in den Berichten der großen Informationsmedien realisierte Utopien, also Heterotopien, die in Bezug zur eigenen Sphäre stehen, diese reflektieren, aber dabei deren Normen und Werte neu interpretieren und umkehren. Die Heterotopie *Rockfestival* verwandelt sich in den Berichten dadurch zu einem Imaginationsraum für die Konsumenten der jeweiligen Medien und erfüllt über Aspekte wie Exotik, Faszination, Furcht ein breites Spektrum von Funktionen sowohl illusorischen wie kompensatorischen Charakters (Foucault 1990: 44).

Der Wandel in der Berichterstattung der letzten 20 Jahre, der von einer

---

[6] Eine gut lesbare Einführung in das Konzept bietet Chlada (2005: 17–48).

zunächst verständnislosen Ablehnung der neuen Heterotopie Rockfestival zu einer faszinierten Darstellung einer exotischen Welt führte, fungiert dabei gleichzeitig als Indikator und Movens gesellschaftspolitischer Prozesse. Roland Barthes bezeichnete die Kulturtechnik Exotismus als charakteristisch für kleinbürgerliche Weltordnungssysteme. Exotismus, so Barthes, greife dort, wo sich *das Andere* als nicht assimilierbar erweist: »Der Andere wird zum reinen Objekt, zum Spectaculum, zum Kasperle. An die Grenzen der Menschheit verwiesen, stellt er für das Zuhause keine Gefahr mehr dar.« (Barthes 1964: 141–143) Sieht man die völkerschauartige Zurschaustellung Nackter, Betrunkener und Langhaariger auf den Fotostrecken der *Bild-Zeitung*, mag man Barthes zustimmen. Doch kommt der Inszenierung von Rockfestivals als *Exotismen* auch emanzipatorische, liberalisierende Funktion zu. Barthes weiter: »Denn auch wenn der Bourgeois nicht den ›Anderen‹ nacherleben kann, so kann er sich zumindest dessen Platz vorstellen. Darin besteht das, was man Liberalismus nennt.« (Barthes 1964: 143) Auch hier möchte man Barthes recht geben, wenn die Kosmetikerin am Ende des *Pro-Sieben*-Berichtes meint: »Ich muss zugeben, ich hatte Vorurteile, aber die sind wirklich lieb und nett und man sollte sie nicht in eine Schublade stecken. Das sind wirklich tolle Menschen.«

Zuletzt bleibt zu überlegen, welche Folgen die heterotopologische Berichterstattung der breiten Tagesmedien für die Rockfestivals selbst hat. Gerade Liberalisierungstendenzen, die über die Kulturtechnik Exotismus eine Verharmlosung der fremden Welt Rockfestivals fördern, haben zur Folge, dass die Eingangspforten in die Heterotopie Rockfestival größer werden. Sie werden von mehr Personen durchschritten, die sich von den spektakulären Bildern der Fotostrecken angezogen fühlen oder eigene Fremdheitsschwellen in Folge der Berichterstattung durch die vertrauten Medien der eigenen Lebenssphäre abbauen konnten. Das *Wacken Open Air* hat sich so von einem Untergrund-Event einer regional begrenzten Szene zu einem kommerziell agierenden Moloch entwickelt, der unterschiedliche Bevölkerungsgruppen gleichermaßen anspricht. Der Erfolg dieser Entwicklung hin zu einem allgemein zugänglichen Raum ist auch eine Konsequenz der heterotopologischen Berichterstattung in den Massenmedien. Es bleibt abzuwarten, wie das aus den ursprünglichen Szenen stammende Publikum der Rockfestivals auf diesen Wegfall von Fremdheitsschwellen reagieren wird. Gerade in den Hard-Rock- und Heavy-Metal-Szenen spielt die Distinktion gegenüber Normen und Werten der breiten Bevölkerung als identitätsstiftendes Moment noch immer eine maßgebliche Rolle. Mit der Popularisierung von Rockfestivals auch in breiteren Bevölkerungskreisen ist diese Identifikation durch Abgrenzung in Gefahr. Wacken bildet innerhalb der Szene schon seit Jahren eines der umstrittensten Themen. Es wird spannend sein, wie sich die beiden Diskurse der populären Massenmedien einerseits und der kreativen Musikszenen andererseits in der kommenden Zeit gegeneinander austarieren werden. Wer wird die Produktion des Mythos *Rockfestival* vier Jahrzehnte nach Woodstock bestimmen (Elflein 2009: 1)?

Literatur

Barnstein, Anne (1940): *Die Darstellungen der höfischen Verkleidungsspiele im ausgehenden Mittelalter.* München/Würzburg-Aumühle.
Barthes, Roland (1964): *Mythen des Alltags.* Frankfurt am Main: Suhrkamp.
Behrens, Roger (2000): »Entertainment des Schreckens«. In: *Testcard – Beiträge zur Popgeschichte 9* (2000). Mainz: Ventil-Verlag. S. 8–21.
Chlada, Marvin (2005): *Heterotopie und Erfahrung. Abriss der Heterotopologie nach Michel Foucault.* Aschaffenburg: Alibri.
Chaker, Sarah (2006): »›This means war‹. Krieg: Zentrales Inhaltsmoment im Black und Death Metal«. In: *Von Schlachthymnen und Protestsongs. Zur Kulturgeschichte des Verhältnisses von Musik und Krieg.* Hg. Annemarie Firme und Ramona Hocker. Bielefeld: Transcript. S. 229–240.
Dreesbach, Anne (2005): *Gezähmte Wilde. Die Zurschaustellung »exotischer Menschen« in Deutschland 1870–1940.* Frankfurt am Main/New York: Campus-Verlag.
Eder, Julia (2009): »Willi und die Metal-Marmelade«. In: *Süddeutsche.de.* Online-Präsenz der *Süddeutschen Zeitung,* 04.08.2009. URL: http://www.sueddeutsche.de/kultur/rock-festival-wacken-willi-und-die-metal-marmelade-1.178021 [Zugriff vom 20.6.2011].
Elflein, Dietmar (2009): »Somewhere in Time – Zum Verhältnis von Alter, Mythos und Geschichte am Beispiel von Heavy Metal-Festivals«. In: *Samples 8* (2009). *Online-Publikationen des Arbeitskreises Studium Populärer Musik e.V.* URL: www.aspm-samples.de/samples8/elflein.pdf. S. 1–16.
Foucault, Michel (2005): *Die Heterotopien. Der utopische Körper.* Zwei Radiovorträge. Frankfurt am Main: Suhrkamp.
Foucault, Michel (1990): »Andere Räume«. In: *Aisthesis. Wahrnehmung heute oder Perspektiven einer anderen Ästhetik.* Hg. Karlheinz Barck u.a. (Hg.). Leipzig: Reclam. S. 34–46.
Harbsmeier, Michael (1991): »Wilde Völkerkunde. Deutsche Entdeckungsreisende der frühen Neuzeit«. In: *Reisekultur. Von der Pilgerfahrt zum modernen Tourismus.* Hg. Hermann Bausinger, Klaus Beyrer und Gottfried Korff. München: Beck. S. 91–100.
Helsper, Werner (1998): »Das ›Echte‹, das ›Extreme‹ und die Symbolik des Bösen – Zur Heavy Metal-Kultur«. In: *»but I like it«. Jugendkultur und Popmusik.* Hg. Peter Kemper, Thomas Langhoff und Ulrich Sonnenschein. Stuttgart: Reclam. S. 244–258.
Ismar, Georg/Tobien, Jenny (2009): »Wie ein Dorf im Heavy-Metal-Sturm Ruhe

bewahrt« (2009). In: *Die Welt*, 28.07.2009. URL: http://www.welt.de/vermischtes/article4207531/Wie-ein-Dorf-im-Heavy-Metal-Sturm-Ruhe-bewahrt.html [Zugriff vom 19.06.2011].

Kittlitz, Alard von (2010): »Im Bayreuth des Nordens«. In: *Frankfurter Allgemeine Zeitung*, 08.08.2010.

Küchle, Tanja Alexandra (2010): *Erlebensraum Festival. Ethnografische Erkundungen auf dem Southside Festival in Neuhausen ob Eck*. (= Studien und Materialien des Ludwig-Uhland-Instituts der Universität Tübingen, Band 40). Tübingen: Tübinger Vereinigung für Volkskunde.

Mattes, Hanns (2008): »Soundtrack zum Weltuntergang«. In: *Frankfurter Allgemeine Zeitung*, 06.11.2008.

Peschel, Volker (2010): »Busen, Bier und nackte Hintern. Alle Fakten zum Mitreden, ohne dabeigewesen zu sein«. In: *Bild.de*. Online-Präsenz der Bildzeitung, 21.08.2010. URL: http://www.bild.de/regional/bremen/bier/busen-bier-und-bock-auf-rock-beim-festival-hurricane-13010616.bild.html [Zugriff vom 19.06.2011].

Reißmann, Ole (2010): »Ballermann für Headbanger. Metal-Mythos Wacken«. In: *Spiegel online*. Online-Präsenz des Nachrichtenmagazins *Der Spiegel*, 07.08.2010. URL: http://www.spiegel.de/kultur/musik/0,1518,710560,00.html [Zugriff: 19.06.2011].

Roccor, Bettina (1997): *Heavy Metal. Kunst. Kommerz. Ketzerei*. Berlin: I.P.-Verlag Jeske/Mader.

Schneeberger, Ruth (2010a): »Dosenbier, Dauerregen und Death Metal«. In: *Süddeutsche.de. Online-Präsenz der Süddeutschen Zeitung*, 05.08.2010. URL: http://www.sueddeutsche.de/kultur/wacken-open-air-hoelle-hoelle-hoelle-1.984340 [Zugriff vom 19.06.2011].

Schneeberger, Ruth (2010b): »Hölle, Hölle, Hölle«. In: *Süddeutsche.de*. Online-Präsenz der Süddeutschen Zeitung. URL: http://www.sueddeutsche.de/kultur/wacken-open-air-hoelle-hoelle-hoelle-1.984340 [Zugriff vom 26.09.2010].

Stadler, Andrea (2003): »Von ›schlankgewachsenen Wüstensöhnen‹ und ›blutdürstigen Kriegerinnen‹. Die Münchner Presse über ›exotische Gäste‹ in der Stadt«. In: Dreesbach, Anne/Zedelmaier, Helmut (Hg.): »*Gleich hinterm Hofbräuhaus waschechte Amazonen*«. *Exotik in München um 1900*. München/Hamburg: Dölling und Galitz. S. 79–98.

Wacken Festival (2010): »Blanke Busen, viel Bier und Heavy Metal«. In: *Bild.de*. Online-Präsenz der *Bildzeitung*, 06.08.2010. URL: http://www.bild.de/unterhaltung/musik/bier/erste-bilder-fotos-vom-rock-konzert-busen-bier-13531306.bild.html [Zugriff vom 19.06.2011].

Zanella, Ines Caroline (2004): *Kolonialismus in Bildern. Bilder als herrschaftssicherndes Instrument mit Beispielen aus den Welt- und Kolonialausstellungen*. Frankfurt am Main: Lang.

Inna Shved
Die Folklorefestival-Bewegung in Belarus

Bis zur Oktoberrevolution im Jahre 1917 standen die verschiedenen Folkloreformen der Alltagskultur Weißrusslands niemals im Blickfeld der belarussischen Kulturpolitik. Seit dieser Zeit jedoch mussten sich alle Kunstformen den propagandistischen Prinzipien und Regeln des real existierenden Sozialismus unterordnen. Nicht ausgenommen davon waren die traditionellen Formen der Laien- und Volkskunst. Sie rückten insbesondere während der Demokratiebewegung nach der politischen Wende von 1991 noch einmal verstärkt in den Fokus der Kulturpolitik, als es galt, eine neue Gesellschaft auf der Basis gemeinsamer national-ethnischer Werte zu gründen.

In der post-sowjetischen Ära dienen zahlreiche folkloristische Festveranstaltungen der Demonstration nationaler Identität. Vor allem in der von Krisen geprägten Gegenwart kommt traditionellen kulturellen Werten eine positive und konstituierende Bedeutung zu, weshalb sie in besonderem Maße von der Kulturpolitik gefördert werden. Ein wesentliches Instrument hierzu sind Folklorefestivals, die zu einer eigenen Bewegung geführt und Interesse an der Wiederentdeckung spiritueller wie kultureller Werte ausgelöst haben. Festivals haben die Funktion, das kulturelle Erbe der Vergangenheit zu bewahren und zugleich zur Entwicklung einer nationalen Kultur beizutragen. So lauten beispielsweise die erklärten Ziele des *Festivals populärer Kunst* in Minsk u. a. folgendermaßen:

- Bedeutungsausweitung der populären Künste auf sozial- und arbeitsspezifische Prozesse innerhalb der Minsker Bevölkerung
- Einbeziehung von Arbeitern, Angestellten, Jugendlichen und Kindern in die populären Künste
- Entwicklung und Schaffung von Arbeitsgruppen und Organisationen für Kultur und Bildung (auch im außerschulischen Bereich) sowie von Laiengruppen für verschiedene Genres der populären Künste
- Verbesserung und Erweiterung der ästhetischen sowie künstlerischen Bildung in den Schulen, den höheren Bildungseinrichtungen (Universitäten) und in der Berufsausbildung
- Schaffung von Freizeitangeboten für die Minsker Bevölkerung

- Bereicherung des Repertoires von Amateurgruppen durch anspruchsvolle Werke bzw. Bearbeitungen hochrangiger und international bekannter belarussischer Autoren
- Schaffung einer Infrastruktur, die die Entwicklung von künstlerischen Aktivitäten im Laienbereich begünstigt
- Kooperationen von professionellen und Amateurkünstlern
- Unterstützung von talentierten, ambitionierten Komponisten, Ballettmeistern sowie anderen Leitern professioneller Ensembles oder Amateur-Gruppen einschließlich ihrer Aufführungen
- Popularisierung herausragender nationaler Musik, Theaterstücke oder Werke der bildenden Künste

Folklorefestivals finden in Belarus alljährlich statt. Sie dienen dem Zweck, Altes aufrechtzuerhalten und das historische und kulturelle Erbe zu popularisieren. Es gibt einerseits Festivals, die sich einem bestimmten Genre widmen – sei es im Bereich des Gesangs, der Instrumentalmusik, des Tanzes oder des Schauspiels –, andererseits solche, bei denen man sich nicht auf einen einzelnen Sektor festlegt, sondern sich mehreren Genres gleichzeitig widmet.

Die belarussischen Folklorefestivals werden nach territorialen bzw. administrativen Prinzipien unterteilt und hinsichtlich ihrer internationalen, nationalen, regionalen oder lokalen Bedeutung unterschieden. Freilich können internationale oder nationale Festivals gleichermaßen regionale und lokale Aspekte beinhalten.

Es existieren drei internationale Festivals von hohem Bekanntheitsgrad. Hierbei handelt es sich namentlich um:

1. Das Tanz-Festival *Soshskij Chorowod*[1]
2. Das Event *Dulcimer and Accordion Ring*[2]
3. Das *Internationale Folklorefestival*

Ins Leben gerufen wurden alle diese Veranstaltungen seitens des »Departments des kulturellen und regionalen Exekutivkomitees«.

Das internationale Tanzfestival *Soshskij Chorowod* wird seit 1997 im zweijährigen Turnus in der nahe der ukrainischen Grenze gelegenen Stadt Gomel veranstaltet. Es finden dort Wettbewerbe in den verschiedenen Tanzsparten statt: 1997 u. a. im klassischen Tanz, Volkstanz und Standardtanz; 1999 im

---

[1] »Soshskij« bezieht sich auf den Fluß Sosh, der an der Stadt Gomel, wo das Festival stattfindet, vorbeifließt. »Chorowod« ist eine slawische Form des Rundtanzes.
[2] Evtl. zu übersetzen in »Dulcimer- und Akkordeonklang«.

Bereich Volkstanz für Kinder und Jugendliche. Mehr als 3.500 Tänzer aus 15 Ländern nahmen an den Wettbewerben teil.

Das Festival *Dulcimer and Accordion Ring*, das sich der populären Musik widmet, wird seit dem Jahr 2000 in Postowy durchgeführt. Bei diesem Festival sind die besten instrumentalen Amateur-Ensembles und Einzelkünstler der Volksmusik aus Belarus und anderen slawischen wie baltischen Ländern vertreten. Im Rahmen des Festivals werden auch Wettbewerbe durchgeführt.

Das *Internationale Folklorefestival* obliegt dem Ministerium für Kultur in Belarus, der Kulturabteilung in Brest, dem Institut für Kulturangelegenheiten und dem Stadtrat von Pinsk. Es fand vom 15. bis zum 21. Juni 1994 in Pinsk und in Minsk statt. 28 belarussische und ausländische Gruppen und damit mehr als 1300 professionelle Künstler aus den verschiedenen Regionen Weißrusslands nahmen daran teil. In diesem Rahmen wurde auch eine wissenschaftlich-praktische Arbeitstagung zum Thema »Folklore und moderne Kultur« abgehalten.

Das auf populäre Künste ausgerichtete internationale Festival *Folklore ohne Grenzen* wird im Kreis Iwanowo im Gebiet von Brest durchgeführt. Belarussische, ukrainische, polnische und russische Ensembles nehmen daran teil. Hier werden dem Publikum regionale populäre Traditionen vorgeführt. Viele Leiter von Folkloregruppen kommen angereist, um Erfahrungen zu sammeln. Wesentliche Anliegen dieses Festivals sind die Förderung und Verbreitung belarussischer und anderer nationaler Kulturen sowie die Festigung und der Ausbau internationaler Beziehungen.

Das belarussische Festival der Volkskünste *Belarus – mein Lied* in der im Nordosten von Belarus gelegenen Stadt Witebsk ist ein vom Staat initiiertes Projekt, das 1997 begann. In das erste Festival wurden verschiedene Aktivitäten einbezogen. Es fand in vier Etappen statt, die letzte davon in Minsk am Jahrestag der Befreiung von den faschistischen Aggressoren.[3] An den Festivalaktivitäten nahmen mehr als 30 000 Ensembles bzw. ca. 500 000 Personen teil. Dabei wurden 95 Ensembles und 47 Landesmeister zu Gewinnern gekürt. Die daraus resultierenden Effekte wurden in einer landesinternen wissenschaftlichen-praktischen Konferenz thematisiert. Das zweite Festival fand aus Anlass des 60. Jahrestages des Sieges über die faschistischen Aggressoren und den Sieg der Sowjetunion im Großen Vaterländischen Krieg statt. Die primären Ziele und Absichten des Festivals bestehen darin, die gesellschaftliche und ideelle Bedeutung der Volkskunst zu steigern und die verschiedenen Formen nationaler künstlerischer Traditionen zu sammeln, zu erforschen und zu aktu-

---

[3] Zur Befreiung Minsks vom Nationalsozialismus kam es am 3. Juli 1944.

alisieren. Dabei werden unter den zahlreichen Teilnehmern auch Gewinner gekürt und Diplome oder Teilnahmebescheinigungen verliehen.

Das belarussische *Republikanische Festival der nationalen Kulturen* wird von höchster staatlicher Stelle koordiniert: dem belarussischen Kultusministerium, dem Staatlichen Komitee für Nationalitäten- und Religionsfragen sowie einem städtischen Komitee. Es findet jeweils innerhalb von zwei Jahren in mehreren Etappen statt: zuerst in Distrikten, dann in Regionen Weißrusslands und schließlich in der an der Memel nahe dem Dreiländereck mit Polen und Litauen gelegenen Stadt Grodno; Letztere bildet das Zentrum der Veranstaltung. Hauptzwecke dieses Festivals sind die Bewahrung und Entwicklung der Kultur der verschiedenen Bevölkerungsgruppen Weißrusslands. Bei den Konzertveranstaltungen des ersten Festivals im Jahre 1995/96 waren um die 600 Teilnehmer aus elf Kommunen Weißrusslands vertreten. Es war das erste Fest nationaler Kulturen in der post-sowjetischen Ära. Erstmals hatte die Bevölkerung Weißrusslands die Möglichkeit, eine Fülle nationaler Kulturen – u. a. Lieder, Instrumentalmusik, Tänze – kennenzulernen.

Beim zweiten Festival in den Jahren 1997/98 fanden die Abschlussveranstaltungen wiederum in Grodno statt, das im Mai 1998 sein 870-jähriges Bestehen feierte. Hierbei traten 26 Ensembles auf, die 15 verschiedene ethnische Kulturen Weißrusslands präsentierten. Außerdem wurde des Dichters Adam Mickiewicz gedacht, der 1798 in dem – damals zum Russischen Reich, heute zu Weißrussland gehörenden – Dorf Zavosse in der Nähe von Nowogródek geboren worden war. Beim dritten Festival im Jahr 2000 gab es u. a. einen Wettbewerb zum Thema »belarussischer Witz« sowie ein Programm für Jugendliche, in dessen Mittelpunkt »zeitgenössische belarussische Folklorestile« standen. Beim vierten Festival 2001/02 fanden verschiedene regionale Festivals in Gomel, Brest, Miory, Minsk, Grodno, Mogilev und Molodechno statt. Das Publikum erhielt einen tiefen Einblick in die verschiedenen regionalen Kulturen. Erstmals präsentierten sich Dagestaner, Tschuwaschen, Turkmenen und Usbeken mit kulturellen Darbietungen. Es gab Ausstellungen zum Thema nationale Literatur, humoristische Theaterveranstaltungen und abermals ein spezielles Programm für Kinder.

Das darauffolgende Festival stand unter der Leitung des Ministerrats der Republik Belarus. Es präsentierte die Kultur von 38 Städten und 28 Dörfern Weißrusslands. Ein Hauptthema war auch der 60. Jahrestag der Befreiung vom Nationalsozialismus. Das Festival 2005/06 war dem 60. Jahrestag des Sieges im Großen Vaterländischen Krieg gewidmet.

Ein *Festival und Wettbewerb des populären Humors* wird zwischen den Dörfern Malye Avtuki und Bolshie Avtuki ausgetragen. Hier wird Humoristisches in theatralischer, erzählender, gesungener oder getanzter Form präsentiert. Zudem wird zeitgenössisches Kunsthandwerk ausgestellt und auch verkauft.

Das landesweite Festival für populäre Kunst *Beraginya*, das im Gebiet von Gomel stattfindet, bezieht Gruppen von Kindern und Jugendlichen sowie Familien-Ensembles ein, die traditionelle Folklore aufführen. Zudem werden Handarbeiten aus Stroh hergestellt und Rekonstruktionen von Kostümen, Gürteln, Schürzen und Symbolen ausgestellt.

Ein landesweites Festival im Bereich des populären Tanzes ist *Belarus Polka*, das in Chachersk durchgeführt wird. Das Hauptinteresse gilt hierbei der Revitalisierung der Polka als einem Genre des populären belarussischen Tanzes. Über die Polka und regionale Tänze hinaus werden Rundtänze, Spiele, Lieder und Riten dargeboten. Außerdem finden Ausstellungen für Kunst, Handwerk, Kleidung und Stickerei statt.

In der im Südwesten Weißrusslands gelegenen Stadt Pinsk wird seit 1991 ein landesweites Tanz-Festival namens *Poleskij Rundtanz* veranstaltet. Im Mittelpunkt der Aufführungen stehen die tiefen Schichten der alten Volkskultur aus der Region Polesje im Südwesten der Republik. Es werden bei dieser Gelegenheit auch Wettbewerbe zum Thema Kinderpaartänze des Alltags durchgeführt, ebenso Wettstreite zwischen Ballettmeistern, deren Choreografien auf regionalem ethnografischem Material basieren, sowie Konzerte von Amateurmusikern und Ausstellungen.

Ein internationales Folklorefestival findet in Brest statt. An ihm nehmen Ensembles aus Polen, Deutschland und Kroatien und Weißrussland teil, darunter zwölf Jugendensembles, die sich der modernen Interpretation von Volksmusik verschrieben haben (z. B. die Gruppe »Holidays« aus der Musikschule der Stadt Luninets). Sie nähern sich – sowohl was das Lied als auch den Tanz betrifft – der Folklore in unterschiedlicher Weise an und vermischen Altes mit Neuem. Während der Wettbewerbe werden u. a. Paartänze aufgeführt, bei denen eine Vielzahl von Tänzen wie Polka, Walzer, aber auch improvisierte Tänze aufgeführt wird. Manche dieser Tänze wurden durch Feldforschungen wieder bekannt und zum Teil später in den angestammten Gegenden reinterpretiert.

Eine geradezu idealtypische Ausstellung von Kunsterzeugnissen (u. a. Stickereien) fand bei diesem Festival im Zentrum für Jugendkunst statt. Dort hieß man die Besucher in »Großmutters Küche« willkommen. Doch nicht nur dem Kurzweiligen und Vergnüglichen widmet man sich bei dem Festival, insofern als sich Spezialisten und Amateure bestimmten lokal-, regional- oder sprachspezifischen Folklore-Thematiken zuwenden. So fanden in Schulen und außerschulischen Räumlichkeiten Seminare, Konferenzen und Vorträge für alle Altersklassen statt. In diesem Rahmen wurde beispielsweise mit dem »Radavod« eine Sammlung für die Leiter von Folkloregruppen und andere Interessenten erstellt, die ihnen als Basisinformation dienlich sein kann. Ferner wandte man sich im Rahmen der wissenschaftlich-praktischen Konferenz mit dem Titel »Probleme bei der Überlieferung und Bewahrung von Folklore« verschiedenen pragmatischen Fragestellungen zu.

Seit dem Jahr 2000 findet in Minsk das landesweite Festival *Tolkacziki* statt. Es dient der Verbreitung moderner Musik Weißrusslands, die auf traditioneller Volksmusik basiert. Um die 30 Gruppen, die sich der Erneuerung und Modernisierung der Folklore verschrieben haben, treten dort in Erscheinung. Ein Beispiel für eine solche Gruppe stellt die Band »Troika« dar, die moderne Einflüsse von Blues, Jazz, Country etc. mit authentischer Volksmusik fusioniert. Im Repertoire von »Troika«, das teilweise auf Archivmaterial zurückgeht, finden sich musikalisches Material aus dem Jahreszyklus, Familienriten und lyrische Lieder. Diese musikalischen Einflüsse zeigen sich innerhalb der Arrangements u.a. in Form von alten Melodien bzw. Melodiefragmenten, von Rhythmen und Texten, die zum Teil Dialekte verwenden; ebenso in der Instrumentalbesetzung, wo sich u.a. Pfeifen, Geigen, Rohrblattinstrumente, Leiern, Dulcimer und Handglocken finden.

Andere professionelle Gruppen, die sich der ethnischen Musik zuwenden, führen selbst Feldforschungen durch. So sammelte die Band »Akana-NXC«, die dem Bereich des Ethno/Jazz zuzuordnen ist, authentisches musikalisches Material in der Region von Gomel. Der Titel »Abschied der Nixe« auf einem Album der Gruppe basiert auf einem archaischen Frühlingsritus und zeugt von solchen Einflüssen.

Viele Folkloregruppen Weißrusslands knüpfen an Traditionen an, nämlich da, wo Folklore eng mit Alltag und Familienleben verbunden ist: in den Dörfern Weißrusslands, und so werden die Mitglieder solcher Ensembles schließlich zu Überlieferern authentischen Materials. Ich selbst habe auf Exkursionen gemeinsam mit Studierenden zahlreiche Mythen, populäre Erzählungen sowie altertümliche Riten und Lieder aufgezeichnet. Fast in jedem weißrussischen Dorf gibt es eine Frau höheren Alters, die eine gute Sängerin ist. Es ist nicht ungewöhnlich, eine Frau quasi auf der Straße zu einer Gesangsdarbietung zu ermutigen, denn das Volkslied ist ein wesentlicher Bestandteil ihres Lebens – ähnlich wie für die jüngeren Generationen Fernseher und Computer. Aufgrund jener starken Verwobenheit von Lied und Alltag lehnen es manche Sänger bzw. Sängerinnen sogar ab, sommerliche Jahreszykluslieder während der Winterzeit aufzuführen, weil sie glauben, dies könne ein Chaos in ihrer Gemeinschaft und in der Welt auslösen.

In den Dörfern wurden viele populäre Traditionen – Riten, Lieder, Tänze etc. – in ihrer ursprünglichen Umgebung bewahrt. Insbesondere die Riten sind untrennbar mit dem Sakralen und Übernatürlichen – das etwa in Gestalt von mythologischen Kreaturen oder Geistern in Erscheinung tritt – verknüpft. Es ist für Pädagogen eine zentrale Aufgabe, solche volkskulturellen Aktivitäten zu unterstützen.

Zur Förderung der Volkskünste wurden in Belarus von staatlicher Seite Bildungseinrichtungen geschaffen. So existieren beispielsweise in der Region der im Südwesten gelegenen Stadt Brest 34 Schulen für Volkskunst mit insgesamt 110 Klassen. Die wesentlichen Aktivitäten dort gelten dem traditionellen Handwerk – Sticken, Weben, Flechten, Holzschnitzerei, Keramik, Glasmalerei, Teppichherstellung – sowie Riten, Liedern und Tänzen. Jedes Jahr nehmen Schüler aus diesen Bildungseinrichtungen an Ausstellungen und Folklorefestivals teil.

Insgesamt kann man sagen, dass Belarus ein Quell alter slawischer Traditionen und ein ethnografisches Paradies für Folklorefestivals ist.

Jelena Schischkina
Die gegenwärtige Festivalbewegung in Russland: Ziele, Probleme, Perspektiven

Einleitung

Am Ende des 20. und zu Beginn des 21. Jahrhunderts zeichnete sich in der russischen Ethnografie, ja sogar weltweit ein Wandel hinsichtlich der Forschungsschwerpunkte ab. Die traditionelle Kultur wurde seither deutlich vernachlässigt. Die Zeiten, als sie alle ethnischen Gemeinschaften vereinte und mit den Praktiken des uniformen Stadtmilieus konkurrierte, sind vorbei. Traditionelles wird heute überwiegend von Gruppen dargeboten, die sich aus Familienmitgliedern zusammensetzen und eigene Interpretationen verwenden. Das wahre, »klassische« ethnografische Feld spielt hingegen kaum mehr eine Rolle. Immer öfter wenden sich die Fachleute an sogenannte professionelle Volkskunstgruppen, weil die ethnokulturellen Realien der Gegenwart am besten in der Kunst und in den schöpferischen Praktiken zum Ausdruck kommen. In der heutigen Zeit treten ethnische Identität und ethnische Zugehörigkeit immer öfter eben nicht als festgelegte Erscheinungen auf, sondern als Resultat persönlicher, individueller Prägung. Zum Forschungsfeld der Ethnografen gehören auch ethnische Festivals.

Im Mittelpunkt dieses Aufsatzes stehen Probleme der Erhaltung und Wiederbelebung traditioneller Formen der Volksmusikkultur in verschiedenen Regionen Russlands – z. B. im Wolgagebiet, im Kaukasus, in Sibirien und im Ural – im Kontext von Festivals. Bei deren Erörterung stütze ich mich auf eigene Erfahrungen und Eindrücke, die ich seit Anfang der 1980er-Jahre als Ensembleleiterin, Regisseurin und Organisatorin bei ca. 100 Festivals in Russland sowie im Ausland gewinnen konnte.

Künstlergruppen, die die Kunst der verschiedenen Völkergruppen Russlands darboten, sahen sich seit den 1930er-Jahren fortwährend mit den Repressionen der Stalin-Ära konfrontiert. Diese manifestierten sich u. a. in dem Zwang, auf Festivals und bei Wettbewerben sowjetische »Massenlieder« zu singen, sowie in einer Europäisierung und Akademisierung der Tanz- und Instrumentalkunst.

Seit den 1980er-Jahren kann man hingegen eine neue Ausrichtung der Festivalkultur Russlands beobachten, die in den 1990ern einen Höhepunkt erreichte. Der gesellschaftliche Wandel nach dem Fall des Eisernen Vorhangs Anfang der 90er-Jahre, die Abschaffung der Alleinherrschaft der kommunistischen Partei sowie Globalisierungsprozesse spiegeln sich in den Themen der damaligen Festivals wider.

Die rapide Senkung der Reallöhne führte Anfang der 90er-Jahre zum Zerfall der Freizeitindustrie in Russland. Viele Kinos und Sporthallen wurden geschlossen. Von den einstmals möglichen Freizeitaktivitäten blieb für den Großteil der Bevölkerung – mit Ausnahme verschiedener Hobbys – fast nur noch das Fernsehen übrig. Doch seit 1999 entwickelte sich die Unterhaltungsindustrie, die zurzeit als eine der am meisten florierenden und dynamischsten Branchen im Lande einen Boom erlebt. Diese Entwicklung wirkte sich auch auf die Festivalkultur in Russland aus.

Obschon keine exakten statistischen Daten verfügbar sind, finden in Russland heute jährlich ca. 1500 Festivals in 89 Regionen des Landes statt, an denen jeweils zwischen 300 bis 10000 Künstler beteiligt sind. Es handelt sich in diesem Falle um Veranstaltungen, die sich der internationalen sowie der regionalen und nationalen traditionellen Kultur widmen.

Aufgrund der Vielschichtigkeit und Komplexität der Thematik werde ich mich bei meinen folgenden Ausführungen auf einige ausgewählte Aspekte der Festivalkultur in Russland beschränken.

Ensembles im Bereich der traditionellen Musik

Seit dem Ende der 1960er-Jahre entstand in Russland eine Bewegung, deren Ziel es war, traditionelle Kulturen zu revitalisieren. Deren Ensembles setzten sich weitgehend aus Absolventen von Musikhochschulen und -fachschulen zusammen. Dieser Umstand schlug sich in musikalischen Praktiken und stilistischen Einflüssen nieder, die durch die Vermittlung an den staatlichen musikalischen Bildungseinrichtungen geprägt waren. Dadurch entstanden neue Arten der Volksgesang- und Instrumentalkunst, die sich an den Normen und Lehren der europäischen Musikausbildung orientierten. Abhanden kamen der Volksmusik durch diese Transformationsprozesse indes bestimmte musikalische Eigentümlichkeiten wie beispielsweise regionalspezifische Gesangsstile. Gleichermaßen fand der Bezug zu ursprünglichen Funktionen (Bräuchen, Ritualen) und dem alltäglichen kulturellen Kontext immer weniger Beachtung. Das Repertoire der verschiedenen Gruppen – insbesondere der professionellen Tanz- und Gesangs-Ensembles sowie der Volkschöre – glich sich zunehmend einander an, die einzigartigen Klangfarben gingen dabei verloren.

Klassifizierung von Festivals im Bereich traditioneller Kultur

Festspiele erobern einen Teil der ländlichen und urbanen Räume, verleihen ihnen – zumindest für die Dauer der Festspiele – einen neuen Sinn. Seit einiger Zeit ist es üblich, dafür spezifische Landschaften auszuwählen, die des Öfteren einen historischen Bezug aufweisen. Ein Festival dauert üblicherweise zwei bis drei Tage. Es umfasst Festzüge, Konzerte, Unterhaltungsveranstaltungen, Inszenierungen von Schlachten, Volksfeste, außerdem wissenschaftliche Konferenzen und Meisterklassen. Sofern es sich bei den Festivals um musikalische Wettbewerbe handelt, ist eine Jury involviert, die die Sieger ermittelt und auszeichnet. Man hat mittlerweile erkannt, dass eine Revitalisierung traditioneller Musik nur dann gelingen kann, wenn man den ursprünglichen Kontext, den Alltag, in dem diese Musik verwurzelt war, mit berücksichtigt. Daher gehört etwa die Vermittlung des traditionellen Handwerks mittlerweile zum festen Bestandteil von Festivals. Bei den prominentesten und am meisten frequentierten Festspielen Russlands werden die Landschaften als Teil der Kulisse genutzt und die dort vorhandenen historischen Traditionen mit einbezogen, z. B. bei den Festivals *Kulikowo pole* (Das Feld von Kulikowo), *Arkaim*, *Itilskij bereg* (Itilufer), *Shelesny grad* (Eisenstadt).

Im Folgenden soll der Versuch einer Klassifizierung der Festivals in Russland unternommen werden, bei denen die traditionelle Kultur im Mittelpunkt steht.

1. Festivals, bei denen die Kulturen der verschiedenen Völker Russlands präsentiert werden

Hierzu zählen sowohl regionale als auch internationale Veranstaltungen, bei denen in der Regel ca. 200 bis 500 Künstler beteiligt sind. Die Künstlergruppen bestehen aus Vertretern verschiedener Völker und geben daher Auskunft darüber, inwieweit die jeweilige Tradition noch in einer Region präsent ist. Diese Festspiele sind ferner als ein Indikator für das heutige Niveau der traditionellen Kultur Russlands zu werten (siehe Tabelle 1).

Tabelle 1. Festivals presenting cultures of Russia's various peoples

Date	Name	Place	Aims	Program items	Organizers
27.07.–29.07.	Inter-regional festival of rural companies *The Sun-Turn*	The town of Vologda in the North of Russia	To preserve traditional folk culture, to strengthen ties among Russian regions	Scenic representation of Russian nationalities' musical folklore	Vologda oblast Department of Culture

Date	Name	Place	Aims	Program items	Organizers
04.12.–06.12.	Inter-regional festival of ethnic cultures *The Fire Bird*	The town of Vyatka in Kirov oblast, Northern Russia	To put closer different ethnic folk companies	Scenic representation of various Russian nationalities' musical folklore, conference	Ministry of Culture of the Russian Federation, Kirov oblast Department of Culture
10.07.–31.07.	All-Russian festival of folklore companies *The Chrystal Key*	The town of Bogorodsk in Nizhny Novgorod oblast, Northern Russia	To show folk traditions in Russia's various regions	Scenic representation of various Russian nationalities' musical folklore	Ministry of Culture and Information of Nizhny Novgorod oblast
14.09.–20.09.	International ethnographic festival-competition *The Golden Steppe Voices*	The town of Astrakhan, Southern Russia	To unite peoples of the Volga area and the South of Russia on the basis of developing their traditional cultures	Scenic representation of various Russian ethnic groups and nationalities' musical folklore; concerts, processions, master classes, congress, excursions to areas of the Astrakhan oblast inhabited by various ethnic groups	Ministry of Culture of the Russian Federation, Ministry of Culture of Astrakhan oblast
29.05.–02.06.	International festival of folk art and craft *Sadko*	The town of Velikiy Novgorod, Northern Russia	To find original folklore companies, to strengthen international cooperation	Scenic representation of musical folklore of Russia, Greece, India, Croatia, Slovakia, Slovenia, Finland, Belarus, Ukraine	Ministry of Culture of Russian Federation
26.07.–29.07.	International festival of folklore and traditional culture *Mountaineers*	The town of Makhachkala, the republic of Dagestan, Northern Caucasus, Russia	To show specific features of Dagestan ethnic groups' traditional culture, to strengthen international cooperation	Scenic representation of musical folklore in various countries, such as Russia, Croatia, Poland, Turkey, Serbia, Azerbaijan, India, Mexico, Slovakia, Turkey; festival of ethnic costume; photo exhibition; folk arts and crafts fair	Ministry of Culture of the Russian Federation and of Dagestan

2. Festivals, bei denen eine bestimmte ethnische Kultur propagiert wird

Hierzu zählen ebenfalls regionale wie internationale Veranstaltungen, die jedoch im Einzelfall hinsichtlich ihres Charakters stark differieren. Bei diesen Festivals steht jeweils die Kultur einer bestimmten Ethnie Russlands im Mittelpunkt: die russische, slawische, tatarische, burjatische, finnougrische oder deutsche (siehe Tabelle 2).

Die gegenwärtige Festivalbewegung in Russland

Tabelle 2. Festivals to popularize a definite ethnic culture

Date	Name	Place	Aims	Program items	Organizers
22.05.	Inter-regional Russian Folklore celebration *Karavon*	The village of Nikolskoye in the Republic of Tatarstan, Volga region	To popularize 300-year-old tradition of round dance in the village of Nikolskoye	Concerts, folk arts and crafts fair	Ministry of Culture of Tatarstan
05.05.–09.05.	Inter-regional festival of traditional Russian culture *Yegory Khorobry* (Brave)	The city of Omsk, Siberia	To commemorate Saint George the Victor, patron of Russia, of warriors and ploughmen	Folk art concerts, traditional crafts, Russian martial arts	Ministry of Culture of Russian Federation and of Omsk oblast
25.09.–27.09.	International festival of Slavonic cultures *Hotmyzh Autumn* devoted to 300-year anniversary of the Poltava battle	Villages of Byelgorod oblast, Southern Russia	To preserve and develop international cultural cooperation among Slavonic peoples	Slavonic folk concerts, exhibitions and master classes of folk arts and crafts	Department of Culture, Byelgorod
08.09.–11.09.	International festival of Finno-Ugric peoples *Gems of the Kama River Region*	Towns and villages of Bashkiria	To popularize ethnic musical culture of the Udmurts	Udmurt folk companies from villages of Bashkiria, Udmurtya, Mari El, Hungary, Finland, Estonia, Latvia	Ministry of Culture of Russian Federation and of Bashkiria
03.07.–05.07.	International Buryat Ethnic Festival *Altargana*	Buryatia, Irkutsk oblast; Mongolia, China	To aid in revival, preservation and transformation of traditional Buryat culture in Russia, Mongolia, China	Folklore ritual and epic concerts of Buryat companies from Russia, Mongolia, China, Korea, Japan, France, EU (especially Australia and Germany), USA, exhibitions of folk arts and crafts, contests of epic song, of Buryat beauties; traditional Buryat yurt (nomads' tent), Buryat wrestling, archers' competition according to Buryat rules, horsemanship	Foundation of Buryat Tradition and Culture Development
03.09.–07.09.	The All-Russia festival of the Russian Germans *We are part of your history, Russia, we – your people!*	Ulyanovsk, the Volga region, Russia	Acquaintance to a condition of German cultural tradition of various regions of Russia	Scenic representation of musical folklore of Germans of Russia	The government of Ulyanovsk oblast, the International Union of German Culture

3. Ethnofestivals, die die Musik verschiedener Völker der Welt propagieren

Im Zentrum solcher Veranstaltungen steht der Aspekt des Miteinanders verschiedenen Völker und Ethnien. Hier trifft man international bekannte Gruppen, die die Musik verschiedener Völker propagieren. Untrennbar verbunden mit solchen Veranstaltungen sind der Ökotourismus und das Tragen von Ethno-Kleidung, was gar in einer Ethno-Mode mündet. Bei diesen Veranstaltungen werden internationale Tänze präsentiert. Moderne Gestaltungsmittel – z. B. die Einbeziehung elektronischer Klänge – sind bei den Gruppen ebenso anzutreffen wie die Intention, möglichst authentisch zu klingen. Das Ziel derartiger Festivals ist es, große Zuschauermengen anzulocken.[1] Gemäß meinen eigenen Beobachtungen und informellen Gesprächen mit Teilnehmern (Erinnerungen, Feldforschungsaufzeichnungen) kam es bei diesen Festivals für russische Zuschauer nicht selten zur ersten Bekanntschaft mit Live-Musik aus bis dato unbekannten Ländern (z. B. Schweden, Norwegen, Irland, Schottland, Indien, Tibet). Die primäre Funktion solcher Festivals ist Unterhaltung, die Ausrichtung ist in hohem Maße kommerziell (siehe Tabelle 3).

Tabelle 3. Ethnic festivals to popularize world peoples' music

Date	Name	Place	Aims	Program items	Organizers
07.07.–12.07.	International festival competition of world ethnic music *Sayany Ring*	The village of Shushenskoye Krasnoyarsky krai, Siberia	To revive folk traditions of various peoples of the world	Folk concerts, folk experiments, master classes of throat singing, playing chomus (a folk instrument), Yoga, Tsigun and Taichi classes, films devoted to ethnic cultures, fair of folk arts and crafts, performers from Russia, republic of Tyva, France, USA, Ireland, the Netherlands	Ministry of Culture of Krasnoyarsky krai
27.08.–29.08.	International ethnic festival *Krutushka*	The village of Krutushka near Kazan, Tatarstan, Volga region	To preserve and support development of ethnic cultures in Russia, former CIS and foreign countries	Concerts of ethnic *stars*: Zulya Kamalova (Australia), Alizbar (Hungary), Sergey Starostin (Moscow), *Mubai &Aksudan fusion band* (Kazan), fairs, exhibitions, master classes, ethnic films	
30.07.–02.08.	International ethnic futuristic[2] Festival *Kamva*	The village of Khohlovka, near Perm, the Urals	To popularize new forms of combining traditional culture, modern art and mass art	Concerts of companies and soloists from Russia, Georgia, Estonia, Denmark, Germany; vocal groups, *Sirin*, Sergey Starostin, Vladimir Volkov. Spiritual verses, authentic music, jazz and rock'n'roll on the same stage. Traditional festival project *Ethnic Moda-2010*	Perm public organization *KAMVA*

[1] Bei dem Festival *Sajanskoe kolzo* (Sajaner Ring) waren im Jahr 2009 35 000 und 2010 50 000 Zuschauer anwesend.

[2] The term *ethnic futurism* to denote modern strategy of popularizing folk culture in Russia was coined in the process of reviving traditional Finno-Ugric culture.

4. Themenfestivals mit verschiedenen Schwerpunkten

4a) Förderung der traditionellen Familienkultur

Im Mittelpunkt dieser Veranstaltungen stehen die Revitalisierung der traditionellen Familienkultur verbunden mit dem Volkshandwerk und Reminiszenzen an das Familienleben der Vergangenheit. In diesem Kontext haben Wiegenlieder und Kinderspiele eine besonders große Bedeutung. Ausschlaggebend für die Popularität solcher Festivitäten, die heute praktisch in allen Regionen des Landes organisiert werden, sind wohl auch die Sorge um die Zukunft und die Suche nach Orientierungen (siehe Tabelle 4a).

Tabelle 4a. Thematic festivals to popularize traditional family culture

Date	Name	Place	Aims	Program items	Organizers
30.05.–01.06.	All-Russian Folklore Festival *Family Circle*	The town of Myshkin in Yaroslav oblast, Northern Russia	To popularize Russian traditional folk culture and to support family folklore groups and families preserving folk traditions	Procession, children's festival, ancient games for children and their parents, brave men games and contests, folk dances to accordion accompaniment, examples of playing Russian traditional musical instruments, horse riding, gala concert on the town central square; seminars for teachers and parents; an evening party on the Volga bank	Russian Folklore Union (Moscow)
27.08.–29.08.	All-Russian festival of children folklore companies *Dezhkin Karagod*	The town of Kursk in Kursk oblast, Southern Russia	To preserve and develop folklore traditions, to popularize children's folklore movement	Concerts of children's companies from Russia, Northern Ossetia, Belarus, Ukraine	Ministry of Culture of Russian Federation and Kursk oblast Committee of Culture
18.06.–20.06.	All-Russian festival *Youth and Folklore*	The town of Vologda, Northern Russia	To popularize traditional folk culture among children and young people	Folk outdoor parties, youth folklore evening party, master classes, folklore festival	Department of Culture of Vologda oblast

4b) Wiederbelebung der traditionellen männlichen Subkultur Russlands (Neoslawophilentum)

Die Entstehung von Programmen zur Rekonstruktion der traditionellen Männerkultur sowie die Pflege der russischen Kriegskunst auf Folklorefestivals sind zweifelsohne als eine (gerechtfertigte) gesellschaftliche Reaktion zu interpretieren. Sie sind die Antwort auf die Erhaltung der meisten Genres tra-

ditioneller russischer Folklore durch den weiblichen Teil der Gesellschaft, die bedingt war durch soziale Prozesse wie die Kollektivierung und Repressionen zur Stalin-Ära und später durch die Folgen des Zweiten Weltkriegs.
Im Neoslawophilentum sind zwei Hauptformen wichtig:

1) Vereine mit dem Ziel des Wiederbelebens traditioneller russischer Kriegskunst (auch Zweikampf), Rittervereine, Vereine für Faust- und Nahkampf, deren Hauptanliegen die Vorführung von Kämpfen ist, wobei andere Bereiche traditioneller Kultur wie Volkstracht und Volksmusik nur Begleitelemente sind. Die heutige Bewegung der slawischen kriegshistorischen Vereine in Russland und der Ukraine hat in den letzten zehn bis 15 Jahren zur Entstehung einiger groß angelegter Festivals geführt. Viele der Austragungsorte sind unmittelbar an archäologischen Ausgrabungsstätten gelegen (siehe Tabelle 4b):

   a) Die Festspiele *Arkaim* im Ural finden in unmittelbarer Nähe einer berühmten archäologischen Fundstelle statt: Siedlungen aus der Bronzezeit, bei denen es sich um 21 Städte aus dem 3. Jahrtausend vor Christus handelt.
   b) Die Festspiele *Shelesny grad* (Eisenstadt) im Gebiet Pskow werden neben einer Festung aus dem 9. Jahrhundert ausgetragen.
   c) Veranstaltungsort der Festspiele *Kulikowo pole* (Feld von Kulikowo) ist das Schlachtfeld im Gebiet der Stadt Tula, wo im 14. Jahrhundert Kämpfe gegen die Tataren und Mongolen stattfanden.
   d) Die Festspiele *Itilskij bereg* (Itilufer) finden neben archäologischen Ausgrabungen der Stadt Saraj-Batu im Astrachaner Gebiet statt, die bis Mitte des 14. Jahrhunderts Residenzstadt mongolisch-türkischer Khane war.

2) Das Wiedererstarken des russischen Kosakentums und die Herausbildung einer eigenen Subkultur, bei der Kriegsalltag, Kultur und Bräuche gleichwertige und gleichberechtigte Komponenten darstellen (siehe Tabelle 4b).

Tabelle 4b. Thematic festivals to popularize the revival of Russian male subculture (Neo-Slavophilism)

Date	Name	Place	Aims	Program items	Organizers
05.05.–08.05.	All-Russian festival of traditional Russian culture *Yegory Khorobry*	Omsk, Siberia, Russia	To commemorate Saint George the Victor, patron of Russian warriors and ploughmen	Folklore concerts, traditional crafts, Russian martial arts	Ministry of Culture of Russian Federation and of Omsk oblast

Date	Name	Place	Aims	Program items	Organizers
03.09.–05.09.	Inter-regional military historic festival *The Itil Bank*	Astrakhan, South of Russia	To stimulate young people's interest in local history, to popularize the military historic movement	Opening concert, archers' tournament, master class of historic cuisine, knight's tournament, fair	Ministry of Sport and Tourism together with Ministry of Culture of Astrakhan oblast
05.11.–09.11.	All-Russian festival of traditional male culture *Dmitry's Day* to commemorate Saint Dmitry Solunsky, patron of warriors, in connection with the prayer for Dmitry of the Don' army who died in Kulikovsky battle	Ekaterinburg in Sverdlovsky oblast	To revive ancient Russian male and martial patriotic traditions, to widen the number of persons going in for Russian combat and traditional culture	Demonstration of Russian combat traditional types, seminars on Russian combat, show of combat exerts, master classes of male singing tradition, folklore concerts	Department of Culture and Committee on Youth Affairs in Sverdlovsk oblast
17.09.–21.09.	International military historical Festival *Kulikovo field* to commemorate the 630th anniversary of Russian victory on the Kulikovo field	Tula oblast, central Russia	To revive martial and cultural traditions of Russia and Golden Horde of that epoch	Military sport games, firing practice, short march, folklore and dramatized concerts, dramatized reconstruction of a medieval battle, tournaments and single combats, interactive military historical camps, fairs	State Museum – Preserve *Kulikovo field* in Tula oblast
04.08.–08.08.	International Festival of Historical Reconstruction and Medieval Culture	Izborsk in Pskov oblast, Western Russia	To popularize military historic information, to raise international prestige of Russian weapons and to strengthen friendship among peoples	Demonstration of military life and culture in Western and Eastern Europe of the second half of the 14th to 16th centuries; for Russia and Golden Horde the period covers from the 13th to the 17th century. Reconstruction of a medieval military camp life, games, crafts and military entertainments of that time. The cultural program includes a medieval fair, dramatized mass battles inside the fortress, tournaments, demonstration of historical costumes, of archer skills, concert of folk groups, master class on Russian and European dance	State Committee of Culture in Pskov oblast, Historic, Architectural, Landscape Museum – Preserve *Izborsk*

Date	Name	Place	Aims	Program items	Organizers
12.07.–15.07.	International folklore-ethnographic festival *Arkaim*	Cheljabinsk oblast, memorial estate *Arkaim*, Russia	Formation of modern ecological outlook on the basis of studying ethno-ecological aspects of traditional cultures	Lectures, exhibitions, excursions, concerts and ritual game programs, workshops on manufacturing potter and bark products, dolls, work on a weaving loom	Committee on culture of Chelyabinsk area, memorial estate *Arkaim*
05.05.–08.05.	Regional festival of Cossacks' culture *Taman Legends*	Krasnodarsky krai, Temryuk region, Southern Russia	To cultivate love for *Local Motherland*, for nature and ancient traditions	Horse racing and trick riding, old Cossack entertainment *Chicken Race*, traditional Cossack rituals, festival of Cuban vareniks (kind of dumplings), concerts of folklore companies	Krasnodarski krai Administration
24.11.–28.11.	All-Russian festival of Cossack traditions *Cossack Glory*	St. Petersburg, Russia	To revive and develop spiritual and cultural foundations of Russian Cossacks	Concerts of authentic performers, seminars and master classes of traditional male and female Cossack singing, the art of using a Cossack sword	Cossack Culture Foundation, Committee of Culture of Leningrad oblast, Russian National Library
05.11.–09.11.	Russian Children Festival *Kazachock* (Cossack child)	Anapa in Krasnodarsky krai, Southern Russia	To revive Cossack culture and traditional folk trades and crafts	Excursions, exhibitions, videos about Cossacks, fair exhibition of applied arts, master classes, concerts	Administration of Anapa – a health resort in Krasnodarsky krai, Kuban Cossack army
18.09.–19.09.	Festival *Oseniny* (Autumn Celebration)	Chelyabinsk, the Urals	Civil patriotic, ecological and family children and young people' upbringing following traditions of Ural Cossacks' healthy way of life in positive cross-cultural interaction	Fair, tending cedars, Cossack evening party, contest *Plait – a Girl's Beauty*, singing on the festival glade, chain dances and games, male entertainments and a group hand-to-hand fight, samovar tea party, riding horses	Chelyabinsk oblast Young Cossack Centre *Golden Bee*

5. Festivals mit sowohl kulturpolitischen als auch religiösen Zielsetzungen

Grundlage für die Entstehung derartiger Festivals ist die Wiederentdeckung des alten Handwerks, alter Bräuche und wenig bekannter religiöser Praktiken.

5a) Rituelle Heidenfestspiele

In wachsendem Maße ist in einzelnen Regionen die Intention erkennbar, die jeweiligen Festivals mit alten rituellen Vorstellungen und Praktiken zu konnotieren. Dies ist auch insofern bemerkenswert, als alle Religionen und das öffentliche Praktizieren religiöser Rituale in der Ära der UdSSR im Zeitraum zwischen 1930 und 1990 verboten waren. Ein Beispiel hierfür sind rituelle Feste des Jahreszyklus (Frühlings- bzw. Sommerfeste), die von offizieller Seite veranstaltet werden. Dazu zählen u. a. in Kasachstan das Festival *Nouruz*, in Kalmyckien *Zagan-Sar* und in Tatarstan das Sommerfest *Sabantuj*. Dabei ändern sich die Bräuche, die ursprünglich im Ländlichen verwurzelt sind, heute indessen als Festivals in moderne Großstädte verpflanzt werden und diesem neuen Kontext angepasst werden müssen. Dies beruht einerseits darauf, dass viele Details und Besonderheiten alter Rituale in den Jahrzehnten nach 1930 kaum mehr bekannt waren, sieht man von einigen Experten und Fachleuten auf diesem Gebiet ab. Andererseits sind bei Weitem nicht alle Besonderheiten (vor allem der Familienrituale) dazu geeignet, in den performativen Kontext implementiert zu werden. Daher sind die heutigen Ritualfeste entweder Anlehnungen an bereits praktizierte Darbietungsformen – d. h., die Rituale erschienen bereits in der Vergangenheit im performativen Kontext –, oder es werden einzelne Komponenten eines Rituals isoliert vom Kontext auf Bühnen präsentiert, z. B. das Auftreten eines Schamanen (siehe Table 5a).

Tabelle 5a. Festivals with cultural-educational and religious aims based on ancient rituals of Russia's peoples

Date	Name	Place	Aims	Program items	Organizers
8.02–11.02.	Russian festival *Merry Shrovetide*	Myshkin-Marty-in-Uglich-Kalyazin in Northern Russia	To preserve the popular pagan Russian celebration and its rituals	Games, entertainments, tea parties, glorification (songs of praise), ritual burning of the doll of Maslenitsa, horse driving, souvenir exhibition and sale, concerts	Non-commercial partnership *Russian Shrovetide*

Date	Name	Place	Aims	Program items	Organizers
07.02.–14.02.	All-Russian *Shrovetide*	Pskov in the northwest of Russia	To revive folk celebration culture of Pskov area, to preserve Russian ritual celebration of the imminent end of winter	Dramatized show with dancing groups, dramatized *Snow fortress storm*, ice gliding, puppet shows, bathing in an ice hole, folk entertainments, chastushki singing, chain dances, a pole with prizes, riding troikas and dog carts, festival of merry lights, burning the straw effigy of Maslenitsa	Committee of Culture in Pskov oblast, Foundation *Tsarskoselsky Carnival*
12.06.–20.06.	Tartar ritual celebration of seeing summer in *Sabantuy*, plough's holiday	Towns and villages of Tatarstan, Naberezhnuye Chelny, Astrakhan, Moscow, Arkhangelsk, Samara, Perm	To revive Tartar ritual culture	Competitions, horse races, ethnic wrestling on belts, towels, pot-breaking, rope-pulling, sack races, traditional music concerts, exhibitions of folk craft items	Town administrations and ethnic societies
10.02.–28.02.	Kalmyk ritual holiday *Tsagan-Sar*	Towns and villages of Kalmykia, Astrakhan, Tuva	To revive Kalmyk ritual culture	Putting on white clothes, tea parties, concerts of traditional music, ritual dancing show, games, singing contest	Town administrations and ethnic societies
21.03.–22.03.	Kazakh Ritual celebration *Nauruz*, holiday of spring and New Year	Astrakhan, Moscow, Mari-El, Chelyabinsk, Samara, Aktyubinsk, Yoshkar-Ola, Orenburg, Kazan, Novosibirsk, Tomsk	To revive Kazakh ritual culture, earth and sun cults	A special table – dastarkhan – is laid at home with wheat or barley flat cakes, houses are decorated with green branches, mainly of apple or pomegranate trees, children sing songs with good wishes, the ground is symbolically sprinkled with milk. Folk games, contests of wit, throat singing, jumping over fires are held	-

b) Moderne religiöse Rituale

Stalins Bekämpfung der Religionen in der 1930er-Jahren hat Spuren hinterlassen. So sind in den breiten Gesellschaftsschichten all jener Staaten, die einstmals zur UdSSR gehörten, heute nur noch geringe Kenntnisse von den Besonderheiten vieler Rituale vorhanden. Das betrifft sowohl das Christentum als auch den Islam. Gleichwohl oder vielleicht gerade deshalb ist heute ein wachsendes Interesse bei der Jugend Russlands an verschiedenen religiösen Praktiken zu verzeichnen: nicht nur der als traditionell geltenden Weltreligionen (Buddhismus,

Heidentum), sondern auch der regionalen religiösen Bräuche und der Lehre von Wissarion[3]. Auf verschiedenen Festivals werden solche Rituale wie das Fest der neuen Garbe oder das Fest guter Früchte präsentiert (siehe Tabelle 5b).

Tabelle 5b. Festivals combining cultural educational and religious ideas on the basis of modern religious practice

Date	Name	Place	Aims	Program items	Organizers
14.08.–15.08	International festival Sweet Snowball Tree	Kaluga oblast, Central Russia	To introduce to Rodnoveriye faith[4]	Ancient Slavonic Mother Earth celebration, concerts of musical companies – bards, poets, gusliplayers, tournament of Slavonic martial arts, presentation of Slavonic clothes collection, master classes and practice of »spiritual life sources«, of making folk dolls, clay toys, female adornments, embroidery, ceremony of introducing brides and bridegrooms	International Centre of Slavonic Magic Culture
04.09.–08.09.	International festival of Slavonic magic culture SVA-SLAVA	Evpatoria in the Crimea, Ukraine, Russia	To wake up cultural self-consciousness of Arian peoples, to restore ancient belief and rituals of Slavonic festivals	Participation in rituals of prayer for the dead, wedding and name-giving; concert of Slavonic bards and folk song performers, training chain dance and dance customs, Slavonic fair, rodnover[5] conference, round tables and seminars on magic culture, feature films and documentaries devoted to Slavonic topics, exhibition and sale of painting, ethnic clothes, charms, utensils	International Centre of Slavonic Magic Culture
18.08.	Good Fruit Celebration	The village of Petropavlovka in Krasnoyarsky krai, Siberia, Russia	To popularize Vissarion faith as newly descended Christ	Liturgy, meeting the Teacher, spiritual contact, concerts, fair, children's entertainments, master classes, contests, sport events, chain dancing, firework	Vissarion community

[3] *Wissarion* (bürgerlicher Name: Sergei Anatoljewitsch Torop) wurde 1961 geboren. Seit einem angeblichen Erweckungserlebnis im Jahre 1991 wird er von seinen Anhängern als Wiederkunft des Jesus von Nazareth betrachtet. Er gründete in der sibirischen Taiga die *Kirche des Letzten Testaments*. Mittlerweile siedeln mehr als 4000 Anhänger in einer ökologisch-spirituell orientierten Gemeinschaft, die den Namen Ökopolis Tiberkul trägt (»Sergei Anatoljewitsch Torop«. URL: http://de.wikipedia.org/wiki/Sergei_Anatoljewitsch_Torop [Zugriff vom 22.02.2012]; siehe auch URL: http://www.wissarion.info/ [Zugriff vom 22.02.2012].

[4] *Rodnoveriye* – the movement started in 1994, the term exists since 2001. It is a new religious, neopagan movement trying to revive ancient Slavonic beliefs and rituals which existed before Christ.

[5] *Rodnover* is a follower of this movement.

Schlusswort

Die Festivals in Russland, bei denen traditionelle Kultur dargeboten wird, besitzen heute wichtige Funktionen. Sie dienen einerseits dazu, neue Talente im Bereich der Volkskunst zu entdecken und sie anschließend dem russischen sowie einem internationalen Publikum zu präsentieren. Ihre weitere Aufgabe ist die Neugestaltung des ethnischen Milieus, um den menschlichen Alltag mit ethnischen Inhalten und Bedeutungen zu erweitern, ihn zu bereichern. Angesichts der Tatsache, dass die Völker bzw. Ethnien Russlands territorial zerstreut leben, erfüllen alle Festivals mehr oder weniger auch eine wichtige ethnokonsolidierende Funktion.

Die Chance, der geistigen Verwilderung sowie dem zerstörten historischen Bewusstsein entgegenzuwirken und damit Schlüsselaufgaben der Erneuerung Russlands zu bewältigen, liegt in der Wiederentdeckung und Stärkung des kulturellen Regionalismus. Vereinigungstendenzen und das Fehlen von Aggressivität gehören zu den systembildenden Eigenschaften und den Stabilitätsgrundlagen der Provinz. Das Vorhandensein vieler verschiedener Ursprünge der geschichtlichen und kulturellen Entwicklung in Russland kann Anstoß zu neuen Ideen sein, die gegenüber den offiziellen Richtlinien Moskaus einen oppositionellen Charakter haben und den Dialog anregen, ohne den geistiger Fortschritt stagniert.

Ardian Ahmedaja
Das *Nationale Folklorefestival* in Gjirokastër (Albanien) und die Frage der Klassifizierung und Präsentation der »besten Werte«

1. Einführung
Nach dem Zweiten Weltkrieg entwickelten sich Folklorefestivals zur wichtigsten Form öffentlicher Präsentation lokaler Musik- und Tanzpraxis in Albanien. Zur bedeutendsten Bühne wurde das *Nationale Folklorefestival* (*Festivali Folklorik Kombëtar*). Zum ersten Mal fand dieses Großereignis im Jahr 1949 im landesweit größten Fußballstadion in der Hauptstadt Tiranë statt, damals allerdings noch unter der Bezeichnung *Folkloristisches Festival* (*Festivali Folkloristik*). In einem Film über diese Veranstaltung (*Festivali Folkloristik 1949*) ist u. a. zu sehen, wie der kommunistische Parteiführer und Diktator Enver Hoxha unter dem Salut der militärischen Garde den Eingang zum Stadion passiert. Im Stadion selbst wird eine Parade der Teilnehmer vor der Haupttribüne durchgeführt, wo die höchsten Partei- und Staatsfunktionäre sitzen. Die Veranstaltung beginnt mit einem Lied über den »Zweijährigen Plan« (*Plani dyvjeçar*) zum Aufbau des Sozialismus in Albanien. Dieses Lied wird von den drei damals in Albanien aktiven Chören dargeboten: dem Staatschor (*Kori i Shtetit*) sowie den Chören aus den Städten Korçë und Shkodër.

1.1 Zum *Nationalen Folklorefestival* während der kommunistischen Ära
Das Festival wurde nach 1949 in unregelmäßigen Zeitabständen in verschiedenen Städten des Landes veranstaltet, bis es sich im Jahre 1968 schließlich als das *Nationale Folklorefestival* (*Festivali Folklorik Kombëtar*) fest etablierte (s. Agolli 1968; Goshi / Daja 1998: 27). Seit 1968 findet es im Fünfjahresturnus stets in der ersten Oktoberhälfte auf der Burg der Stadt Gjirokastër statt. Zeit und Lokalität sind auf den Geburtstag und -ort des Parteiführers Enver Hoxha zurückzuführen, der am 16. Oktober 1908 in Gjirokastër zur Welt kam. Die Veranstaltung wurde in der Folge streng durchorganisiert und strukturiert, wobei bei der Programmgestaltung der Auswahlprozess ganz entscheidend war. Dies fand Ausdruck in den Richtlinien der sogenannten »wissenschaftlichen Plattform« (*platforma shkencore*), die in Einklang mit den Idealen der kommu-

nistischen Partei stehen mussten. Nach deren Verständnis sollte Tradition stets mit »kritischem Auge« (*sy kritik*) betrachtet und beurteilt werden. Dies betraf u. a. historische Gestalten, denen man Lieder, Tänze oder Instrumentalmusik gewidmet hatte, sowie alles das, was in irgendeiner Weise mit Religion in Verbindung stand. Denn ab 1967 wurde in Albanien jede religiöse Praxis unter Strafe gestellt. So besagte der Paragraph 37 der Verfassung aus dem Jahr 1967:

> »The state recognizes no religion and supports and carries out atheistic propaganda in order to implant a scientific materialist world outlook in people.« (Trix 2009: 153)

Erst in der Verfassung von 1991 wurde dieses Gesetz aufgehoben. Deren Artikel 7 (Säkularer Staat, Religion) lautet:

> »(1) The Republic of Albania is a secular state. (2) The state observes the freedom of religious belief and creates conditions to exercise it.«[1]

Daraus folgt, dass beispielsweise eine Gestalt wie Mutter Teresa erst nach der politischen Wende der 1990er-Jahre in Albanien allgemein bekannt wurde und dass erst seit dieser Zeit die Möglichkeit bestand, Lieder über sie öffentlich vorzutragen.

Über die positiven und negativen Auswirkungen des *Nationalen Folklorefestivals* auf den Alltag einerseits und die Bühnenpraxis andererseits wurde bereits an anderer Stelle berichtet (s. Ahmedaja 2011, II. und II.1.). Hier soll betont werden, dass dieses Festival die Musikantinnen und Musikanten, Forscherinnen und Forscher anregte, Neues und Unbekanntes zu entdecken und es dem breiten Publikum zu präsentieren. Denn einerseits wurde durch die Übertragungen aller Aufführungen im staatlichen Radio Tirana – dem einzigen Radio- und TV-Sender im Land – die größtmögliche Resonanz erzielt; andererseits wurde das Festival eben dadurch zu einer idealen Plattform, von der aus die damalige Politik ihren Einfluss auf die lokale Musikpraxis in Albanien ausübte. Dadurch wurde quasi entschieden, was lokale Musik in Albanien war bzw. wie sie zu sein hatte. Agron Xhagolli, der seit 1978 mit der Organisation der Festivals betraut ist, äußerte in einem Interview: »[...] die Festivals wurden nicht als Bühnenaufführungen angesehen, sondern als Versuch, Werte zu klassifizieren.«[2]

Dieses Ziel wurde durch eine strenge Organisation angegangen. Ermir Diz-

---

[1] Verfassung Albaniens vom 29. April 1991. Siehe URL: http://www.servat.unibe.ch/icl/al00000_.html [Zugriff vom 30.05.2012].

[2] Interview mit Agron Xhagolli vom 20.05.2009 in Tiranë. Zitat im Original: »[...] festivalet nuk janë parë si një paraqitje skenike, por janë parë si një përpjekje për të klasifikuar vlerat.«

dari, der seit 1968 dabei mitwirkte, teilte während eines Interviews im Jahr 2009 mit, dass über sechs Ministerien als Mitorganisatoren des Festivals beteiligt gewesen seien.[3] Hauptorganisator war das Kultusministerium. Als dessen Partner fungierte die Akademie der Wissenschaften (*Akademia e Shkencave*), die in diesem Fall vom Institut für Folklore (*Instituti i Folklorit*) repräsentiert wurde. Ihre Aufgaben waren die Vorbereitung der bereits erwähnten »wissenschaftlichen Plattform« (*platforma shkencore*), die Festlegung der sogenannten »akademischen Kriterien« (*kriteret akademike*) für den Programminhalt sowie die Überprüfung ihrer Umsetzung. Alle teilnehmenden Hauptinstitutionen, diejenigen vor Ort eingeschlossen, erhielten zwei Jahre vor dem Festival einen ersten Brief des Kultusministeriums. Danach gab es mehrere Kontrollen bezüglich des Programms und der Vorbereitungen. Laut Dizdari nahmen an den wichtigen Sitzungen alle zuständigen Minister teil. Die Arbeit wurde anschließend von Vize-Ministern und Direktoren der jeweiligen Abteilungen weitergeführt.

Neben dem Kultusminsiterium kam dem Verteidigungministerium eine bedeutende Rolle zu. Es stellte militärische Kasernen in der Nähe von Gjirokastër für die Festivalteilnehmer zur Verfügung. Der Minister ordnete an, dass alle dort ansässigen Einheiten für zwei Monate die Kasernen räumten, die daraufhin geputzt, frisch gestrichen sowie mit neuen Betten aus den Armeedepots ausgestattet wurden. Die Festivalteilnehmer nahmen hier auch ihre Mahlzeiten ein.

Zwei Wochen vor dem Beginn des Festivals beorderte das Ministerium für Tourismus Köche und Kellner aus verschiedenen Städten samt ihren Einrichtungen nach Gjirokastër. Denn dort gab es damals nur ein einziges Hotel, in dem allerdings ausschließlich Funktionäre und Mitglieder des Organisationskomitees untergebracht wurden. Das Ministerium für »Leicht- und Lebensmittelindustrie« wurde beauftragt, für 2000 Personen Geschirr und Speisen aus anderen Hotels in Albanien herbeizuschaffen. Das Innenministerium wiederum war verantwortlich für die Sicherheit zum einen der Anfahrtswege zum Festival in Bussen sowie der Durchführung der Veranstaltungen. Nicht viel zu tun hatte das Finanzministerium, denn niemand bezahlte in bar. Alles wurde durch Abrechnungen zwischen den Ministerien bzw. den Abteilungen abgewickelt.

Diese und andere Informationen werden von Festivalteilnehmern sowie weiteren bei der Organisation des Festivals mitwirkenden Personen bestätigt. Gründliche Studien über die Logistik dieses gewaltigen Unternehmens stehen allerdings bis heute aus.

---

[3] Interview mit Ermir Dizdari vom 27.05.2009 in Tiranë.

Ein anderer bisher kaum untersuchter Aspekt bei der Organisation des Festivals hat mit den Ausführenden, die nicht auftreten durften, zu tun. Denn es genügte keineswegs, eine gute Interpretin bzw. ein guter Interpret lokaler Musik und Tänze zu sein. Vielmehr galt es auch, aus einer Familie zu stammen, die einen guten Leumund besaß (*të cënuar*) bzw. keine »*biografi të keqe*« hatte. Der Begriff »*biografi të keqe*« wäre mit »*schlechte Biografie*« ins Deutsche zu übersetzen und bedeutet in diesem Fall eine »schandvolle«, »unmoralische«, »schlimme Biografie«. Gemeint waren damit politisch Andersdenkende. Sie durften in der Regel nicht auftreten, weil sie nicht der Bildung des »neuen Menschen« (*njeriu i ri*) – so hieß eine der lautesten Parolen im kommunistischen Albanien – dienten. Ausnahmen waren jedoch möglich: Wenn beispielsweise ein Ensembleleiter dem Parteisekretär schrieb, ohne diese Sängerin oder diesen Musikanten sei ein Konzert nicht durchführbar, so konnte es sein, dass trotz Vorbehalten die Genehmigung erteilt wurde. Die Entscheidung lag jedoch ganz im Ermessen der politischen Machthaber und wurde – gleichgültig, ob sie positiv oder negativ ausfiel – niemals begründet. So konnten Personen aus gebrandmarkten Familien zwar möglicherweise am Festival teilnehmen, aber Preise konnten sie keine erhoffen. Das wäre dann doch zu weit gegangen ...[4]

Der unbedingte Wunsch der Ausführenden, beim Festival aufzutreten, wurde von manchen lokalen Organisatoren, denen es vor allem um den eigenen Profit ging, ausgenutzt. Im damaligen armen Albanien konnten – wie der Tänzer Minir Cake aus dem Dorf Zagorçan in Südostalbanien in einem Interview mitteilte – kleine Geschenke, Einladungen zu üppigen Essen oder andere Gefälligkeiten bei der Obrigkeit einiges bewirken.[5] Die Untersuchung solcher Machenschaften »hinter den Kulissen« könnte es ermöglichen, einen tieferen Einblick in die Formen und das Ausmaß des Einflusses des politischen Alltags und der Strukturen des Systems auf die Präsentation lokaler Musik- und Tanzpraxis zu gewinnen.

1.2 Das *Nationale Folklorefestival* nach dem politischen Umbruch

Das letzte Festival der kommunistischen Ära fand im Jahre 1988 statt. In den Festivals nach dem politischen Umbruch zu Beginn der 1990er Jahre ging von der einstmaligen Strenge der Organisation viel verloren. Seit dieser Zeit wurden zudem albanische Gruppen aus den Nachbarländern in den Wettbewerb (*garë*) mit einbezogen. Bis 1988 indessen durften nur Ensembles aus Albani-

---

[4] Aus einem Interview von Ermir Dizdari mit Emi Aliçka, durchgeführt am 21.09.2005.
[5] Interview mit Minir Cake, durchgeführt von Ardian Ahmedaja am 04.09.2010.

en mitwirken, und nur in wenigen Ausnahmefällen nahmen albanische Musikgruppen aus dem Ausland als Gäste teil. Dazu zählten damals wie heute Gruppen aus der alten Diaspora: *Arbëreshë* in Süditalien sowie Sizilien und *Arvaniten* in Südgriechenland.

Trotz des grundsätzlichen (auch politischen) Wandels dient bis heute noch immer das Auswahlverfahren aus der Zeit vor dem politischen Umbruch als Grundlage, um den »authentischen Charakter« (*karakterin autentik*) des Festivals sowie »den Erfolg jeder teilnehmenden Gruppe« (*suksesin e çdo grupi pjesmarrës*) zu garantieren (Dizdari 2000: 21). Dieses Auswahlverfahren wird von Spezialisten durchgeführt, die ihrerseits – wie in früheren Jahren – vom Kultusministerium dazu beauftragt werden.

Überdies sind die Festivals weiterhin eine politische Angelegenheit. Der Umgang mit den Fragen, wann und wo ein Event stattfinden soll, ist in dieser Hinsicht sehr signifikant. Beim ersten Festival der postkommunistischen Periode, organisiert im September 1995 in der Stadt Berat (Südalbanien), beschloss die demokratische Regierung ein Rotationssystem, nach dem die Festivals jeweils an einem anderen Ort stattfinden sollten. Die sozialistische Regierung sorgte jedoch dafür, dass das Festival des Jahres 2000 anstatt wie vorgesehen in Shkodër (Nordalbanien) wieder in Gjirokastër abgehalten wurde. Diese Änderung musste der Premierminister unterzeichnen.[6] Reduziert wurde auch das Zeitintervall zwischen den Festivals von fünf auf vier Jahre. Nach dem Festival des Jahres 2004 in Gjirokastër – diese Stadt wurde 2003 von der sozialistischen Kulturministerin als alleiniger Veranstaltungsort ausgewählt – sollte das nächste Festival im Jahre 2008 stattfinden. Der Minister der demokratischen Regierung veränderte jedoch abermals den zeitlichen Abstand, indem er ihn von vier auf fünf Jahre erhöhte. Das letzte Festival fand somit im Jahre 2009 statt. Einer der in den öffentlichen Diskussionen genannten Gründe für diese letzte Änderung war die Überlegung, dass das Festival nicht im Jahr 2008 – zum 100. Geburtsjahr Enver Hoxhas, des einstigen kommunistischen Führers – stattfinden sollte. In dieser Zeit regierte nämlich die Demokratische Partei, die den Sturz des Kommunismus in Albanien herbeigeführt hatte und keinerlei Interesse an der Huldigung dieses Datums hegte.

Doch unabhängig davon, welche politische Kraft an der Macht ist, bestimmt der Kultusminister als Präsident des Festivals weiterhin, wann dieses stattfindet, wer zum Organisationskomitee gehört, wer Jurymitglied ist usw. Das Organisationsschema des Festivals im Jahr 2000 vermag dies zu veranschaulichen:

---

[6] Interview mit Ermir Dizdari vom 27.05.2009 in Tiranë.

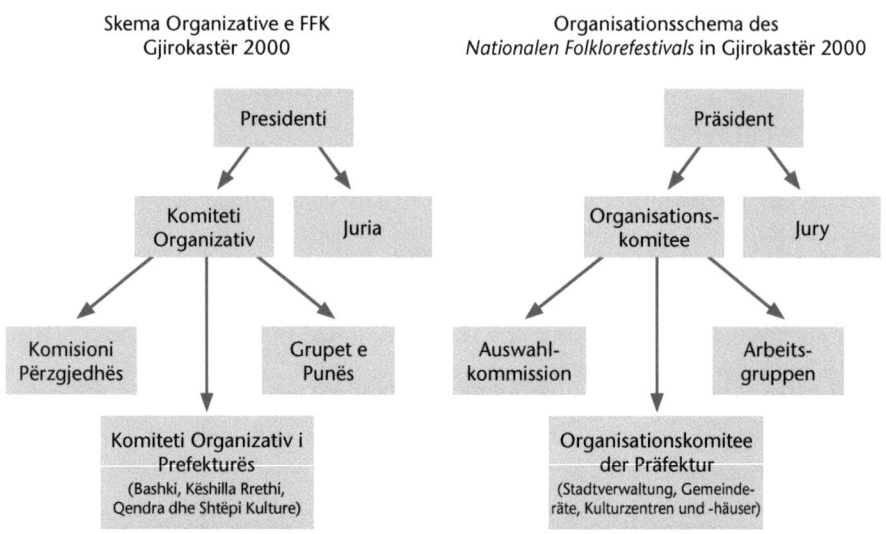

Abb. 1. Organisationsschema des *Nationalen Folklorefestivals* in Gjirokastër 2000 (nach Dizdari 2000: 35)

Durch diese Hierarchie soll sichergestellt werden, dass beim Festival »die Perlen der albanischen Folklore« gezeigt werden. Dieses Ziel, das seit den Anfängen galt, wird immer noch stark akzentuiert. Unabhängig davon, was dies konkret bedeutet, impliziert es einen Auswahlprozess im Sinne einer Klassifizierung lokaler Musik- und Tanzpraktiken. In der ersten Nummer der Festivalzeitung vom 24. September 2009 wird hierzu Folgendes ausgeführt:

> »Die Organisation des Nationalen Folklorefestivals von Gjirokastër 2009 hat die Erhaltung, das Beschützen und das Propagieren der besten Werte unseres geistigen Erbes zum Ziel: der ethnomusikalischen, ethnochoreologischen, ethnographischen Werte sowie jener der Volkstrachten, musikalischen Instrumente, Bräuche, Traditionen, Handwerke usw., die seit Jahrhunderten vom albanischen Volk erschaffen werden.«[7]

Durch solche Organisationsstrukturen sind Phänomene, die es bis 1988 bei den Festivals gab, weiterhin präsent. Einige davon werden in den folgenden

---

[7] Zitat im Original: »Organizimi i Festivalit Folklorik Kombëtar, Gjirokastër 2009, ka për qëllim ruajtjen, mbrojtjen dhe propagandimin e vlerave më të mira të trashëgimisë sonë shpirtërore, të vlerave etnomuzikore, etnokoreografike, etnografike, të kostumeve popullore, veglave muzikore, riteve, traditave, zejeve, etj, të krijuara prej shekujsh nga populli shqiptar« (»Festivali i cilësisë dhe përmasave më të mëdha« 2009).

Abschnitten dargestellt, in denen ausgewählte musikalische Genres thematisiert werden: Im einen Fall handelt es sich um Sololieder, die von Frauen gesungen und auf dem *fyell*, einem Flöteninstrument, begleitet werden; im anderen Fall um *Kangë me lahutë*: Lieder, bei denen sich der Sänger mit einer *lahutë* begleitet.

2. Sololieder der Frauen, begleitet auf dem *fyell*

Die Begleitung einer Sängerin auf dem *fyell* kam bei den Festivals der 1970er Jahre auf. Dabei handelt es sich um bekannte Frauenlieder, vor allem Balladen. Die musikalische Tranksription einer der bekanntesten Balladen aus jener Zeit (1978), die sich bis heute großer Popularität erfreut, ist unten abgebildet (s. Abb. 2). Ihr Titel und Textanfang lauten *Kur përcolla ylberin* (»Als ich mich vom Regenbogen verabschiedete«). Sie erzählt vom Schmerz einer jungen Frau, deren Mann in die Fremde gegangen ist, um die Familie ernähren zu können. *Ylber* ist im Albanischen sowohl ein Männername als auch die Bezeichnung für den Regenbogen. Diese doppelte Bedeutung hebt der Liedtext stark hervor.

> Kur përcolla ylberin, ktheva, hına n'odë,
> kur ia pashë martinën vjerrë, ia lava me lot.
> Mos e laj me lot, oj zan-o, mos e laj me lot,
> se shkon viti i parë, oj zan-o, porsi dita sot.
> 5 Kur përcolla ylberin, ktheva, hina n'odë,
> kur ia pashë sahatin n'ark-o, ia lava me lot,
> Mos e laj me lot, oj zan-o, mos e laj me lot,
> se shkojnë vitet e kurbetit porsi dita sot.
> Mora harxhet, dola n'baçe, çorapin me shkrue,
> 10 prej mërzie mbi çorape plasa tuj lotue.
> O. ylber i dadës-o, a thue m'ke harrue?
> Vitet e kurbetit ylber, qofshin të mallkue!

Abb. 2: *Kur përcolla ylberin* (»Als ich mich vom Regenbogen verabschiedete«)
(aus Shituni / Daja / Pano 1986: 309)

Diese Ballade und ihre Sängerin wurden in der Folge im ganzen Land sehr beliebt, obwohl die Besetzung beim Festival nicht der alltagskulturellen Praxis entsprach. Denn üblicherweise tritt eine Sängerin ohne jegliche Instrumentalbegleitung auf. Einer der Gründe für die Akzeptanz der neuen Besetzung war jedoch die Tatsache, dass es sich bei der Begleitung um bekannte Musik handelte. Im Zentrum stand ein bekanntes Frauenlied, dessen Melodie – wie jene vieler anderer Frauenlieder – Teil der traditionellen regionalen *fyell*-Improvisationen geworden ist. Somit war die zum Lied erklingende *fyell*-Begleitung vertraut.

Bei den Aufführungen wurde abwechselnd gesungen und auf dem *fyell* gespielt. Verantwortlich für die musikalische Begleitung war und ist ein männlicher Musiker, da das *fyell*-Spiel traditionell nicht von albanischen Frauen ausgeführt wird. Zudem ist das Zusammenspiel von Männern und Frauen in der alltagskulturellen Praxis kaum üblich. Grund dafür ist die immer noch stark ausgeprägte soziale Trennung der Geschlechter insbesondere in ländlichen Gegenden, aus denen diese Musik stammt. Daher verwundert es nicht, dass eine solche Besetzung bis heute nur auf der Bühne zu sehen und zu hören ist.

Beim Festival des Jahres 1995 ging es noch einen Schritt weiter: Ein Mann spielte während des Gesangs der Frau auf dem *fyell* und sang darüber hinaus im Wechsel mit ihr. Zum Schluss sangen beide sogar zusammen. Aus einer ursprünglich solistisch gesungenen Ballade wurde somit ein zweistimmiger Gesang (siehe Ahmedaja / Reinhard 2003: 162–175).

3. *Kangë me lahutë* (Lieder mit *lahutë*) auf der Festivalbühne

Kangë me lahutë sind Lieder, bei denen sich der Sänger – der Lahutar oder Rhapsode – selbst auf der einsaitigen *lahutë*, einer einsaitigen Fidel, begleitet. So werden vor allem die Lieder des albanischen Epos von *Muji* und *Halili* – die *Kangë të Mujit e Halilit* – vorgetragen.[8] Die Lieder handeln von den Heldentaten der Brüder *Muji* und *Halili* und ihrem Trupp. Inhaltlich sind sie jedoch auch mit anderen Legenden verbunden. Sie haben einen episch-balladesken Charakter (Lambertz 1949: 2) und sind voller märchenhafter Elemente (Lambertz 1949: 3).

Diese Lieder werden noch immer in Nordalbanien, im Kosovo und bei den Albanern in Montenegro gesungen, obwohl die Intensität der Praxis insbesondere seit den 1980er-Jahren stark nachgelassen hat. Zwar ist der Fokus meiner Ausführungen auf das *Nationale Folklorefestival* in Albanien gerichtet, doch sind die Lieder mit *lahutë* weit verbreitet. Daher erscheint es notwendig, auch andere Verbreitungsgebiete in die Untersuchungen mit einzubeziehen. Darüber hinaus übt das genannte Festival einen großen Einfluss auf die Art der öffentlichen Präsentation von lokaler Musik und lokalem Tanz bei den Albanern in anderen Balkanstaaten aus. Daher werden hier auch Beobachtungen aus dem Kosovo und Montengro berücksichtigt.

Bei mehreren Feldforschungen in Montenegro seit 2006 war festzustellen, dass Lahutaren nicht nur vor albanischem Publikum, sondern auch bei Veranstaltungen mit Guslaren auftreten. Guslaren sind die Epen-Sänger bei den Südslawen auf dem Balkan, die sich auf der einsaitigen *gusle* begleiten. Sie sind vergleichbar mit den Lahutaren bei den Albanern. Bis in die 1990er-Jahre wurde in öffentlichen sowie wissenschaftlichen Diskussionen vor allem die Frage gestellt, ob das mit *gusle* bzw. *lahutë* begleitete Liederepos serbokroatisch, bosnisch, jugoslawisch und/oder albanisch sei. Die Perspektive ändert sich seit den letzten zehn Jahren allmählich, auch weil diese Lieder im Regionalen verhaftet sind. Die Praxis gemeinsamer Konzerte von Lahutaren und Guslaren in Montengro ist als Teil dieses neuen Verständnisses zu sehen.

In Albanien sind die Lieder hingegen regelmäßig bei Folklorefestivals sowie in Konzerten und bei Rhapsoden-Treffen zu hören. Dies trägt dazu bei, Inhalte und Träger der Traditionen dem breiten Publikum bekannt zu machen. Den Lahutaren wurde bei ihren Bühnenauftritten bis dato jedoch nicht der Zeitrahmen gewährt, der für eine vollständige Darbietung eines Liedes erforderlich wäre. Denn in allen bisherigen öffentlichen Präsentationen konnten nur Fragmente der Lieder dargeboten werden. Aber wie jede andere lokale Pra-

---

[8] Siehe weiterführend hierzu Haxhihasani (1966: 7).

xis hat auch jene der Lieder mit *lahutë* u. a. im Hinblick auf die nötige Aufführungszeit eigene Gesetzmäßigkeiten entwickelt. Qemal Haxhihasani hat Mitte der 1960er-Jahre beobachtet, dass die vollständige Aufführung einer Lied-Rhapsodie bis zu eineinhalb Stunden dauern kann (Haxhihasani 1966: 13). Diese Angaben werden von anderen Forschungen bestätigt, z. B. denjenigen, die Zymer Neziri in den 1970er- und 1980er-Jahren bei zahlreichen Rhapsoden verschiedener Regionen im Kosovo durchgeführt hat.

In den Unterlagen zu den Kopien der Aufnahmen für das Albanologische Institut von Prishtinë (*Instituti Albanologjik i Prishtinës*) (Berisha und Fetiu 2010) finden sich häufig Notizen über ausgedehnte, lang dauernde Rhapsodien. Ein vergleichbarer Zeitrahmen kann einem Rhapsoden während des Konzerts einer Gruppe, in dem Lieder, Tänze, Instrumentalmusik und andere Genres lokaler Praktiken präsentiert werden, nicht gewährt werden. Zu zeitlichen Begrenzungen einer Aufführung kommt es insbesondere bei Festivals, vor allem beim *Nationalen Folklorefestival*. Jede Gruppe eines Verwaltungskreises (*Qark*) erhält bei diesem Festival nur 30 Minuten Zeit für ihren Auftritt. Insgesamt gibt es in Albanien zwölf Verwaltungskreise mit ca. drei Millionen Einwohnern. Die Praxis der äußerst rigiden zeitlichen Begrenzung hat dazu geführt, dass selbst beim Rhapsoden-Treffen in der nordalbanischen Stadt Lezhë jeder Teilnehmer nicht länger als sieben Minuten auftreten darf. Vergleicht man dies mit einem Spielfilm von anderthalb Stunden Dauer, dem ein wenige Minuten umfassender Werbevorspann vorausgeht, dann wird klar, dass die Aufführungen der Lieder mit *lahutë* nicht mehr Zeit einnehmen als besagte Werbung in einem Spielfilm. Die eigentlichen Lieder-Rhapsodien bleiben so gesehen dem breiten Publikum verborgen, ihre Kurzdarbietungen sind somit allenfalls symbolischer Natur.

Es ist daher nicht verwunderlich, dass Rhapsoden, die die Lieder und deren Protagonisten sehr intensiv erleben, mit dieser Praxis nicht einverstanden sind. So erzählte im August 2009 der Rhapsode Sadik Abazaj aus Rugovë im Kosovo von einem Auftritt in der Stadt Bajram Curri in Nordalbanien. Die Organisatoren hatten ihm mitgeteilt, er möge seinen Vortrag unbedingt beenden, sobald sie ihm ein Zeichen geben. Da er jedoch das ganze Lied singen wollte, ignorierte er die mehrmaligen Aufforderungen aufzuhören. Er tat dies selbst noch, als jemand während seiner Gesangsdarbietung auf die Bühne kam und versuchte, ihn zu überzeugen, seinen Vortrag nunmehr zu beenden.[9]

Der Direktor des Albanologischen Instituts von Prishtinë (*Instituti Albanologjik i Prishtinës*) Hysen Matoshi erzählte seinerseits 2010 eine Geschichte, die in

---

[9] Interview mit Sadik Abazaj vom 21.08.2009 in Pejë, Kosovë.

der Region Gallap im Kosovo bis heute im Umlauf ist, obwohl dort gegenwärtig keine Lieder mit *lahutë* mehr aufgeführt werden. Abseits von der Bühne, quasi »in den eigenen vier Wänden«, sang ein Lahutar für sich ein Lied. Während er dies tat, fraßen die Kühe den Mais, der die Hauptnahrung des gesamten Jahres für die Familie war. Als man ihm sagte, er möge das Lied unterbrechen und sich stattdessen um den Mais kümmern, anwortete er: »Ich kann Muji[10] unmöglich im Gefängnis lassen!« (*S'mund ta lâ Mujin n'burg!*), und sang das Lied zu Ende.

Der Einfluss der Bühnenpraxis auf die lokalen Musikpraktiken macht sich auch bei Liedern mit *lahutë* bemerkbar. So sang im Sommer 2009 der 75-jährige Rhapsode Rustem Bajram Nikshi aus Rugovë in Kosovo 37 Minuten lang ein Lied. Am Ende sagte er, es sei »zu lang!« gewesen (*E zg'jatme shum'!*). Tatsächlich meinte er damit jedoch, er hätte das Lied eigentlich noch länger gesungen, wollte aber den Gast nicht langweilen. Im Gespräch dannach äußerte er: »[...] die langen Lieder hört heute keiner mehr« (*sot kangët e gjata nuk i dëgjon ma njeri*)[11].

Die erste Frage, die wiederum der 65-jährige Rhapsode Asllan Ramë Kastrati in Mai 2010 stellte, bevor er zu singen begann, war: »Soll ich das Lied ungekürzt singen?« (*A ta knoj kangën pa e pre?*).[12] Denn auch er war es mittlerweile gewohnt, auf der Bühne nur noch kurze Liedfragmente darzubieten. Schließlich dauerte die genannte Aufführung 45 Minuten. Der Rhapsode erzählte, er habe dieses Lied seit Langem nicht mehr gesungen, beherrsche es jedoch noch, da es eines seiner Lieblingslieder sei. Auf das Vortragstempo angesprochen, antwortete er, er habe es etwas schneller als sonst gespielt, da er sonst außer Atem komme. Denn es sei nicht leicht, lange Lieder zu singen. Man benötige Praxis, um in Form zu bleiben.[13]

3.1. Preisverleihungen an Lahutaren bei Folklorefestivals

Bei öffentlichen Präsentationen lokaler Volksmusik in Albanien werden auch Preise verliehen. Besonders bei den Lahutaren stellt sich dies als ausgesprochen problematisch dar. Seit Langem ist bekannt, dass sie anders als jeder Außenstehende ihre Fähigkeiten untereinander am besten beurteilen können. Beispielsweise würde ein Lahutar in der musikalischen Alltagspraxis niemals in Anwesenheit eines anderen, den er als fähiger einschätzt, spielen (Gërcaliu 1987: 293). Der Rhapsode Isë Elezi erzählte im Mai 2010, dass man bei

---

[10] Muji ist einer der Helden jenes albanischen Epos.
[11] Interview mit Rustem Bajram Nikshi vom 21.08.2009 in Pejë.
[12] Interview mit Asllan Ramë Kastrati vom 21.05.2010 in Pejë.
[13] Interview mit Asllan Ramë Kastrati vom 21.05.2010 in Pejë.

Männerzusammenkünften im Gästezimmer eines Hauses – *odë* – die *lahutë* zuerst dem besten Lahutaren im Raum überreiche. Nach Isë Elezi galt in den vorherigen Generation Shaban Roshi als der »König der Lahutaren« (*mreti i lahutarve*).[14] Auf die Frage, warum das so sei, antwortete er:

> »Er hat viel gewusst, sein Gedächnis hat sehr gut funktioniert. Auf der *lahutë* kann jeder spielen, auch das Lied kann jeder singen, aber ein guter Lahutar zeigt sich darin, wie man das Lied beginnt und beendet, wie die Verbindungen eingerichtet werden, wie man es gut ›strickt‹ […]. Wenn ein guter Lahutar im *odë* singt und zehn andere ihm zuhören, singt er ein Lied von 700, 800 bis zu 1.000 Versen Umfang und man kann kaum zwei Fehler finden […]. Dadurch zeichnen sich die Lahutaren aus.«[15]

Ein anderes Charakteristikum, das beim Vortrag guter Lahutaren geschätzt wird, ist die Verständlichkeit des gesungenen Textes.[16] Auch die stimmlichen Merkmale werden in ihrem Bezug zum poetischen und musikalischen Inhalt bewertet. Die Lieder mit *lahutë* verlangen andere stimmliche Eigenschaften als die Lieder eines anderen Repertoires.[17] Obwohl diese Merkmale einerseits nicht explizit genannt werden, so sehr vergegenwärtigen sie sich andererseits in den Interpretationen und Aufführungen dieser Lieder seitens der Rhapsoden.

Weitere positive Merkmale eines guten Lahutaren sind mit seiner persönlichen Lebenserfahrungen konnotiert. Denn ein guter Lahutar sollte auch »Leiderfahrungen gemacht haben […]. Dann kann er [das Lied] gut singen […]. Ein Lahutar soll selbst ein Pferd gehabt und es geritten haben […]«.[18] Das Pferd spielt eine große Rolle in den Liedern von *Muji* und *Halili*, den beiden Protagonisten des albanischen Epos. Das Reiten wird daher als ein Beispiel genannt, um zu betonen, dass sich ein Lahutar bis ins Detail mit den Handlungen des Epos auskennen muss, um es überzeugend vortragen zu können.

---

[14] Interview mit Isë Elezi vom 23.05.2010 in Koshutan.
[15] Interview mit Isë Elezi vom 23.05.2010 in Koshutan. Zitat im Original: »Ka dit' ai fort, i ka punu memoria mirë. Lahut's mun' i bje kush don, edhe kongën m'e knu, e knon kush don, po qysh e nis' e qysh e përfundon, qysh shkojn' ato lidhsa, qysh din me e qëndis mir', ai asht' lahutar i mir' […]. Kur nji lahutar' i mir knon n'od' dhe 10 t'tjerë e ndigjojn', ai knon shtat'-tet'qin vargje deri nji mij' vargje nji kong' edhe s'un ja gjojn' dy gabime […]. Q'ai a lahutar. Q'aty dallohen lahutart.«
[16] Interview mit Isë Elezi vom 23.05.2010 in Koshutan; Interview mit Asllan Ramë Kastrati vom 21.05.2010 in Pejë.
[17] Interview mit Isë Elezi vom 23.05.2010 in Koshutan.
[18] Interview mit Isë Elezi vom 23.05.2010 in Koshutan. Zitat im Original: »Lahutari i mire duhet t'kete edhe përvoje t'zorit, […]. Atehere mund ta knoje mir' [këngën], […] lahutari t'jet' që vet' ka pas kal' shale, dhe e ka çu, […]«.

Die tägliche Praxis mit dem Instrument und die Lieder scheinen bei der Entstehung einer eigenen Welt geholfen zu haben. Der Lahutar wird als Träger dieser Welt und nicht nur als Träger einer musikalischen Tradition geachtet. Angesichts dessen, was ein Lahutar können und wissen muss, ist die Vergabe von Preisen, die nur auf Basis des Hörens von wenigen Minuten Musik auf einer Bühne erfolgt, mehr als fraglich.

Die bei den Folklorefestivals verliehenen Preise verursachen ein weiteres Problem. So kommt es vor, dass Interpreten, die zwar über eine gute Stimme verfügen und ebenso gut auf der *lahutë* spielen, das Repertoire dennoch nicht beherrschen. Der errungenen Preise ungeachtet werden sie in ihren angestammten Regionen nicht als gute Lahutaren anerkannt. Für das breite Publikum verkörpern sie jedoch diese Qualität. Man kann daher sagen, dass die Festivals in solchen Fällen eine Realität vermitteln, die von der täglichen Praxis weit entfernt ist.

4. Zur Vermittlung lokaler musikalischer Traditionen als fester Bestandteil des Alltags

Im Rahmen von Strukturmaßnahmen wurde in Albanien nach der Anweisung Nr. 124 vom 06.06.1994 seitens des Ministers für Kultur, Jugend und Sport das Nationale Zentrum für Folkloreaktivitäten (*Qendra Kombëtare e Veprimtarive Folklorike*) gegründet.[19] Es untersteht dem Kultusministerium und ist maßgeblich an der Organisation mehrerer Festivals beteiligt. Dazu zählen das Nationale Typologische Folklorefestival des städtischen Volksliedes (*Festivali Folklorik Tipologjik Kombëtar i Këngës Popullore Qytetare*), das *Nationale Typologische Folklorefestival des ursprünglichen Tanzes* (*Festivali Folklorik Tipologjik Kombëtar i Valles Burimore*), das *Nationale Typologische Folklorefestival der Rhapsoden und Volksinstrumentalisten* (*Festivali Folklorik Tipologjik Kombëtar i Rapsodëve dhe Instrumentistëve Popullorë*), das *Nationale Typologische Folklorefestival der Saze* (*Festivali Folklorik Tipologjik Kombëtar i Sazeve*)[20] und das Nationale Typologische Folklorefestival der Iso-Polyphonie[21] (*Festivali Folklorik Tipologjik Kombëtar i Iso-Polifonisë*). Das wichtigste Festival ist jedoch das *Nationale Folklorefestival* von Gjirokastër (*Festivali Folklorik Kombëtar i Gjirokastrës*).

[19] Siehe hierzu URL: http//www.qkvfolk.gov.al [Zugriff vom 30.05.2012].
[20] Mit *saze* sind Instrumentalensembles gemeint, die sich aus einer Geige, Klarinette, *llautë* (einer vielsaitigen Laute) und der kleinen Handtrommel *dajre* bzw. *def* zusammensetzen.
[21] Mit Iso-Polyphonie ist eine spezielle Art der Mehrstimmigkeit in Südalbanien gemeint.

Zu diesen Festivals kommen noch weitere hinzu, die von Kommunen organisiert und mitunter von privaten Sponsoren unterstützt werden. Abgesehen von den Themen und der Zielsetzung von Festivals, die musikalischen und tänzerischen Aktivitäten öffentlich vorzuführen, führen die Präsentationen darüber hinaus zu einer starken Sensibilisierung des Publikums für die besondere Stellung dieser Kunstformen im Alltag. Andererseits werden die Traditionsträger bei der Organisation und Präsentation nicht als gleichberechtigte Partner mit eingebunden. Ihre Aufgabe besteht in der Regel lediglich darin, die Ideen der Organisatoren, Gruppenleiter bzw. der Auswahljury umzusetzen. Von einem Versuch, diesem Diktat zu entkommen, berichtete die Direktorin des Nationalen Ensembles der Volkslieder und -tänze (*Ansamblit Kombëtar të Këngëve dhe Valleve Popullore*), die Mitglied des Auswahlkomitees sowie der Jury des Festivals im Jahr 2009 war: Die Musikantinnen und Musikanten des Bezirks Shkodër in Nordalbanien hatten für das letzte Auswahlverfahren ein sechsstündiges Programm vorbereitet. Die lokalen Organisatoren in Shkodër wussten, dass dieses Programm auf maximal 30 Minuten gekürzt werden würde, um es in Gjirokastër aufführen zu dürfen. Deshalb hatten sie mit dem lokalen Fernsehsender verabredet, das Sechs-Stunden-Programm für das breite Publikum zu senden. Auf diese Weise konnten sich die Beteiligten zumindest darüber freuen, dass ihr Bemühen nicht ganz umsonst war. Diese originelle Lösung zeigt, wie notwendig es ist, Zielsetzungen und Organisation des Festivals zu ändern, um adäquate Formen der öffentlichen Präsentation lokaler Musik und Tänze zu ermöglichen.

Es wäre vorteilhaft, den Fokus auf die Künstler zu richten und ihnen genügend Zeit für ihre Bühnenpräsentationen sowie die Kommunikation mit dem Publikum zu gewähren. Die Nähe der öffentlichen Präsentationen zur alltagskulturellen Praxis würde so die Beziehung des Publikums zu den Darstellern und der dargebotenen Musik intensivieren, anstatt sie leicht konsumierbar zu machen. Man könnte sich auf diese Weise dem Ziel nähern, die Bedeutung lokaler Musik- und Tanztraditionen für das Alltagsleben des Individuums sowie der Gemeinschaft zu vermitteln und so viele Menschen zum Mitwirken zu begeistern.

Literatur

Agolli, Dritëro (1968): »Arti i fuqishëm i popullit. Lidhur me përfundimin e Festivalit kombëtar folkloristik (Die starke Kunst des Volkes. Zum Abschluss des Nationalen Folkloristischen Festivals)«. In: *Zëri i Popullit.* 17. Oktober.

Ahmedaja, Ardian/Reinhard, Ursula (2003): *Dein Herz soll immer singen! Einblicke in die Volksmusiktraditionen Albaniens.* (= Klanglese, Band 2). Buch u. CD. Wien: Insitut für Volksmusikforschung und Ethnomusikologie an der Universität für Musik und darstellende Kunst Wien.

Ahmedaja, Ardian (2011): »The role of the researchers and artists in public presentation of local music and dance in Albania.« In: *Proceedings of the second symposium by the International Council for Traditional Music (ICTM) Study Group on Music and Dance in Southeastern Europe.* Hg. Elsie Ivancich Dunin und Mehmet Öcal Özbilgin. Izmir/Turkey: Ege University's State Turkish Music Conservatory. S. 3–14.

Bartl, Peter (1995): *Albanien. Vom Mittelalter bis zur Gegenwart.* Regensburg: Verlag Pustet et al.

Berisha, Rrustem dhe Sadri Fetiu (2010): *Raport për riinçizimin, ruajtjen dhe dorëzimin në arkiv të materialit folklorik.* Prishtinë: Instituti Albanologjik i Prishtinës.

Dizdari, Ermir (2000): *Festivali Folklorik Kombëtar Gjirokstër 2000* (Das Nationale Folklorefestival Gjirokastër 2000). Tiranë: Qendra Kombëtare e Veprimtarive Folklorike.

Festivali Folkloristik. Documentary Film. (1949): *Kinematografika Shqiptare.* Tiranë: Shqiprija Film. URL: http://www.arberiaonline.com/viewtopic.php?f=71&t=13 [Zugriff vom 30.05.2012].

»Festivali i cilësisë dhe përmasave më të mëdha.« (2009) In: *Fest-Folk. Festivali Folklorik Kombëtar Gjirokastër.* Gjirokastër. I. 24. September.

Gërcaliu, Mustafa (1987): »Tipi i rapsodit të këngëve të kreshnikëve«. In: *Çështje të folklorit shqiptar 2.* Tiranë: Akademia e Shkencave të RPSSH, Instituti i Kulturës Popullore. Kombinati Poligrafik. Shtypshkronja e Re. S. 290–304.

Goshi, Katerina/Daja, Lili (1998): *Muzika në Shqipëri (1953–1997). Bibliografi e periodikut të botuar në Republikën e Shqipërisë.* Tiranë: Teatri i Operas dhe Baletit, Biblioteka Kombëtare.

Haxhihasani, Qemal (1966): *Epika legjendare. (Cikli i kreshnikëve) Vëllimi i parë. Folklori shqiptar II.* Tiranë: Instituti i Folklorit. N. I. SH. Mihal Duri.

Lambertz, Maximilian (1949): *Gjergj Fishta und das albanische Heldenepos »Lahuta e Malcís« – Laute des Hochlandes. Eine Einführung in die albanische Sagenwelt.* Leipzig: Harrassowitz.

Shituni, Spiro/Daja, Ferial/Pano, Natasha (1986): *Këngë e Melodi nga Festivalet Folklorike.* Tiranë: Akademia e Shkencave të RPSSH, Instituti i Kulturës Popullore. Kombinati Poligrafik. Shtypshkronja e Re.

Trix, Frances (2009): *The Sufi Journey of Baba Rexhep.* Philadelphia: University of Pennsylvania Press.

Sadhana Naithani
Folklore Festivals in India and Traditional Performers

This paper is based on my several years of field-work and observation of the phenomena of folklore festival. It is not a study of a particular festival nor a debate with any published scholarly ideas on the subject. I present here some of my thoughts on the kind of space «folklore festival« creates for performers that come from rural and community based systems of performance.

A New Space

The concept *folklore festival* transforms the very relationship between traditional folklore performers and society. The performance of folklore has been connected with folk festivals across the world, that is, the performance was part of festivals celebrated by people. In India folklore performance was connected with all religious and social functions. As such, folklore performance was often the high point of the festival. In the second half of the twentieth century this space shrank increasingly due to several reasons, but most importantly due to economic and political changes in the Indian society. At the same time the culture of *folklore festival* took off, that is an event where folklore performances happen. These festivals are organized by governmental and non-governmental agencies as public events. It is easy to be critical of these and say that folklore festival is an essentially non-folk place. Indeed, it *can be seen as* an artificial place for *traditional* folk performers because the performance gets disconnected from its organic context. In this paper, however, I would like to go beyond this perspective and explore the following:

1. the kind of space that is created by folklore festivals for traditional performers,
2. how folklore festivals impact the idea of performance,
3. how folklore festivals change the life of traditional performers.

My descriptions, comments and analysis – as I mentioned before – are based on fieldwork over several years whereby I have visited and observed folklore festivals in different locales across the country:

- folklore festivals organized by public institutions, as in universities (including where I studied and teach: the Jawaharlal Nehru University, New Delhi),
- folklore festivals organized by non-governmental organizations in several cities. I have seen these in Dehradun, Delhi, Jaipur, Jodhpur, Chennai, Lucknow, and other places,
- folklore festivals organized by governmental bodies in India and abroad.

I have conversed with folk performers from different communities: Ogu Katha performers from Andhra Pradesh, Yakshgana performers from Karnataka, Muslim Jogis and Maganiar performers of Rajasthan, nomadic magicians and acrobats, singers of oral epics from Rajasthan and the Himalayas.

Some of the above-mentioned communities of Indian folk performers and their performances have been studied by scholars from India and elsewhere. One big source that brings together a lot of research is *South Asian Folklore. An Encyclopedia* (2003). An anthology of articles on folk performers in contemporary India is *Performers and their Arts. Folk, Popular and Classical Genres in a Changing India* (2006).

As a note of clarification I must add: When I speak of traditional folk performers I am speaking of communities of folk performers in the Indian context. Community here means a caste or a group. Entry into this community is by birth and the form of performance practiced by them is the right of the group as well as the sign of their identity. There are hundreds of such communities in India whose relationship with their form of profession can be documented for the last many centuries. Until India became a democratic society in 1947, the financial support for such communities came from farmers and others. The castes of performers and farmers were tied to each other by custom and tradition in a sort of reciprocal relationship. This system started collapsing during the British rule and the decline continues until today, although it has not really disappeared. In this system, however, the performers remained confined to a certain region. Given the fact that India is a country of many languages, the mobility of performers was also limited by their linguistic zone.

The advent of folklore festival changed many of these characteristics of folklore performance at one go. In the following I will list out some major festivals and the changes they brought about at national and international levels.

Folklore Festivals

The Republic Day Parade[1]

The *Republic Day Parade* started as celebration of the republic when India gave itself a new constitution in 1951. Some years later folk performers became a part of the parade which exhibited the nation's defense capabilities. Renowned scholar Kapila Vatsyayan has given the credit for this to the then Prime Minister of India Indira Gandhi: »In the early fifties Shrimati Indira Gandhi was the one single individual responsible for providing the vision for this [folk dance in the Republic Day parade] festival and its organizational pattern.« (Vatsyayan, 1987: v) After the march of the battalions folk performers, who come from different regions, perform in a regimental fashion. Before and after the parade they perform in many other locales in the country's capital New Delhi. Apart from their colorful presence they remain without a clear identity in this mega event, but it made folklore to a *national heritage*.

Zonal cultural centres[2]

Another big attempt was made in the 1980s when seven zonal cultural centres were established to »project and promote« the folk arts. These zonal centres covered all the twenty-six states of India. As declared by them »[the] main thrust of the zonal cultural centre is to network and disseminate cultural activities in rural India and build up linkages among various folk art forms at village, district, state level [...]«[3]. This was a major administrative measure toward harnessing the cultural heritage of India, making it available to people at an unprecedented scale, and assimilating folk performers into the civil society. By grouping together various states geographically connected to each other it created new groupings, promoted interaction among different units of each group and of different groupings with each other. The major form of interaction has been organizing festivals in which folk performers from different regions are brought to perform over a few days.

Festival of India

An altogether new phenomenon emerged with the government deciding to hold *Festival of India* in several metropolises across the world in the late 1980s and

[1] Siehe URL: http://republicday.nic.in/ [Zugriff vom 11.02.2012].
[2] Siehe URL: http://www.nczccindia.in/zonal-cultural-centres.html [Zugriff vom 11.02.2012].
[3] Siehe URL: http://www.nczccindia.in/zonal-cultural-centres.html [Zugriff vom 11.02.2012].

the early 1990s. It is not so that Indian folk artists had not performed abroad until then. Since the 1960s certain urban educated individuals, like Komal Kothari in Rajasthan and Shiv Karanth in Karnataka, had also been promoting folk artists by bringing them on to urban, national and international arenas. But since the *Festival of India* was organized by the central government it had to represent the whole country. Folk performers were mobilized from across the nation to go and perform in countries across the world. Some of these had come out of their village for the very first time and landed on the international stage.

All this attention led to the institutionalization of fairs where folklore, folk arts and crafts are on display. One of these fairs, well known and important in North India, is held in February on the outskirts of Delhi city, called *Suraj Kund Mela*.[4] Beginning in the 1980s as a show of Indian folk arts, by now it includes folk arts and artists from other countries as well.

Some observations on the effects of folklore festivals

The biggest influence of the government's involvement in the organization of folklore festivals is that folklore was established as a national cultural heritage, which meant that it is not only a matter of a small region, but of the entire nation. This idea caused many other folklore festivals to emerge. It is not as simple as it seems, because the processes which are going on are much more complex. The so-called »traditional performers« are often illiterate and perform in their regional language.

In these festivals they come across other performers about whom they have no or little knowledge and they are themselves audience of the variety of people that exists in the country and how they all are considered similar by the government. In other words the folk performers become aware of their identity as performers in a larger space called the nation where they are identified as »folk performers«. From a community – based identity and language – based communication they come into a space which is temporally and spatially disconnected from their »traditional« performance context. They frequently refer to themselves as folk artists, to their instruments and music as folk instruments and folk music, and identify their region of belonging precisely. This raised awareness is also the distance that modernity creates between the self and the tradition.

[4] Siehe URL: http://www.haryanatourism.gov.in/surajkund/surajkundmela.asp [Zugriff vom 11.02.2012].

One aspect of traditional performance was also predictability of the time, space and audience for the performers. The folklore festival has created the challenge of unknown and unpredictable time, space and audience. The newness of time includes weathers for which artists may or may not have been prepared. The space includes new technologies to deal with: from the stage to the microphones. Both these require reorganization of appearance of the group members and the placement of instruments. It requires learning.

The audience of a festival is often bigger than the »traditional« audience, but it often does not understand the language of the performers. Because music can communicate across linguistic borders, that is why folk music, dance and song are more successful at folklore festivals than the folk narratives. Folk performers realize this challenge and create suitable changes in their performance.

In their personal reflective space the performers realize the changes that are taking place, sometimes as a loss and sometimes as proof of their indomitable spirit, their existence as artists who can succeed in the new situation. They have learnt not only to deal with the business of non-governmental agencies but also the way business can be organized by themselves. They are now able to build associations and register societies that even break traditional barriers of caste and community. They have also adopted the discourse of the civil society when speaking of their identity and art.

The reporting on the festivals made them famous not only within India but abroad as well. They came into the public space and were a huge success. The contrast between their refined art and their social status, economic conditions and formal education levels reflected the complexities in the lives of contemporary folk performers. They proudly display photos of these international events, but also complain that after the festival they return to their regular existence with no follow-up support program by the government. The experience left them more knowledgeable about the culture industry of the modern world, and some of them have been able to transform this knowledge into a regular means of performance and livelihood. Some of them travel abroad several times in a year. By now far more governmental, non-governmental and commercial agencies organize folklore festivals across the world. Even if only a small percentage of folk performers has gained from international exposure, yet those few have adopted ways and means of existing in the civil society. The importance of education, for example, has been well realized. They have become aware also of their exotic value in the international arena. Coming from a caste-based society where the majority was placed in the lower castes and treated accordingly even as performers, they have experienced the civil society of the western world where they were treated simply as »folk performers from India«. Many of them talk about the experience of respect that they never received in the traditional context.

In my opinion folklore festivals do not reflect rejuvenation of folklore, because it disconnects folklore from its former context. It reflects transformation in the sense Lutz Röhrich talked about transformation in the meaning of folklore and its relationship with reality (Röhrich 1956). Röhrich's model emphasized the importance of time and space in the process of transformation in texts and meaning. Folklore festivals change the form and the value of folklore and this causes a new relationship between folklore and reality to emerge. This new relationship is not only about commercialization, but about many more things in the life of the folk performers.

Folklore festivals become for traditional performers a process of getting connected with contemporary performance venues and challenge them to make their traditional art compatible with contemporary time and space. Purists would say that it dilutes and corrupts »traditional« art, and they may be right about it. Yet, this is a value judgment with which I am not comfortable. Have the folk arts not evolved and formed in a process of change and transformation? I do not wish to say that folklore festivals are important for the survival of folk arts, but I want to take cognizance of the role they are playing in the far bigger picture of the life of folk performers in India today.

Literatur

Charsley, Simon/Kadekar, Laxmi Narayan (Hg.) (2006): *Performers and their Arts. Folk, Popular and Classical Genres in a Changing India*. London et al.: Routledge.

Mills, Margaret/Claus, Peter/Diamond, Sarah (Hg.) (2003): *South Asian Folklore. An Encyclopedia*. London New York: Routledge.

Röhrich, Lutz (1956): *Märchen und Wirklichkeit. Eine volkskundliche Untersuchung*. Wiesbaden: Steiner.

Vatsyayan, Kapila (1987): *Traditions of Indian Folk Dance*. New Delhi: Clarion Books.

Kurzbiografien

Ardian Ahmedaja (*1965)
Studium der Komposition, Volkskunde und Musikwissenschaft. Promotion 1999 »Zur Melodik der albanischen Volkslieder«. Seit 1999 am Institut für Volksmusikforschung und Ethnomusikologie der Universität für Musik und darstellende Kunst in Wien. Mitarbeit und Leitung in diversen Projekten des Fonds zur Förderung der wissenschaftlichen Forschung (FWF), seit 2010 (Projektleitung) »Instrumentation und Instrumentalisierung des Klanges. Lokale mehrstimmige Musikkulturen und Politiken in Europa«.

Barbara Boock (*1948)
Seit 1972 Bibliothekarin im Deutschen Volksliedarchiv in Freiburg i. Br. Forschungsschwerpunkte und seit den 1980ern Publikationen zu den Themen Volkslied-Revival der 1970er-Jahre, historisch-politische Lieder, Kinderlieder. Seit 2001 Generalsekretärin und Schatzmeisterin im Vorstand der Kommission für Volksdichtung. Teilnahme an zahlreichen Folkfestivals in der Bundesrepublik, der Schweiz, im Elsass und in der DDR.

Wolf Dietrich (*1938)
Von Beruf Mathematiker. Seit 1968 zahlreiche musikethnologische Feldforschungen im Orient, auf dem Balkan, zur instrumentalen Volksmusik in Griechenland, in der Türkei und zu Sackpfeifen in Schwaben. Diverse Publikationen zu all diesen Thematiken. Seit 1997 ehrenamtlicher Tonmeister beim Kulturrat des Schwäbischen Albvereins, Balingen.

Heiko Fabig (*1977)
Studium der Musikwissenschaft, Volkskunde und Ethnologie in Münster. Seit 2007 Doktorand im Fach Musikwissenschaft mit einem Thema über Dieterich Buxtehudes Vokalwerke. Derzeit Dozent für Musik an der Katholischen Akademie Stapelfeld. Schwerpunkte: Gospel-Musik, Musik des 17. und 20. Jahrhunderts, Musikkultur im Ostseeraum (u. a. Lübeck), Geschichte des Jazz sowie der Kirchenmusik.

Ernst Kiehl (*1937)

Arbeitete als Ingenieur im Maschinenbau. Volksmusikforschung im Harz mit vergleichendem Blick auf andere Regionen. Mitglied im International Council for Traditional Music, in der Kommission zur Erforschung musikalischer Volkskulturen in der Deutschen Gesellschaft für Volkskunde e. V. und der Internationalen Eichendorff-Gesellschaft. Publikationen zur Musikalischen Volkskunde (Schwerpunkt Jodeln) und Eichendorff-Forschung. Seit 1974 Mitarbeit in der Jury bei Jodlerwettstreiten.

Lutz Kirchenwitz (*1945)

Studierte an der Humboldt-Universität zu Berlin Kulturwissenschaften, arbeitete in verschiedenen kulturellen und wissenschaftlichen Einrichtungen: u. a. dem »Haus der jungen Talente«, dem Komitee für Unterhaltungskunst und der Hochschule für Musik »Hanns Eisler« Berlin, ehrenamtlich im »Oktoberklub« und beim »Festival des politischen Liedes«. Seit 1991 Vorsitzender des Vereins »Lied und soziale Bewegungen«, der seit 2000 das »Festival Musik und Politik« veranstaltet. Veröffentlichungen zu Folk, Chanson und Liedermachern in der DDR.

Volker Klotzsche (*1941)

Arbeitete als Betriebsorganisator bei einer Versicherung. Als Tanzforscher Autodidakt. Seit über 30 Jahren Forschungen und Publikationen zu Tanzthemen. Seit 1978 im Arbeitskreis Tanzforschung/Tanzgeschichte des Bundesverbandes Tanz e. V. (Leitung 1988–1999). Arbeitsschwerpunkte: Jüngere Geschichte des Laientanzes in Deutschland; Jugendbewegung – Volkstanz, Tanzmeister-Beruf um die Jahrhundertwende. Mitglied im Tanzarchiv Leipzig e. V., Maßnahmen zur Bestandssicherung.

Klaus Näumann (*1969)

Promovierte 2004 zum Thema »Parang-Musik in Trinidad« an der FU Berlin. Seit 2005 Forschungen über die Musik der deutschen Minderheit in Polen. Weitere Forschungsschwerpunkte: Urbane Musikformen in Weißrussland, Jazz der Sinti, Progressive Rock. Seit Mai 2011 W1-Professor am Institut für Europäische Musikethnologie der Universität zu Köln.

Sadhana Naithani (*1964)

Associate Professor am Centre of German Studies der Jawaharlal Nehru University in New Delhi, Indien. Studium der Germanistik am CGS/JNU (1981–1989). DAAD-Stipendiatin im Deutschen Volksliedarchiv Freiburg i. Br. (1990–1993).

1994 Promotion über deutsche Volkslieder. Post-doc Forschungsschwerpunkte: Kolonialismus und Folklore-Forschung, Transformationen in der deutschen Volkskunde nach dem Zweiten Weltkrieg, Volksmusik und -musikanten der Gegenwart in Indien. Gastprofessuren in USA (Berkeley), Estland (Tartu), und Dehradun (Indien).

Gisela Probst-Effah (*1945)

1975 Promotion über Robert Schumanns Oratorien. Von 1975 bis 2010 wissenschaftliche Mitarbeiterin am Institut für Musikalische Volkskunde der Pädagogischen Hochschule Rheinland, dann der Universität zu Köln. Langjährige Geschäftsführerin der Kommission zur Erforschung musikalischer Volkskulturen und Herausgeberin vieler Tagungsbände. Wissenschaftliche Schwerpunkte: Nationalsozialismus, Folkbewegung, Liedgeschichte. Mehrere Rundfunksendungen.

Astrid Reimers (*1961)

Studium der Musikwissenschaften, Germanistik und Philosophie in Köln, Dissertation 1994 zum Thema »Laienmusizieren in Köln«. Seit 1988 tätig am Institut für Europäische Musikethnologie an der Universität zu Köln. Daneben Arbeiten für den Deutschlandfunk, Stadtratsmitglied in Köln 1994–99, Bezirksvertretungsmitglied seit 1999. Wissenschaftliche Veröffentlichungen im Bereich Laienmusizieren, Musik der Migranten, Musik in den Kirchen, Arbeitermusik, Klingeltöne, Weltmusik, Singen und Musizieren der Gegenwart.

Jelena Schischkina (*1953)

Seit 1978 Dozentin für Volkskunde und Geschichte der russischen Musik am Konservatorium in Astrachan (Russland) sowie künstlerische Leiterin des international bekannten folkloristisch-ethnografischen Ensembles »Astrachaner Lied«. Forschungen und diverse Publikationen zur Musik der an der Unteren Wolga lebenden Ethnien (Hochzeits- und Klagelieder), insbesondere der Wolgadeutschen, und zur Rolle des Mannes in traditionellen Kulturen an der Wolga.

Inna Shved

Volkskundlerin; Professorin für belarussische Literatur an der »Staatlichen Alexander-Puschkin-Universität« in Brest in Belarus. Diverse Publikationen u. a. zur Geschichte, Theorie, zu Erscheinungsformen und Gattungen der Folklore, zudem über traditionelle spirituelle Kultur der Belarussen und anderer slawischer Völker. Teilnahme an Konferenzen in Belarus, Russland, der Ukraine, Slowakei, Polen, Bulgarien, Holland und Deutschland.

Manuel Trummer (*1979)

Studium der Vergleichenden Kulturwissenschaft, Kunstgeschichte und Musikwissenschaft sowie seit April 2010 wissenschaftlicher Assistent am Lehrstuhl für Vergleichende Kulturwissenschaft an der Universität Regensburg. 2011 Promotion zum Thema »Sympathy for the Devil. Transformationen und Erscheinungsformen der Traditionsfigur Teufel in der Rockmusik«. Forschungsschwerpunkte: Jugendkulturen, Popularmusikforschung, Nahrungsforschung und Brauch-/Ritualforschung.

Elvira Werner (*1952)

Seit 1979 wissenschaftliche Mitarbeiterin im Folklorezentrum Erzgebirge/Vogtland in Schneeberg (1990 umbenannt in Landesstelle für erzgebirgische und vogtländische Volkskultur; 2005 in Sächsische Landesstelle für Museumswesen, Fachbereich Volkskultur; seit 2006 Sitz in Chemnitz). Forschungsschwerpunkte: Regionalkultur, u.a. Mundartpflege/Bergmannssprache/Musik- und Laientheaterkultur im Raum Westerzgebirge/Vogtland.

Sabine Wienker-Piepho (*1946)

Studium der Germanistik, Geschichte, Politologie, Amerikanistik und Volkskunde. Dissertation zum Thema weibliche Volkshelden, Habilitation zum Thema Schriftkompetenz. Lehrstuhlvertretung und Gastprofessuren im Inland (Augsburg, Bayreuth, Jena, Münster, München) und Ausland (Jyväskylä/Finnland, Minsk/Weißrussland, Tartu/Estland). Forschungsschwerpunkte: volkskundliche Narratologie (Märchen, Sage, Lied, Schwank, Sprichwort und Witz), »Zeitkonzepte« und »homo ludens«.

Festivals popularer Musik

Tagungsprogramm

Mittwoch, 6. Oktober 2010
Ab 18 Uhr abendliches Treffen im Restaurant *Haus Schwan*, Dürener Straße 235

Donnerstag, 7. Oktober 2010
9.00 Musikalische Begrüßung
      Leo Brower: Étude simple No. 1
      Marc Frensch, Gitarre (Klasse A. Herzau)
      Grußworte
      HANS-JOACHIM ROTH
      Dekan der Humanwissenschaftlichen Fakultät der Universität zu Köln
      REINHARD SCHNEIDER
      Direktor des Instituts für Musikalische Volkskunde an der Universität zu Köln
      GISELA PROBST-EFFAH
      Geschäftsführerin der Kommission zur Erforschung musikalischer Volkskulturen in der Deutschen Gesellschaft für Volkskunde
10.00 SABINE WIENKER-PIEPHO (Münster)
      Festivalitis – Festivalisierung als Kulturphänomen
10.30 ASTRID REIMERS (Köln)
      Frauenmusikfestivals
11.00 LUTZ KIRCHENWITZ (Berlin)
      Musik und Politik – Zur Geschichte eines Festivals
11.30 *Mittagspause*
13.30 ERNST SCHUSSER (Bruckmühl)
      Das 1. Oberbayerische Preissingen 1930
14.00 WOLF DIETRICH (Sulzheim)
      Festivalkultur beim Schwäbischen Albverein
14.30 ERNST KIEHL (Quedlinburg)
      Die Tradition der Jodler-Wettstreite im Harz und in der Schweiz
15.00 *Pause*

15.30 VOLKER KLOTZSCHE (Hannover)
Bundesvolkstanztreffen von 1956 bis 2008 – und nun?
16.00 ELVIRA WERNER (Chemnitz)
Das sächsische Erzgebirge – eine Festivallandschaft
16.30 *Pause*
17.00 RUDOLF PIETSCH (Wien)
Das Festival *XONG* im Vinschgau/Südtirol
17.30 BARBARA BOOCK (Freiburg i. Br.)
Andere Lieder? Das wiedererwachte Interesse am deutschen Volkslied bei den Festivals der 70er-Jahre
18.00 HEIKO FABIG (Stapelfeld)
Beobachtungen zur Festivalkultur der *Stapelfelder Jazztage*

Anschließend musikalischer Spaziergang durch Köln (1. Gruppe; Führung: Astrid Reimers)

Freitag, 8. Oktober 2010
9.00 Mitgliederversammlung
10.30 SABRINA HUBERT (Würzburg)
Vom Privatevent zum Massenspektakel: die Kommerzialisierung der deutschen Metal-Festivals und ihre Folgen
11.00 MANUEL TRUMMER (Regensburg):
Busen, Weltkrieg, irre Gitarren. Narrative Strategien des Berichtens über Rockfestivals in populären Informationsmedien
11.30 GISELA PROBST-EFFAH (Köln)
Remembering Woodstock
12.00 *Mittagspause*
14.00 RALF GEHLER (Hagenow)
Die Marktsackpfeife. Die Genese eines Sackpfeifentyps zwischen Mittelaltermarkt und Fantasy-Event
14.30 DORIT KLEBE (Berlin)
Surname vs. *Türkgünü* – Festival-Traditionen im osmanischen Imperium und in der türkischen Gemeinschaft in Deutschland in ihren musikalischen Ausprägungen
15.00 ARDIAN AHMEDAJA (Wien)
Das *Nationale Folklorefestival* in Gjirokastër (Albanien) und die Frage der Klassifizierung und Präsentation der »besten Werte«
15.30 *Pause*
16.00 INNA SHVED (Brest/Belarus)
Festivals of Popular Music in Present Belarus

16.30   Sadhana Naithani (Neu Delhi)
Folklore Festivals in India and Traditional Performers
17.00   Elena Schischkina (Astrachan, Russland)
Zeitgenössische Festivalbewegung in Russland: Ziele, Probleme, Aussichten
Anschließend musikalischer Spaziergang durch Köln (2. Gruppe; Führung: Astrid Reimers)

Samstag, 9. Oktober 2010
Symposion des Instituts für Musikalische Volkskunde an der Universität zu Köln aus Anlass des 100. Geburtstags seines Gründers Ernst Klusen
9.30   Günther Noll (Köln)
Der Musikpädagoge Ernst Klusen
10.00   Wilhelm Schepping (Köln)
Der Liedforscher Ernst Klusen
10.30   Gisela Probst-Effah (Köln)
Kompositionen Ernst Klusens
11.00   Ernst Klusen: Triludium II in der Bearbeitung für Violine, Gitarre und Violoncello
Ausführende: Ensemble Andreas Herzau (Martin Weber, Violine; Andreas Herzau, Gitarre; Benedikt Kluth, Violoncello)

Im Rahmen der Tagung wird eine Wanderausstellung des Vereins *Lied und soziale Bewegungen* e.V. gezeigt:
Burg Waldeck und die Folgen – Songfestivals in Deutschland